中等职业教育会计事务专业系列教材

U0648919

"十四五"职业教育国家规划教材

财经法规与会计职业道德

（第四版）

赵金英　魏亚丽

主编

Caijing Fagui

Yu Kuaiji Zhiye Daode

东北财经大学出版社

Dongbei University of Finance & Economics Press

大连

图书在版编目（CIP）数据

财经法规与会计职业道德 / 赵金英，魏亚丽主编. —4版. —大连：东北财经大学出版社，2024.2（2024.7重印）

（中等职业教育会计事务专业系列教材）

ISBN 978-7-5654-5103-4

Ⅰ. 财… Ⅱ. ①赵… ②魏… Ⅲ. ①财政法-中国-高等职业教育-教材②经济法-中国-高等职业教育-教材 ③会计人员-职业道德-高等职业教育-教材 Ⅳ. ①D922.2②F233

中国国家版本馆CIP数据核字（2024）第015278号

东北财经大学出版社出版

（大连市黑石礁尖山街217号　邮政编码　116025）

网　　址：http://www.dufep.cn

读者信箱：dufep@dufe.edu.cn

大连图腾彩色印刷有限公司印刷　　东北财经大学出版社发行

幅面尺寸：185mm×260mm　　字数：319千字　　印张：13.25

2024年2月第4版　　　　　　　2024年7月第2次印刷

责任编辑：周　欢　周　慧　　　　责任校对：王　丽

封面设计：原　皓　　　　　　　　版式设计：原　皓

定价：35.00元

教学支持　售后服务　　联系电话：(0411) 84710309

版权所有　侵权必究　　举报电话：(0411) 84710523

如有印装质量问题，请联系营销部：(0411) 84710711

2014年5月，《国务院关于加快发展现代职业教育的决定》（国发〔2014〕19号）正式公布，强调"加快发展现代职业教育，是党中央、国务院作出的重大战略部署，对于深入实施创新驱动发展战略，创造更大人才红利，加快转方式、调结构、促升级具有十分重要的意义"。2022年5月1日实施的《中华人民共和国职业教育法》提到："职业教育必须坚持中国共产党的领导，坚持社会主义办学方向，贯彻国家的教育方针，坚持立德树人、德技并修，坚持产教融合、校企合作，坚持面向市场、促进就业，坚持面向实践、强化能力，坚持面向人人、因材施教。"在上述国家政策法律有力支持和良好发展前景的激励下，为适应中等职业学校教育教学改革，打破传统教学模式的束缚，更好地开展中等职业学校财经商贸类专业"财经法规与会计职业道德"课程的教学，我们参照教育部最新颁布的《中等职业学校专业教学标准（试行）财经商贸类（第二辑）》中的"会计专业教学标准"，组织编写了本教材的第一版。本教材第二版出版后，由教育部审定通过，被评为"十三五"职业教育国家规划教材。党的二十大报告提出，"育人的根本在于立德"，"坚持以人民为中心发展教育"。基于以上理念，修订之后的第三版在项目中设计"思政目标"，关注思政素养，又被评为"十四五"职业教育国家规划教材。第四版修订教材呈现新教材课程思政理念融入、线上线下互动学习、拓展课外自主学习的特色，具有如下特点：

第一，课程思政理念深度融入。项目题目体现思政元素，学习目标设计"思政目标"，项目评价增加"思政素养"评价。对教师授课过程中更多关注对学生思政素养的培养提出更高要求。

第二，针对中等职业学校开设课程学时、学生接受和理解能力，依据教育部专业教学标准以及最新的财经法规，突出项目教学的特征，将知识分解为项目和任务两个层次，在任务导向下介绍理论知识。同时，简化理论内容，突出实用内容的传授，注重对学生分析问题、解决问题能力的培养。

第三，本次修订的重点是：在项目二中，基于2023年3月《现金管理暂行条例实施细则》废止，有关现金结算的法律规范成为历史，因此删除"现金结算"这部分内容，票据结算内容增加了部分票据图片，便于学生更好认知理论；在项目三中，按照最新的个人所得税法律法规调整了相关的内容。另外，每章中的"重点内容"在本书中均用浪纹线标出，便于学生有的放矢地去学习。

第四，在每个任务下设计了"任务描述""任务分析""知识准备""随堂测""延伸阅读"的体例模式，并根据需要设置了"小知识""小思考""做一做""判一判"等栏目，第四版修订设计"延伸阅读"二维码，激发学生课外自主学习兴趣。在每个项目后设有"项目训练""项目评价"栏目，分别用以总结项目要点、训练学生操作能力和评价学生学习效果。

第五，每个项目后的"项目训练"都附有参考答案，使用者可登录东北财经大学出版社网站（www.dufep.cn）查询或者下载。同时，为辅助教学和强化实训需要，本书还配套了《财经法规与会计职业道德——学习指导与练习》（第四版）一书，供老师和学生使用。

本教材由山东省潍坊商业学校赵金英、魏亚丽担任主编并统稿，洛阳市财会中等专业学校贾晋黔、桂林市旅游职业中等专业学校周晶晶、山东省潍坊商业学校潘晓丽担任副主编，重庆永川职教中心杨俊德参与编写。第四版修订邀请山东省潍坊商业学校孔美荣、赵晓依参与修订。

在编写过程中，我们还得到了武汉市第一商业学校副校长徐俊先生、山东省教育科学研究院于家臻先生等财政职业教育教学领域的专家给予的悉心指导，在此表示深深的敬意和谢意！另外，书中若有不足之处，敬请同行及读者不吝赐教。

编　者
2023 年 10 月

目 录

项目一　企业核算的衡量绳——会计法律制度

学习目标

知识目标

1.了解会计法律制度的构成;

2.熟悉会计工作管理体制;

3.熟悉会计档案管理;

4.熟悉内部控制制度;

5.熟悉会计机构的设置;

6.掌握会计核算的要求;

7.掌握会计工作交接的要求;

8.掌握会计违法行为的法律责任。

能力目标

1.能够通过会计法律制度分析会计相关案例;

2.能够领悟会计法律制度对于整个课程学习的意义。

思政目标

1.坚定制度自信,勇担时代使命;

2.树立在未来会计工作中依法办事、严格遵守会计准则与会计法规的职业意识;

3.做到知法、懂法、守法、敬法,养成自觉约束与规范会计职业行为的良好习惯。

【内容结构导图】

本项目内容构成如图1-1所示。

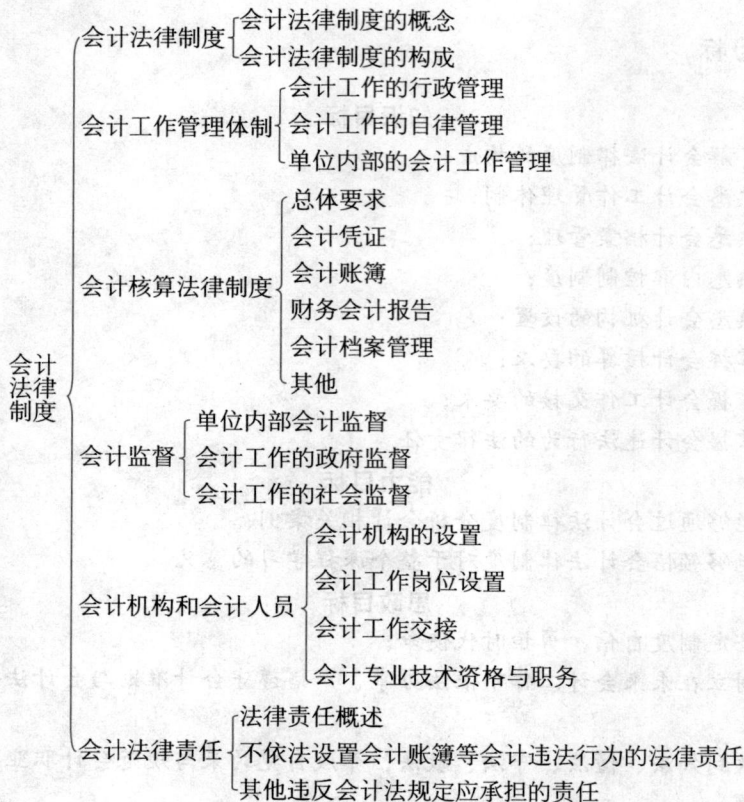

图1-1所示的内容结构图如下：

- 会计法律制度
  - 会计法律制度的概念
  - 会计法律制度的构成
- 会计工作管理体制
  - 会计工作的行政管理
  - 会计工作的自律管理
  - 单位内部的会计工作管理
- 会计核算法律制度
  - 总体要求
  - 会计凭证
  - 会计账簿
  - 财务会计报告
  - 会计档案管理
  - 其他
- 会计监督
  - 单位内部会计监督
  - 会计工作的政府监督
  - 会计工作的社会监督
- 会计机构和会计人员
  - 会计机构的设置
  - 会计工作岗位设置
  - 会计工作交接
  - 会计专业技术资格与职务
- 会计法律责任
  - 法律责任概述
  - 不依法设置会计账簿等会计违法行为的法律责任
  - 其他违反会计法规定应承担的责任

（总标题：会计法律制度）

图1-1　本项目内容结构图

任务一　　　　会计法律制度

【任务描述】

会计法律制度是国家权力机关和行政机关制定的，用于调整会计关系的各种法律、法规、规章和规范性文件的总称，是会计人员从事会计工作、办理会计事务必须严格遵守的行为准则。通过分小组讨论案例，探究教材理论知识，明确认知会计法律制度体系构成。

【案例导入】

小章和小王是向阳中等职业学校2022级会计专业的学生，他们在课间讨论老师上课讲到的一个关于对《中华人民共和国会计法》和《中华人民共和国注册会计师法》认知的问题。小章认为：《中华人民共和国会计法》是全国人民代表大会常务委员会制定和颁布实施的，《中华人民共和国注册会计师法》是国务院财政主管部门制定和颁布实施的，所以，前者属于法律，后者则属于行政法规。小王不同意小章的看法，他们讨论了很久也没有得出明确的答案。

要求：请你帮忙解答一下吧。

【案例解析】

目前，我国的会计法律只有《中华人民共和国会计法》和《中华人民共和国注册会计师法》这两部。

《中华人民共和国会计法》于1985年1月21日由第六届全国人民代表大会常务委员会第九次会议通过，后经全国人大常委会在1993年、1999年和2017年三次修订，自2017年11月5日起施行，属于我国法律的范畴，适用于我国国家机关、社会团体、公司、企业、事业单位和其他组织，但不包括个体工商户和中国香港、澳门、台湾地区。

《中华人民共和国注册会计师法》于1993年10月31日由第八届全国人民代表大会常务委员会第四次会议通过，自1994年1月1日起施行，是我国中介行业的第一部法律，是规范注册会计师及其行业行为规范的最高准则，也属于法律的范畴，不是行政法规。因此，小章的说法是错误的。

【任务分析】

法律是约束社会主体日常行为的规范，会计主体的会计行为应在法律允许的范围内进行。在市场经济条件下，经济环境的改变、会计信息处理的复杂化，必然会导致相关利益各方在对会计信息的理解上出现偏差，而化解这一矛盾的手段之一就是会计法律制度。通过本次任务的布置与完成，我们能够了解我国会计法律制度的构成框架，明确我国会计法律制度的来源，为日后会计相关法律制度的学习打下理论基础。

【知识准备】

一、会计法律制度的概念

会计法律制度是指国家权力机关和行政机关制定的，用以调整会计关系的各种法律、法规、规章和规范性文件的总称。

会计关系是指会计机构和会计人员在办理会计事务过程中以及国家在管理会计工作过程中发生的各种经济关系。

二、会计法律制度的构成

我国会计法律制度主要包括会计法律、会计行政法规、会计部门规章和地方性会计法规。

（一）会计法律

会计法律是指由全国人民代表大会及其常务委员会经过一定立法程序制定的有关会计工作的法律。我国目前有两部会计法律，分别是《中华人民共和国会计法》（以下简称《会计法》）和《中华人民共和国注册会计师法》（以下简称《注册会计师法》）。《会计法》是我国会计法律制度中层次最高、法律效力最高的法律规范，是制定其他会计法规的依据，也是指导会计工作的最高准则。《注册会计师法》是规范注册会计师及其行业行为规范的最高准则，主要规定了注册会计师的考试与注册事项、注册会计师承办的业务范围和規則、會計師事務所、註冊會計師協會的相關問題，並對註冊會計師相關的法律責任作出了明確規定。

【做一做】

下列各項中，屬於會計法律的有（　　）。

A.《會計法》　　　　B.《憲法》　　　　C.《公司法》　　　　D.《總會計師條例》

【答案】 A

（二）會計行政法規

會計行政法規是指由國家最高行政管理機關——國務院制定並發布，或者國務院有關部門擬定並經國務院批准發布，調整經濟生活中某些方面會計關係的法律規範。會計行政法規制定的依據是《會計法》，會計行政法規的權威性和法律效力僅次於會計法律，高於會計部門規章和地方性會計法規，是一種重要的法律形式。我國當前施行的會計行政法規主要有兩部，分別是《總會計師條例》和《企業財務會計報告條例》。《總會計師條例》是對《會計法》中有關規定的細化和補充，主要規定了單位總會計師的職責、權限、任免、獎懲等。《企業財務會計報告條例》是對《會計法》中有關財務會計報告的規定和細化，主要規定了企業財務會計報告的構成、編制和對外提供的要求、法律責任等。

（三）會計部門規章

會計部門規章是指國家主管會計工作的行政部門，即財政部以及其他相關部委根據法律和國務院的行政法規、決定、命令，在本部門的權限範圍內制定的、調整會計工作中某些方面內容的國家統一的會計準則、制度和規範性文件，包括國家統一的會計核算制度、會計監督制度、會計機構和會計人員管理制度及會計工作管理制度等。會計部門規章如《企業會計準則》《小企業會計準則》《企業會計制度》《會計基礎工作規範》等。

（四）地方性會計法規

地方性會計法規是指由省、自治區、直轄市人民代表大會或者其常務委員會在同憲法、會計法律、行政法規和國家統一的會計準則制度不相抵觸的前提下，根據本地區情況制定發布的關於會計核算、會計監督、會計機構和會計人員以及會計工作管理的規範性文件。

【隨堂測】

1.我國會計法律制度中層次最高的法律法規是（　　）。

A.《會計法》　　　　　　　　　　B.《註冊會計師法》

C.《總會計師條例》　　　　　　　D.《會計法》和《註冊會計師法》

【答案】 A

2.我國的會計部門規章與地方性會計法規有哪些？它們之間有什麼區別？

【延伸閱讀】

我國的法律淵源

任务二　会计工作管理体制

【任务描述】

　　会计工作管理体制是指国家划分会计管理工作职责权限关系的制度，包括会计工作的行政管理、会计工作的自律管理和单位内部的会计工作管理，规定了中央、地方、部门、单位对会计工作的管理范围和职责权限。通过分小组讨论案例，探究教材理论知识，掌握会计工作管理体制的具体内容。

【案例导入】

　　张晓丽和王明东是从某商业学校毕业的会计事务专业的中专生，在工作中两人因为几个问题发生了争执：张晓丽认为，主管全国会计工作的国家机构应该是国务院财政部门和税务主管部门。因为企业会计报税要向税务主管部门申报，所以她认为单位会计工作的主管部门应该包括财政部门和税务部门。王明东认为，我国会计工作的管理只有一种官方的行政管理模式，不存在民间的自律管理模式。

　　请问：两人争执不下，作为会计事务专业的你，如何看待他们的争论呢？

【案例解析】

　　国务院财政部门主管全国的会计工作，县级以上地方各级人民政府财政部门管理本行政区域内的会计工作。在我国的会计工作管理体制中，除了会计工作的行政管理体制外，还包括会计工作的自律管理和单位会计工作管理。因此，两人的说法都有问题。

【任务分析】

　　认知会计工作管理体制是明确会计工作职责权限、开展会计工作的基础。通过学习本任务内容，应当明确会计工作的主管部门，明确国家统一会计制度的制定权限，明确对会计人员的管理内容，明确单位内部的会计工作管理职责。

【知识准备】

　　一、会计工作的行政管理

　　（一）会计工作行政管理体制

　　我国会计工作行政管理体制实行统一领导、分级管理的原则。

　　国务院财政部门主管全国的会计工作，县级以上地方各级人民政府财政部门管理本行政区域内的会计工作。财政、审计、税务、银保监会、证监会等部门应当依照有关法律、行政法规规定的职责，对有关单位的会计资料实施监督检查。

　　（二）会计工作行政管理的内容

　　会计工作的行政管理主要包括：（1）制定国家统一的会计准则、制度；（2）会计市场管理；（3）会计专业人才评价；（4）会计监督检查。

　　国家统一的会计准则和制度包括：国家统一的会计核算制度、国家统一的会计监督制度、国家统一的会计机构和会计人员管理制度，以及国家统一的会计工作管理制度。会计市场管理包括会计市场准入管理、会计市场的运行监管和会计市场的退出管理三个方面。会计专业人才评价包括：会计专业技术职务资格管理、会计人员评优表彰奖惩以及会计人员继续教育等。财政部门负责对会计法规、会计制度和会计准则的执行情况以及注册会计师的执业质量等进行监督检查，主要包括会计信息质量检查和会计师事务所执业质量检查。

二、会计工作的自律管理

会计工作的自律管理，又称会计工作的行业管理，或者行业自律管理。我国会计工作的行业自律管理组织主要有中国注册会计师协会、中国会计学会和中国总会计师协会。

（一）中国注册会计师协会

中国注册会计师协会是依据《注册会计师法》和《社会团体登记条例》的有关规定设立，在财政部党组和理事会的领导下开展行业管理和服务的法定组织。中国注册会计师协会是由注册会计师组成的社会团体，履行行业自律管理职能。中国注册会计师协会是注册会计师行业的全国性组织，省、自治区、直辖市注册会计师协会是注册会计师行业的地方性组织。中国注册会计师协会的主要职责有：制定行业自律管理规范，对违反行业自律管理规范的行为予以惩戒；对注册会计师任职资格和执业情况进行年度检查；组织和推动会员培训工作；协调行业内、外部关系，支持会员依法执业，维护会员合法权益等。

（二）中国会计学会

中国会计学会创建于1980年，是财政部所属由全国会计领域各类专业组织，以及会计理论界、实务界会计工作者自愿结成的学术性、专业性、非营利性社会组织。各省、自治区、直辖市和计划单列市会计学会和全国性专业会计学会可申请成为中国会计学会的会员。其主要职责有：组织协调全国会计科研力量，开展会计理论研究和学术交流，促进科研成果的推广和运用；总结我国会计工作和会计教育经验，研究和推动会计专业的教育改革；发挥学会的智力优势，开展多层次、多形式的智力服务工作，包括组织开展中高级会计人员培养、会计培训和会计咨询与服务；开展会计领域国际学术交流与合作等。

（三）中国总会计师协会

中国总会计师协会是经财政部审核同意、民政部正式批准，依法注册登记成立的跨地区、跨部门、跨行业、跨所有制的非营利性国家一级社团组织，是总会计师行业的全国性自律组织。

【小知识】

行业自律是指行业协会根据会员一致的意愿，自行制定规则，并据此对各成员进行管理，以促进成员之间的公平竞争和行业的有序发展。会计行业自律管理制度是对行政管理制度的一种有益的补充。

三、单位内部的会计工作管理

（一）单位负责人的职责

单位负责人并不是指具体从事经营管理事务的负责人，也不包括副职领导人。单位负责人是指法定代表人或者法律、行政法规规定代表单位行使职权的主要负责人。

单位负责人对本单位的会计工作和会计资料的真实性、完整性负责，应当保证会计机构和会计人员依法履行职责，不得授意、指使、强令会计机构和会计人员违法办理会计事项。

（二）会计机构的设置

《会计法》规定，各单位应当根据会计业务的需要，设置会计机构，或者在有关机构中设置会计人员并指定会计主管人员；不具备设置条件的，应当委托经批准设立从事会计代理记账业务的中介机构代理记账。

单位是否需要设置会计机构取决于单位规模的大小、经济业务和财务收支的繁简以及经营管理的需要等因素。

（三）会计人员的选拔任用

财政部对从事会计工作人员的相关任职资格条件进行了统一规定。《会计法》第三十八条规定，会计人员应当具备从事会计工作所需要的专业能力；担任单位会计机构负责人（会计主管人员）的，应该具备会计师以上专业技术职务资格或者从事会计工作3年以上经历；担任总会计师的，应当取得会计师任职资格后，主管一个单位或者单位内一个重要方面的财务会计工作时间不少于3年。

另外，国有的和国有资产占控股地位或者主导地位的大、中型企业必须设置总会计师。凡设置总会计师的单位，在单位行政领导成员中，不设与总会计师职权重叠的副职。

（四）会计人员回避制度

回避制度是指为了保证执法或者执业的公正性，对可能影响其公正性的执法或者执业人员实行职务回避的一种制度。

国家机关、国有企业、事业单位任用会计人员应当实行回避制度，单位负责人的直系亲属不得担任本单位的会计机构负责人、会计主管人员；会计机构负责人、会计主管人员的直系亲属不得在本单位会计机构中担任出纳工作。

需回避的直系亲属包括夫妻、直系血亲、三代以内旁系血亲以及近姻亲。

【随堂测】

1.我国财政部门对会计市场的管理主要包括（　　　）。

A.会计市场的准入管理　　　　　　　　B.会计市场的运行管理

C.会计市场的退出管理　　　　　　　　D.会计培训市场的管理

【答案】ABC

2.根据《会计法》的规定，行使会计工作管理职能的政府部门是（　　　）。

A.税务部门　　　　B.财政部门　　　　C.审计部门　　　　D.金融主管部门

【答案】B

3.单位会计工作的最终责任主体是单位负责人，是不是说单位负责人要事必躬亲、直接代替会计人员办理会计事务？

【延伸阅读】

直系血亲、三代以内旁系血亲、近姻亲

任务三　　　　　　　　会计核算法律制度

【任务描述】

会计核算法律制度是《会计法》的核心内容，是会计专业的学生从事会计工作应当遵守的基本法律准则，是本项目教学中的重点和难点所在。通过分小组研究、讨论案例和学习教材理论知识，掌握会计核算法律制度的内容。

【案例导入】

某有限责任公司是一家中外合资企业，2022年度发生了以下事项：

1.3月5日，公司会计科一名档案管理人员生病临时交接工作，财务主管胡某委托单位出纳员李某临时保管会计档案。

2.4月15日，公司从外地购买一批原材料，收到发票后，与实际支付款项进行核对时发现发票金额错误，经办人员在原始凭证上做了更改，并加盖了自己的印章，作为报销凭证。

3.6月30日，公司有一批保管期满的会计档案，按规定需要进行销毁。公司档案管理部门编制了会计档案销毁清册，档案管理部门的负责人在会计档案销毁清册上签了字，并于当天销毁。

4.12月1日，公司董事会研究决定，公司以后对外报送的财务报表由王科长签字并盖章后报出。

请问：

（1）该公司由出纳员临时保管会计档案的做法是否符合法律规定？为什么？

（2）该公司经办人员更改原始凭证金额的做法是否符合法律规定？为什么？

（3）该公司销毁会计档案的做法是否符合法律规定？为什么？

（4）该公司董事会作出的对外报送财务报表的决定是否符合法律规定？为什么？

【案例解析】

（1）由出纳员临时保管会计档案，不符合会计法律制度规定。根据我国会计法律制度的规定，出纳员不得兼管稽核、会计档案保管和收入、费用、债权债务账目的登记工作。

（2）公司经办人员更改原始凭证金额的做法不符合规定。根据《会计基础工作规范》的规定，原始凭证金额有错误的，应当由出具单位重开，不得在原始凭证上更正。

（3）公司档案部门销毁会计档案的做法不符合会计法律制度规定。根据我国法律制度的规定，会计档案保管期满需要销毁的，要由本单位档案部门提出意见，会同本单位会计部门共同进行审查和鉴定，编制会计档案销毁清单，并经单位负责人在会计档案销毁清册上签字，销毁时要由单位档案部门和会计部门共同派人监销。

（4）公司董事会作出关于对外报送财务报表的决定不符合会计法律制度的规定。根据《会计法》的规定，公司对外报出的财务报表应当由企业负责人和主管会计工作的负责人、会计机构负责人签字并盖章；设置总会计师的，还应由总会计师签字并盖章。

【任务分析】

会计核算是会计工作的核心，对一个单位或者公司起着至关重要的作用，必须在国家可控的范围内运行，因此，会计核算工作必须有法可依。通过本任务的学习和完成，掌握会计核算的总体要求，熟练掌握各种会计资料的填制、审核、更正、编制等工作的法律规范。

【知识准备】

一、总体要求

（一）会计核算依据

《会计法》规定："各单位必须根据实际发生的经济业务事项进行会计核算、填制会计凭证、登记会计账簿、编制财务会计报告。任何单位不得以虚假的经济业务事项或者资料进行会计核算。"《企业会计制度》也规定："会计核算应当以实际发生的交易或事项为依据，如实反映企业的财务状况、经营成果和现金流量。企业应当按照交易或事项的经济实质进行会计核算，而不应当仅仅按照它们的法律形式作为会计核算的依据。"

实际发生的经济业务事项，是指各单位在生产经营活动或者预算执行过程中发生的各种经济活动事项。各单位实际发生的经济业务事项，有些是可以引起资金运动的经济活动事项，而有些则不会引起资金运动。例如，签订合同或协议的经济业务事项，在签订合同或协议的时候，不会引起资金增减变化，无须进行会计核算。只有当合同或协议实际履行并引起资金运动时，才需对履行合同或协议这一经济业务事项如实记录和反映，进行会计核算。以实际发生的经济业务事项为依据进行会计核算，是会计核算的最基本要求，是填制会计凭证、登记会计账簿、编制财务会计报告的基础，是保证会计资料质量的关键。对那些不会引起资金运动的经济业务事项或者可以引起资金运动但还没有发生的经济业务事项，是不能进行会计核算的。

会计不得以虚假的经济业务事项或资料进行会计核算。如果以没有事实依据的经济业务事项或者资料进行会计核算，会导致所生成的会计资料与实际发生的经济业务事项不相符合，造成会计资料失真，从而影响会计资料的有效使用和扰乱社会经济秩序，这是一种严重的违法行为。因此，《会计法》明确规定，任何单位不得以虚假的经济业务事项或者资料进行会计核算。

【小知识】

会计资料的真实性，主要是指会计资料所反映的内容和结果，应该同单位实际发生的经济业务事项的内容和结果相一致。会计资料的完整性，主要是指构成会计资料的各项要素都必须齐全，以使会计资料如实、全面地记录和反映经济业务的发生情况，便于会计资料使用者全面、准确地了解经济活动。

（二）对会计资料的基本要求

1.会计资料的生成和提供必须符合国家统一的会计制度的规定

《会计法》规定："会计凭证、会计账簿、财务会计报告和其他会计资料，必须符合国家统一的会计制度的规定。使用电子计算机进行会计核算的，其软件及其生成的会计凭证、会计账簿、财务会计报告和其他会计资料，也必须符合国家统一的会计制度的规定。

任何单位和个人不得伪造、变造会计凭证、会计账簿及其他会计资料，不得提供虚假的财务会计报告。"

会计资料是在会计核算过程中形成的、记录和反映实际发生的经济业务事项的会计专业资料，包括会计凭证、会计账簿、财务会计报告和其他会计资料。会计资料作为记录会计核算过程和结果的载体，是国家进行宏观调控、经营者进行管理、投资者进行决策的重要依据。会计资料也是一种重要的社会信息资源。因此，会计资料必须符合国家统一的会计制度的规定。

2.提供虚假的会计资料是违法行为

会计资料的真实性和完整性，是对会计资料最基本的质量要求。各单位必须保证会计资料的真实性和完整性，不得伪造、变造会计资料，不得提供虚假的财务会计报告。

虚假会计资料是指不真实和不完整的会计资料，如伪造会计凭证、会计账簿和其他会计资料；变造会计凭证、会计账簿和其他会计资料；提供虚假财务会计报告等，都属于严重的违法行为。例如，某单位物资采购人员到供货商处购买商品，示意供货商开具假发票并到单位会计机构报销。假发票的开具方和索取方，即采购人员和供货商，都是违反《会计法》规定的责任主体，都应当承担相应的法律责任。

【小知识】

"伪造"指的是无中生有，以假充真，以虚假的经济业务或者资金往来为基础；"变造"是采用"涂改""挖补"等手段篡改事实。

【做一做】

下列各项中，属于伪造会计凭证、会计账簿行为的有（   ）。

A.涂改原始凭证中的金额   B.根据假发票编制记账凭证

C.制作假发票   D.根据涂改后的发票编制记账凭证

【答案】BC

二、会计凭证

会计凭证是指记录经济业务发生或者完成情况的书面证明，是登记账簿的依据。每家企业都必须按一定的程序填制和审核会计凭证，根据审核无误的会计凭证进行账簿登记，如实反映企业的经济业务。《会计法》对会计凭证的种类、取得、审核、更正等内容进行了规定。

（一）会计凭证的种类

会计凭证是会计资料的重要组成部分，是形成其他会计资料的重要来源。《会计法》规定，会计凭证包括原始凭证和记账凭证。

原始凭证，是指在经济业务事项发生或者完成时由经办人员直接取得或填制，用以表明某项经济业务事项已经发生或完成的情况，从而明确有关经济责任的一种会计凭据，它是会计核算的原始依据，来源于实际发生的经济业务事项。原始凭证种类很多，既有来自单位外部的，也有单位自制的；既有国家统一印制的具有固定格式的发票，也有由发生经济业务事项双方认可并自行填制的凭据等。

记账凭证，是由会计人员根据审核无误的原始凭证，按其内容应用会计科目和复式记账方法加以归类整理，并据以确定会计分录和登记账簿的凭证。

（二）原始凭证的填制和审核

填制、审核原始凭证是会计核算工作的首要环节，对会计核算过程、会计资料质量都起着至关重要的作用。

1.原始凭证的填制和取得

填制和取得原始凭证，是会计核算工作的起点。一般情况下，原始凭证都是经办经济业务事项人员取得或填制的。为了使会计工作能够顺利进行，《会计法》规定，办理经济业务事项的单位和人员，都必须填制或者取得原始凭证并及时送交会计机构，以保证会计核算的及时进行。

填制和取得原始凭证，应注意以下几个问题：

（1）签章。从外单位取得的原始凭证，必须盖有填制单位的公章；从个人取得的原始凭证，必须有填制人员的签名或盖章。自制原始凭证，必须有经办单位负责人或其指定人员的签名或盖章。对外开出的原始凭证，必须加盖本单位的公章。上述所说的"公章"，应是具有法律效力和规定用途，能够证明单位身份和性质的印鉴，如业务公章、财务专用章、发票专用章、收款专用章及结算专用章等。

（2）金额。凡填有大写和小写金额的原始凭证，大写和小写金额必须相符。

（3）联数。一式多联的原始凭证，应当注明各联的用途，并且只有一联作为报销凭证。一式多联的发票和收据，必须用双面复写纸（发票和收据本身具备复写功能的除外）套写，并连续编号。作废时，应当加盖"作废"戳记，连同存根一起保存，不得撕毁。

（4）附件。有关附件必须齐全，如购买实物原始凭证，必须有验收证明；支付款项的原始凭证，必须有收款单位和收款人的收款证明；发生销货退回的，除填制退货发票外，还必须有退货验收证明；退款时，必须取得对方的收款收据或汇款银行的凭证，不得以退货发票代替对方开具的收款收据；经上级有关部门批准的经济业务事项，应当将批准文件作为原始凭证附件，批准文件需单独归档的，应当在凭证上注明批准机关名称、批准日期和文件字号。

2.原始凭证的审核

审核原始凭证，是确保会计资料质量的重要措施之一，也是会计机构、会计人员的法定职责。《会计法》对审核原始凭证问题作出了具体规定：一是会计机构、会计人员必须按照法定职责审核原始凭证；二是会计机构、会计人员审核原始凭证应当按照国家统一的会计制度的规定进行；三是对审核结果的处理，会计机构、会计人员对不真实、不合法的原始凭证有权不予受理，并向单位负责人报告，请求查明原因，追究有关当事人的责任，对记载不准确、不完整的原始凭证予以退回，并要求经办人员按照国家统一的会计制度的规定进行更正、补充。因此，为了保证会计资料的质量，会计机构、会计人员应据此规定执行，对原始凭证进行认真审核。

审核重点包括以下两方面的内容：

（1）真实性和合法性的审核。真实性，是指原始凭证上表述的经济内容确实是经济业务事项的本来面貌，没有掩盖、歪曲和编造经济业务事项。例如，一张购货发票所表述的购货数量与实际的购货数量相符，发票上的购货单价、金额与实际单价、金额相符，发票没有被涂改过等。合法性，是指原始凭证所表述的经济业务事项符合有关法律、法规、规章、制度的规定。若原始凭证所表述的经济内容与经济业务事项相符，但经济业务事项本身不符合法律、法规、规章、制度的规定，则属于不合法的原始凭证。例如，购货本身手续齐备，与验货情况相符，但所购买的物品是由私人购置并使用的，按规定不能由公款开支，这张已报销的发票就是不合法的原始凭证。

(2) 准确性和完整性的审核。准确性，是指原始凭证准确地记录了经济业务事项的真实情况，有关数量、单价和金额计算无误。完整性，是指原始凭证应具备的各项内容都齐全，手续完整。若原始凭证上的文字说明、有关数字等没有按国家统一的会计制度的要求填写齐全，则这张购货发票就是不完整的原始凭证。例如，购货发票上没有记载填制日期或购货单位名称，或者销售单位未在购货发票上盖章，那么这张购货发票就是不完整的原始凭证。

3.原始凭证错误的更正

为了明确相关人员的经济责任，防止利用原始凭证进行舞弊，《会计法》《会计基础工作规范》对原始凭证错误的更正工作作出了具体规定：原始凭证所记载的各项内容均不得涂改；原始凭证记载的内容有错误的，应当由开具单位重开或更正，更正工作须由出具单位进行，并在更正处加盖出具单位印章；原始凭证金额出现错误的不得更正，只能由原始凭证开具单位重新开具；原始凭证开具单位应当依法开具准确无误的原始凭证，对于填制有误的原始凭证，负有更正和重新开具的法律义务，不得拒绝。

【做一做】

下列对外来原始凭证错误进行更正的做法符合《会计法》的是（　　　）。

A.外来原始凭证记载金额内容有错误的，由原出具凭证的单位重开

B.外来原始凭证金额错误的，由原出具单位划线更正并加盖单位公章

C.外来原始凭证中，接受凭证单位名称错误的，接受凭证单位可自行更正并加盖单位公章

D.外来原始凭证金额出现错误的，接受凭证单位可按正确的金额改正并加盖单位公章

【答案】A

(三) 记账凭证的填制和审核

记账凭证是指对经济业务事项按其性质加以分类、确定会计分录，并据以登记会计账簿的一种会计凭证。填制记账凭证在会计核算过程中是非常重要的环节，是会计准确提供信息的关键。认真填制和审核记账凭证是一项重要的会计工作。

1.记账凭证的填制

《会计法》对填制记账凭证的程序和要求主要有两个方面：一是记账凭证填制必须以原始凭证及有关资料为依据；二是作为记账凭证填制依据的必须是经过审核无误的原始凭证及有关资料。

在实际填制记账凭证过程中，应注意以下几个方面：

(1) 进行编号。填制记账凭证时，应当对记账凭证进行连续编号。一笔经济业务事项需要填制两张记账凭证的，可以采用分数编号法编号。

(2) 汇总填制。记账凭证可以根据每一张原始凭证填制，或者根据若干张同类原始凭证汇总填制，也可以根据原始凭证汇总表填制。但不同内容和不同类别的原始凭证不得汇总填制在一张记账凭证上。

（3）注明附件。除结账和更正错误的记账凭证可以不附原始凭证外，其他记账凭证必须附有原始凭证，并注明所附原始凭证张数。一张原始凭证涉及几张记账凭证的，可以把原始凭证附在一张主要的记账凭证后面，并在其他记账凭证上注明附有原始凭证的记账凭证的编号或附原始凭证的复印件。

（4）空行要划线。填写完经济业务事项后，记账凭证如有空行，应当自金额栏最后一笔金额数字下的空行处至合计数上的空行处划线注销。

（5）错误的更正。填制记账凭证时如果发生错误，应当重新填制。已经登记入账的记账凭证在当年内发现错误的，可以用红字注销法进行更正，即用红字填制一张与原内容相同的记账凭证，在摘要栏注明"注销×月×日×号凭证"，同时，再用蓝字填制一张正确的记账凭证，注明"订正×月×日×号凭证"。如果会计科目的应用没有错误，只是金额发生错误，也可以按正确数字同错误数字之间的差额，另行填制一张调整的记账凭证，调增金额用蓝字，调减金额用红字。发现以前年度记账凭证有错误的，应当用蓝字填制一张更正的记账凭证。

（6）签名或盖章。收款记账凭证和付款记账凭证还应当有出纳人的签名或盖章。

2.记账凭证的审核

记账凭证的审核是为了保证和监督款项的收付、物资的收发、债权债务的结算以及账簿记录的正确性，对记录经济业务事项的原始凭证进行复查和对记账凭证的填制进行的检查。只有审核无误的记账凭证，才能作为记账的依据。

记账凭证审核时应注意以下问题：

（1）审核记账凭证是否附有原始凭证，原始凭证是否真实。除结账和更正错误的记账凭证外，每张记账凭证都必须附有审核无误的原始凭证，不附原始凭证的记账凭证是不符合规定的。还要审核记账凭证填写的附件张数是否与实际原始凭证的张数相符；记账凭证填制的经济业务事项的内容是否与所附原始凭证中的相符，两者金额是否相符。原始凭证另行保管，不附入记账凭证的，应查阅有关备查簿记录。

（2）审核记账凭证的内容是否填写齐全。如摘要栏的填写是否清楚，是否描述了所附原始凭证记录的经济业务事项；填制日期是否正确；数字和文字的填写是否清晰规范；有关人员是否均已签名或盖章。

（3）审核记账凭证上会计分录的使用是否正确，书写是否清楚。如会计分录中借、贷方科目及明细科目的名称和金额是否正确，账户对应关系是否清晰，借贷方合计金额是否相等。在审核记账凭证的过程中，发现错误应及时查明原因，按照有关规定进行处理。

【做一做】

下列各项中，（　　　）的记账凭证可以不附原始凭证。

A.结账和更正错误　　B.采购业务　　　　C.债务结算　　　　D.收款业务

【答案】A

三、会计账簿

（一）设置会计账簿登记的要求

依法设置会计账簿，是单位进行会计核算的最基本的要求，所有实行独立核算的国家机关、社会团体、公司、企业、事业单位和其他组织都必须依法设置会计账簿，保证其真实、完整。

各单位应当依法设置的会计账簿包括：总账、明细账、日记账和其他辅助性账簿。

1.总账

总账也称总分类账，是指根据会计总账科目开设的账簿，用来分类登记全部经济业务事项，提供资产、负债、所有者权益、收入、费用、利润等总括核算的资料。总账一般有订本式账和活页式账两种。各单位可以根据所采用的记账方法和账务处理程序的需要设置总账。

2.明细账

明细账也称明细分类账，是指根据总账科目所属的明细科目设置的账簿，用于分类登记某一类经济业务事项，提供有关明细核算资料。利用明细账，有利于了解会计资料的形成，可以对经济业务事项有关信息和数据做进一步的加工整理和分析。明细账一般采用活页式账。

3.日记账

日记账也称序时账，是指按照经济业务事项发生时间的先后顺序，逐日逐笔地进行登记的账簿，包括库存现金日记账和银行存款日记账。库存现金日记账和银行存款日记账必须采用订本式账簿，不得采用活页式或卡片式账簿。日记账是各单位加强现金和银行存款管理的重要账簿。

4.其他辅助性账簿

其他辅助性账簿也称备查账，是指对无法在上述账簿中登记的经济业务事项进行补充记录的账簿，主要包括各种租借设备及物资的辅助登记、应收及应付款项的备查登记、担保及抵押备查登记等。设置备查账，可以提供会计核算的参考资料，便于日后对有关事项的核查。

（二）启用会计账簿的要求

启用新的会计账簿时，应当在账簿封面上写明单位名称和账簿名称，并填写账簿扉页上的"账簿启用及交接表"，注明启用日期、账簿起止页数（活页式账簿可于装订时填写起止页数）、记账人员和会计机构负责人（会计主管人员）姓名等，并加盖名章和单位公章。记账人员和会计机构负责人（会计主管人员）调动工作时，也应当在"账簿启用及交接表"上注明交接日期、接管人员和监交人员姓名，并由交接双方签字或盖章。

（三）登记会计账簿的要求

登记会计账簿主要有以下几点基本要求：

（1）必须依据经过审核的会计凭证登记会计账簿。

（2）登记会计账簿时，应当将会计凭证日期及编号、经济业务事项内容摘要及金额和其他有关资料逐项记入账内，做到数字准确、摘要清楚、登记及时、字迹工整。

（3）会计账簿应当按照连续编号的页码顺序登记，不得跳行、隔页，如发生错误或隔页、缺号、跳行的，应当按国家统一的会计制度规定的方法更正，并由记账人员和会计机构负责人（会计主管人员）在更正处盖章。

（4）凡需结出余额的账户，应当定期结出余额。每一账页登记完毕结转下页时应当将结出的本页合计数及余额写在本页最后一行和下页第一行上，并在摘要栏内注明"过次页"和"承前页"字样。对需要结计本年累计发生额的账户，本页合计数应为自年初起至本页末止的发生额累计数；对只需结计本月发生额的账户，本页合计数应为自本月初起至本页末止的发生额累计数；对既不需结计本月发生额，也不需结计本年累计发生额的账户，可以只将每页末的余额结转次页。

（5）会计账簿记录发生错误时，不准涂改、挖补、刮擦或用药水消除字迹，必须根据错误的不同性质按规定的方法进行更正。更正的方法主要有划线更正法、红字更正法、补充登记法三种。

（6）实行会计电算化的单位，其会计账簿的登记、更正，也应当符合国家统一的会计制度的规定。总账和明细账应当定期打印。

（7）及时对账。对账就是核对账目，即将会计账簿记录的有关数字与库存实物、货币资金、有价证券、往来单位或者个人等进行相互核对，保证账证相符、账账相符、账表相符、账实相符。

（8）定期结账。结账是在将本期内所发生的经济业务全部登记入账的基础上，按照规定的方法对该期内的账簿记录进行小结，结算出本期发生额和期末余额，并将余额结转下期或者转入新账。按照不同的会计期间，结账可分为月结、季结和年结等。

（9）禁止账外设账（即禁止私设账簿）。

【小知识】

私设账簿主要表现为在法定会计账簿之外，另设置一套或多套账簿，用于登记没有纳入法定会计账簿之内统一核算的其他经济业务事项，以实现非法目的。例如，私设小金库便属于私设账簿，账外设账是一种极为严重的违法行为。

【做一做】

下列各项中，属于登记账簿基本要求的有（　　　）。

A.必须依据经过审核的会计凭证登记会计账簿

B.各种账簿按页次顺序连续登记，不得跳行、隔页

C.需结出余额的账户，应当定期结出余额

D.登记会计账簿时，应当将会计凭证编号、日期、业务内容摘要、金额和其他有关资料逐项记入账内

【答案】ABCD

四、财务会计报告

财务会计报告是对企业财务状况、经营成果和现金流量的结构性表述。财务会计报告包括财务报表和其他应当在财务报告中披露的相关信息和资料。财务会计报告至少应当包括：①资产负债表；②利润表；③现金流量表；④所有者权益（或股东权益）变动表；⑤附注。

根据《企业财务会计报告条例》的规定，财务会计报告是指企业对外提供的反映企业某一特定日期财务状况和某一会计期间经营成果、现金流量的文件。财务会计报告根据编制期间的不同分为年度、半年度、季度和月度财务会计报告。年度、半年度财务会计报告应当包括下列组成部分：（1）会计报表；（2）会计报表附注；（3）财务情况说明书。季度、月度财务会计报告通常仅指会计报表，会计报表至少应当包括资产负债表和利润表。国家统一的会计制度规定季度、月度财务会计报告需要编制会计报表附注的，从其规定。

【做一做】

下列各项中，不属于会计报表种类的是（　　　）。

A.资产负债表　　　　B.财务预算方案　　　C.现金流量表　　　　D.利润表

【答案】B

（一）财务会计报告的编制要求

企业财务会计报告，应当根据真实的交易、事项以及完整、准确的账簿记录等资料，并按照国家统一的会计制度、会计准则规定的编制基础、编制依据、编制原则和方法进行编制。

各单位应当于年度终了编制财务报告，国家统一的会计制度、准则规定企业应当编制半年度、季度、月度财务报告的，从其规定；企业应当以真实的交易、事项以及完整、准确的账簿记录为依据编制财务会计报告；各单位应当对会计报告中的各项会计要素进行合理的确认和计量，不得随意改变会计要素的确认和计量标准；各单位应当依照有关法律、行政法规规定的结账日进行结账，不得提前或者延迟；各单位在编制年度财务报告之前，应当全面清查资产、核实债务；会计报表之间、会计报表各项目之间，凡有对应关系的数字，应当相互一致；会计报表中本期与上期的有关数字应当相互衔接。

（二）财务会计报告的对外提供

企业应当依照法律、行政法规和国家统一的会计制度有关财务会计报告提供期限的规定，及时对外提供财务会计报告，会计报告反映的会计信息应当真实完整。

财务会计报告由单位负责人和主管会计工作的负责人、会计机构负责人（会计主管人员）签名并盖章。设置总会计师的企业，还应由总会计师签名并盖章。单位负责人应当保证财务会计报告真实、完整。财务会计报告需经注册会计师审计的，注册会计师及其所在的会计师事务所出具的审计报告应随同财务会计报告一并提供。企业按照《企业财务会计报告条例》规定向有关各方提供财务会计报告，且编制基础、编制依据、编制原则和方法应当一致。

五、会计档案管理

（一）会计档案的内容

会计档案是指单位在进行会计核算等过程中接收或形成的，记录和反映单位经济业务事项的，具有保存价值的文字、图表等各种形式的会计资料，包括通过计算机等电子设备形成、传输和存储的会计档案。具体包括：（1）会计凭证类；（2）会计账簿类；（3）财务会计报告类；（4）其他会计资料类。各单位的预算、计划、制度等文件材料属于文书档案，不属于会计档案。

会计凭证类，包括原始凭证、记账凭证；会计账簿类，包括总账、明细账、日记账、固定资产卡片及其他辅助性账簿；财务会计报告类，包括月度、季度、半年度、年度财务会计报告；其他会计资料类，包括银行存款余额调节表、银行对账单、纳税申报表、会计档案移交清册、会计档案保管清册、会计档案销毁清册、会计档案鉴定意见书及其他具有保存价值的会计资料。

【做一做】

下列各项中，属于会计档案的有（　　　）。

A.购货发票　　　　　　　　　B.应收账款明细账

C.资产负债表　　　　　　　　D.银行存款余额调节表

【答案】ABCD

（二）会计档案的管理部门

财政部和国家档案局主管会计档案工作，共同制定全国统一的会计档案工作制度，对全国会计档案工作实行监督和指导。县级以上各级人民政府财政部门和档案行政管理部门管理本行政区域内的会计档案工作，并对本行政区域内会计档案管理工作实行监督和检查。

（三）会计档案的归档

各单位每年形成的会计档案，应当由会计机构按照归档要求，负责整理立卷，装订成册，编制会计档案保管清册。单位的会计机构或会计人员所属机构（以下统称单位会计管理机构），负责会计资料整理、归档、立卷，编制会计档案保管清册。采用电子计算机进行会计核算的单位，应当保存打印出的纸质会计档案。满足2016年1月1日起施行的新的《会计档案管理办法》第八条规定条件的，也可仅以电子形式归档保存，形成电子会计档案。

（四）会计档案的移交

1.单位内部会计档案移交

当年形成的会计档案，在会计年度终了后，可由单位会计管理机构临时保管一年，最长不超过三年。保管期满后，应由会计机构编制清册，将会计档案的名称、种类、卷号、数量、起止日期以及保管期限等一一登记入册。因工作需要确需推迟移交的，应当经单位档案管理机构同意。出纳人员不得兼管会计档案。对没有档案管理部门的单位，会计档案应由会计机构继续保管，并指定专人负责。

单位会计管理机构在办理会计档案移交时，应当编制会计档案移交清册，并按照国家档案管理的有关规定办理移交手续。纸质会计档案移交时，应当保持原卷的封装。电子会计档案移交时应当将电子会计档案及其元数据一并移交，且文件格式应当符合国家档案管理的有关规定。特殊格式的电子会计档案应当与其读取平台一并移交。

2.单位之间会计档案移交

单位之间交接会计档案时，交接双方应当办理会计档案交接手续。交接会计档案时，交接双方应当按照会计档案移交清册所列内容逐项交接，并由交接双方的单位有关负责人负责监督。交接完毕后，交接双方经办人和监督人应当在会计档案移交清册上签名或盖章。

（五）会计档案的查阅、复制、借出

单位应当严格按照相关制度利用会计档案，在进行会计档案查阅、复制、借出时履行登记手续，严禁篡改和损坏。单位保存的会计档案一般不得对外借出。确因工作需要且根据国家有关规定必须借出的，应当严格按照规定办理相关手续。会计档案借用单位应当妥善保管和利用借入的会计档案，确保借入会计档案的安全完整，并在规定时间内归还。单位的会计档案及其复制件需要携带、寄运或传输至境外的，应该按照国家有关规定执行。

（六）会计档案的保管期限

根据2016年1月1日起施行的新《会计档案管理办法》的规定，会计档案的保管期限分为永久、定期两类。定期保管期限一般分为10年和30年。会计档案的保管期限，从会计年度终了后的第一天算起。

（七）会计档案的销毁

单位应当定期对已到保管期限的会计档案进行鉴定，形成会计档案鉴定意见书。经鉴定，仍需继续保存的会计档案，应当重新规划保管期限；对保管期满、确无保存价值的会计档案，可以销毁。会计档案鉴定工作应当由单位档案管理机构牵头，组织单位会计、审计、纪检监察等机构或人员共同进行，并按照以下要求进行销毁：

（1）编制会计档案销毁清册。列明所要销毁的会计档案的名称、卷号、起止年度和档案编号、应保管期限、已保管期限、销毁日期等内容。

（2）单位负责人、档案管理机构负责人、会计管理机构负责人、档案管理机构经办人、会计管理机构经办人在会计档案销毁清册上签署意见。

（3）单位档案管理机构负责组织会计档案销毁工作，并与会计管理机构共同派员监销。

（4）不得销毁的会计档案。主要包括：一是未结清的债权债务会计凭证和涉及其他未了事项的会计凭证，应当单独保管到未了事项完结后方可按照规定程序进行销毁；二是正在建设期间的建设单位会计档案，由于这类会计档案是按照项目进展情况而形成的，记录和反映建设项目的情况，项目没有完工，其会计档案就不得销毁。

【小知识】

电子档案的销毁应当符合国家有关电子档案的规定，并由单位档案管理机构、会计管理机构和信息系统管理机构共同派员监销。

六、其他

（一）会计年度

会计年度是以年度为单位进行会计核算的时间区间，是反映单位财务状况、核算经营成果的时间界限。一般情况下，单位的经营业务连续不断，如果等到所有经营活动结束后再进行核算，不利于外部会计信息使用者了解单位的经营情况。因此，会计上需要将连续不断的经营过程人为地划分为若干相等的时段，分段进行结算，分段编制财务报表，分段反映单位的财务状况和经营成果。这种分段进行会计核算的时间区间，就称为会计期间。会计期间分为年度、半年度、季度和月度。以一年为一个会计期间称为会计年度，小于会计年度的会计期间称为会计中期。

《会计法》第十一条规定：会计年度自公历1月1日起至12月31日止。这一规定表明，我国是以公历年度为会计年度，即从每年公历1月1日起至12月31日止为一个会计年度。这也是为了与我国的财政、计划、统计、税务年度保持一致，便于国家宏观经济管理。

【小知识】

《会计法》关于会计年度的规定，不仅适用于内资企业，也适用于外商投资企业。外商投资企业境外母公司的会计年度与我国的会计年度不一致时，外商投资企业必须按照《会计法》的规定采用公历会计年度，而不能采用其境外母公司的会计年度。

（二）记账本位币

记账本位币是指登记会计账簿和编制财务会计报告时用来计量的货币，也是单位进行会计核算业务时所使用的货币。《会计法》第十二条规定：会计核算以人民币为记账本位币。业务收支以人民币以外的货币为主的单位，可以选定其中一种货币作为记账本位币，但是编报的财务会计报告应当折算为人民币。

我国境内的会计核算，应当以人民币为记账本位币。由于人民币是我国的法定货币，在我国境内具有广泛的流通性，因此以人民币作为记账本位币具有广泛的适用性，便于会计信息口径的一致。同时，以人民币为记账本位币，也是我国国家主权的重要体现。

（三）会计处理方法

会计处理方法是指在会计核算中所采用的具体方法，通常包括收入确认方法、企业所得税的会计处理方法、存货计价方法、坏账损失的核算方法、固定资产折旧方法、编制合并会计报表的方法、外币折算的会计处理方法等。采用不同的处理方法，会影响会计资料的一致性和可比性，进而影响会计资料的使用。因此，《会计法》和国家统一的会计制度规定，各单位采用的会计处理方法前后各期应当保持一致，不得随意变更；确有必要变更的，应当按照国家统一的会计制度的规定进行变更，并将变更的原因、情况及影响在财务报表附注中予以说明，以便于会计信息使用者了解会计处理方法变更及其对会计信息影响的情况。

（四）会计记录文字

会计记录所使用的文字，是正确进行会计核算和表述各项会计资料的重要媒介。会计作为一种商业语言和信息资源，必须规范统一。而对会计资料起辅助说明作用的会计记录文字也必须通用，要为广大会计信息使用者所熟悉。

我国法定的官方语言文字是中文。《会计法》第二十二条规定："会计记录的文字应当使用中文。在民族自治地方，会计记录可以同时使用当地通用的一种民族文字。在中华人民共和国境内的外商投资企业、外国企业和其他外国组织的会计记录可以同时使用一种外国文字。"

上述规定表明，我国境内所有的国家机关、社会团体、公司、企业、事业单位和其他组织的会计记录文字都应当使用中文；为了方便使用不同文字的人阅读会计资料，我国民族自治地方和境内的外国企业或组织可以在使用中文的前提下，选用其他一种文字——当地通用的民族文字或外国文字——作为会计记录文字。也就是说，使用中文是强制性的，使用其他文字是备选的，不能理解为既可以使用中文，也可以使用其他通用文字。

【随堂测】

1.下列各项中，不属于会计资料的是（　　　）。

A.会计凭证　　　　　B.会计账簿　　　　　C.财务报表　　　　　D.经济合同

【答案】D

2.单位在审核原始凭证时，发现外来原始凭证的金额有错误，应由（　　　）。

A.接受凭证单位更正并加盖公章　　　　　B.原出具凭证单位更正并加盖公章

C.原出具凭证单位重开　　　　　D.经办人员更正并报领导审批

【答案】C

3.定期保管的会计档案，最长期限是（　　　）。

A.5年　　　　　B.10年　　　　　C.15年　　　　　D.30年

【答案】D

4.业务员甲出差花去3 000元住宿费，却采用涂改手段将住宿发票上的3 000元改为

5 000元，并前来报销。甲的行为属于伪造会计凭证行为还是变造会计凭证行为？将承担怎样的法律责任？

【延伸阅读】

企业和其他组织会计
档案保管期限表

财政总预算、行政单位、事业单位
和税收会计档案保管期限表

任务四　　　　　　会计监督

【任务描述】

会计监督是会计的基本职能之一，是我国经济监督体系的重要组成部分。会计监督可分为单位内部会计监督、政府监督和社会监督。加强会计监督，最重要的是要建立有效的会计监督体系。目前，我国《会计法》以法律形式确立了与社会主义市场经济相适应的"三位一体"的会计监督体系。通过分小组研究、讨论案例和学习教材理论知识，明确学习会计监督体系的意义所在。

【案例导入】

2023年3月，某市财政部门对该市一所市属学校2022年的财务收支情况进行例行检查。检查人员在审阅该学校会计报表和会计账簿等会计资料时发现，"其他应收款"科目2022年年末余额较年初余额有大幅上升。检查人员接着调阅了2022年度与"其他应收款"科目相关的会计凭证，发现2022年度借方发生额中，有3笔其他应收款金额共计20万元，在记账凭证后未附原始凭证。检查人员经询问校方得知，"为解决曾向学校提供过资金赞助的某乡镇企业甲公司的临时资金周转困难，向甲公司临时借出20万元资金，学校并未向该企业收取利息"。检查人员又对甲公司进行了调查。经过查阅有关资料，得知甲公司与该学校订有有息贷款协议，甲公司在2022年年底以现金方式向该学校支付了利息1.5万元。

检查人员以上述对甲公司检查的结果为基础，对该学校有关人员进行了质询，在上述事实面前，有关人员不得不承认该学校将其向甲公司收取的借款利息存入学校的小金库的事实。

请问：

（1）该市财政部门对这所市属学校的财务收支情况的例行检查属于何种类型的会计监督？

（2）除此以外，还有哪些类型的会计监督？

【案例解析】

（1）财政部门对该市属学校的财务收支情况的例行检查属于政府监督。政府监督主要是指政府财政部门代表国家，依据法律法规以及部门的职责权限，对有关单位的会计行为、会计资料所进行的监督检查。政府监督内容包括：各单位是否依法设置账簿；各单位的会计资料是否真实、完整；各单位的会计核算是否符合法定要求等。本案例中财政部门对市属学校设置的会计账簿是否合法，会计资料是否真实、完整进行的检查属于会计工作的政府监督的范畴。

（2）我国会计监督体系，包括单位内部监督、以注册会计师为主体的社会监督和以政府财政部门为主体的政府监督。除财政部门外，审计、税务、人民银行、证券监管、银保监管等部门依照法律法规规定的职责权限，都可以对有关单位的会计资料实施监督检查。

【任务分析】

单位内部的会计监督、以财政部门为主体的政府监督和以注册会计师为主体的社会监督是一个相互关联、相互协调的有机整体。我们应该理顺内部控制与内部审计的关系，掌握财政部门对单位进行监督的内容以及会计接受社会监督的形式。

【知识准备】

一、单位内部会计监督

根据《会计法》的规定，各单位应当建立、健全本单位内部会计监督制度。这一规定体现了两层含义：一是各单位都必须建立内部会计监督制度，这是各单位的法定义务，必须履行；二是各单位的内部会计监督制度必须健全。

（一）单位内部会计监督的概念

单位内部会计监督是指会计机构、会计人员依照法律的规定，通过会计手段对经济活动的合法性、合理性和有效性进行的一种监督。单位内部会计监督制度的原则有：

各单位的会计机构和会计人员对本单位的经济活动进行会计监督，单位负责人应当积极支持，保障会计机构、会计人员行使好会计监督职权，建立健全本单位内部会计监督制度。

制定的内部会计监督制度便于操作和执行；必须利于控制和检查，有了解监督制度执行情况的手段和途径；要根据执行情况和管理需要不断完善，以保证内部会计监督制度更加适应管理需要。

（二）单位内部会计监督制度的要求

（1）记账人员与经济业务事项和会计事项的审批人员、经办人员、财物保管人员的职责权限应当明确，并相互分离、相互制约。

（2）重大对外投资、资产处置、资金调度和其他重要经济业务事项的决策和执行的相互监督、相互制约程序应当明确。

（3）财产清查的范围、期限和组织程序应当明确。

（4）对会计资料定期进行内部审计的办法和程序应当明确。

【做一做】

根据《会计基础工作规范》的规定，内部会计监督的对象是（　　）。

A.本单位的货币资金　　　　　　　　B.本单位的财产物资

C.本单位的经济活动　　　　　　　　D.本单位的财务工作

【答案】C

（三）内部控制

1.内部控制的概念与目标

对于企业而言，内部控制是指由企业董事会、监事会、经理层和全体员工实施的，旨在实现控制目标的过程。对于行政事业单位而言，内部控制是指单位为实现控制目标，通过制定制度、实施措施和执行程序，对经济活动的风险进行防范和管控。

企业内部控制的目标主要包括：合理保证企业经营管理合法合规、资产安全、财务报告及相关信息真实完整，提高经营效率和效果，促进企业实现发展战略。行政事业单位内部控制的目标主要包括：合理保证单位经济活动合法合规、资产安全和使用有效、财务信息真实完整，有效防范舞弊和预防腐败，提高公共服务的效率和效果。

2.内部控制的原则

企业、行政事业单位建立与实施内部控制，均应遵循全面性原则、重要性原则、制衡性原则和适应性原则。此外，企业还应遵循成本效益原则。

【小知识】

行政事业单位为什么不需遵循成本效益原则？这是因为行政事业单位与企业性质不一样，行政事业单位的会计制度与财务管理制度和企业不一样。行政事业单位的财务会计管理基于全国统一的管理法规制度，并且属于国家拨款，收入也要上缴。行政事业单位的财务管理主要是建立健全单位各项财务管理制度，完善内部监控制度，防止财产、资金流失、浪费等，而不是追求经济效益，所以成本效益原则不在行政事业单位内部控制原则中。

3.内部控制的责任人

对于企业而言，董事会负责内部控制的建立健全和有效实施。监事会对董事会建立与实施内部控制进行监督。经理层负责组织领导企业内部控制的日常运行。企业应当成立专门机构或者指定适当的机构具体负责组织协调内部控制的建立实施及日常工作。

对于行政事业单位而言，单位负责人对本单位内部控制的建立健全和有效实施负责。单位应当建立适合本单位实际情况的内部控制体系，并组织实施。

4.内部控制的内容

企业建立与实施有效的内部控制，应当包括内部环境、风险评估、控制活动、信息与沟通、内部监督五要素。内部监督与内部控制其他要素相互联系、互为补充，共同促进企业实现控制目标。内部监督以内部环境为基础，反过来，加大内部监督力度，有利于进一步优化企业内部环境；内部监督与风险评估和控制活动形成三位一体的闭环控制系统；同时，内部监督离不开信息与沟通的支持，通过适当的信息收集、传递、反馈渠道，获取足够的相关信息来验证内部控制的有效性，促进企业不断完善内部控制。

行政事业单位建立与实施内部控制的具体工作包括：梳理单位各类经济活动的业务流程，明确业务环节，系统分析经济活动风险，确定风险点，选择风险应对策略，在此基础上根据国家有关规定建立健全单位各项内部管理制度并督促相关工作人员认真执行。

5.企业内部控制措施

企业内部控制措施一般包括不相容职务分离控制、授权审批控制、会计系统控制、财产保护控制、预算控制、运营分析控制和绩效考评控制等。

不相容职务，是指不能同时由一人兼任的职务。不相容职务各岗位的分离控制要求企业按照不相容职务相分离的原则，合理设置会计及相关岗位，形成相互制衡机制。

授权审批控制包括常规授权和特别授权两种。授权审批控制要求企业根据常规授权和特别授权的规定，明确各岗位办理业务和事项的权限范围、审批程序和相应责任。

会计系统控制要求企业严格执行国家统一的会计准则、制度，加强会计基础工作，明确会计凭证、会计账簿和财务会计报告的处理程序，保证会计资料真实完整。

财产保护控制要求企业建立财产日常管理制度和定期清查制度，采取财产记录、实物保管、定期盘点、账实核对等措施确保财产安全。

预算控制要求企业实施全面预算管理制度，明确各责任单位在预算管理中的职责权限，规范预算编制、审定、下达和执行程序，强化预算约束。

运营分析控制要求企业建立运营情况分析制度，经理层应当综合运用生产、购销、投资、筹资、财务等方面的信息，通过因素分析、对比分析、趋势分析等方法，定期开展运营情况分析，发现存在问题应及时查明原因并改进。

绩效考评控制要求企业建立和实施绩效考评制度，科学设置考核指标体系，对企业内部各责任单位和全体员工的业绩进行定期考核和客观评价，将考评结果作为确定员工薪酬以及职务晋升、评优、降级、调岗和辞退的依据。

【小知识】

不相容岗位主要包括：出纳与记账、业务与记账、业务经办与业务审批、业务审批与记账、财物保管与记账、业务经办与财物保管、业务操作与业务复核。

6.行政事业单位内部控制方法

行政事业单位内部控制方法一般包括不相容岗位相互分离、内部授权审批控制、归口管理、预算控制、财产保护控制、会计控制、单据控制、信息内部公开等。

（四）内部审计

1.内部审计的概念

内部审计是指单位内部的一种独立客观的监督和评价活动。它通过单位内部独立的审计机构和审计人员审查和评价本部门、本单位财务收支和其他经营活动以及内部控制的适当性、合法性和有效性来促进单位目标的实现。

2.内部审计的内容及特点

内部审计的内容是一个不断发展变化的范畴，主要包括财务审计、经营审计、经济责任审计、管理审计和风险管理等。

内部审计的审计机构和审计人员都设在本单位内部，审计的内容更侧重于经营过程是否有效、各项制度是否得到遵守与执行。审计结果的客观性和公正性较低，并且以建议性意见为主。

3.内部审计的作用

内部审计在单位内部会计监督中具有预防保护、服务促进、评价鉴证等作用。

二、会计工作的政府监督

（一）会计工作政府监督的概念

会计工作的政府监督主要是指财政部门代表国家，对单位和单位中相关人员的会计行为实施的监督检查，以及对发现的会计违法行为实施的行政处罚。会计工作的政府监督是一种外部监督。

财政部门是会计工作政府监督的实施主体。除财政部门外，审计、税务、银保监管、证券监管等部门依照有关法律、行政法规规定的职责和权限，都可以对有关单位的会计资料实施监督检查。

国务院财政部门和省、自治区、直辖市人民政府财政部门，依法对注册会计师、会计师事务所和注册会计师协会进行监督、指导。财政部门对会计师事务所出具审计报告的程序和内容进行监督。

【小知识】

财政部门是《会计法》的执法主体，是会计工作政府监督的实施主体。这里所说的"财政部门"，是指国务院财政部门、国务院财政部门的派出机构和县级以上人民政府财政部门。

财政部门和审计、税务、金融监管总局、证监会等部门实施会计监督的职责和权限是不同的。财政部门有权进行普遍监督，而其他有关部门则依照有关法律、行政法规规定的职责和权限，分别对有关单位的会计资料实施监督检查。

（二）财政部门会计监督的主要内容

财政部门实施监督的对象是会计部门，并对发现有违法行为的单位和个人实施行政处罚。财政部门实施会计监督检查的内容主要包括：（1）对单位依法设置会计账簿的检查；（2）对单位会计资料真实性、完整性的检查；（3）对单位会计核算情况的检查；（4）对会计师事务所出具的审计报告的程序和内容的检查；（5）会计信息质量检查。

三、会计工作的社会监督

（一）会计工作社会监督的概念

会计工作的社会监督主要是指由注册会计师及其所在的会计师事务所依法对委托单位的经济活动进行审计、鉴证的一种外部监督。因此，社会监督的主体是注册会计师所在的会计师事务所。此外，单位和个人检举违反《会计法》和国家统一的会计准则、制度规定的行为，也属于会计工作社会监督的范畴。

会计工作的社会监督是一种外部监督，是对单位内部监督的再监督，其特征是监督行为的独立性和有偿性。社会监督以其特有的中介性和公正性得到法律认可，具有很强的权威性、公正性。

（二）注册会计师审计与内部审计的关系

注册会计师审计与内部审计既有联系又有区别。

二者的联系主要有：（1）都是现代审计体系的重要组成部分；（2）都关注内部控制的健全性和有效性；（3）注册会计师审计可能涉及对内部审计成果的利用等。

二者的区别主要有：（1）审计独立性不同；（2）审计方式不同；（3）审计的职责和作用不同；（4）接受审计的自愿程度不同。

（三）注册会计师的业务范围

注册会计师执行业务，应当加入会计师事务所。注册会计师可以承办审计业务和会计咨询、会计服务业务。注册会计师承办业务，由其所在的会计师事务所统一受理并与委托人签订委托合同。会计师事务所对本所注册会计师承办的业务，承担民事责任。

注册会计师是取得注册会计师证并接受委托从事审计和会计咨询、服务业务的职业人员，具有很强的公正性和权威性，是会计工作社会监督的主要形式。根据《注册会计师法》的规定，注册会计师依法承办审计和会计咨询、会计服务业务。

会计工作的社会监督过程应该注意：委托注册会计师审计的单位应当如实提供会计资料；任何单位或个人不得干扰注册会计师独立开展审计业务。财政部门有对会计师事务所出具的审计报告进行监督的职责。

【做一做】

内部审计的作用包括（　　）。

A.预防保护作用　　　B.服务促进作用　　　C.评价作用　　　D.鉴证作用

【答案】ABCD

【随堂测】

1.根据《会计法》的规定，下列各项中，属于财政部门实施会计监督检查的内容有（　　）。

A.是否依法设置会计账簿

B.是否按时进行纳税申报

C.是否按时足额缴纳税款

D.是否按照实际发生的经济业务进行会计核算

【答案】AD

2.除财政部门对各单位进行会计监督外，下列属于会计工作政府监督的实施主体还有（　　）。

A.政府审计部门　　　B.税务部门　　　C.中国人民银行　　　D.银保监会、证监会

【答案】ABCD

3.下列属于会计工作社会监督主体的有（　　）。

A.注册会计师　　　B.财政部门　　　C.新闻媒体　　　D.个人

【答案】ACD

4.注册会计师审计与内部审计有哪些联系和区别？

【延伸阅读】

注册会计师的作用

任务五　　会计机构和会计人员

【任务描述】

分小组分析、讨论案例，明确会计机构设置的要求，掌握会计负责人的任职资格，以

及区分会计专业职务与会计专业技术资格，能够明确会计人员工作交接的法律规定。

【案例导入】

东源公司内部机构调整：会计张某调离会计工作岗位，与接替者王某在财务科长的监交下办妥了会计工作交接手续；出纳赵某兼任会计档案保管工作。年底，财政部门对该单位进行检查时，发现该单位原会计张某所记的账目中有作假行为，而接替者王某在会计工作交替时并未发现这一问题。财政部门在调查时，张某声称已经办理会计交接手续，现任会计王某和财务科长均在移交清册上签了字，自己不再承担任何责任。

请问：

（1）张某的说法是否正确？请简要说明理由。

（2）公司负责人是否对会计作假行为承担责任？请简要说明理由。

（3）出纳赵某兼管会计档案保管工作是否符合法律规定？

（4）出纳人员不得兼任哪些会计岗位工作？

【案例解析】

（1）张某的说法不正确。《会计法》规定，交接工作完成后，移交人员所移交的会计凭证、会计账簿、财务会计报告和其他会计资料是在经办会计工作期间内发生的，应当对这些会计资料的真实性、完整性负责，即便接替人员在交接时因疏忽没有发现会计资料真实性、完整性方面的问题，如事后发现仍应由原移交人员负责，原移交人员不应以会计资料已移交为由而推脱责任。

（2）公司负责人对会计作假行为应当承担责任。《会计法》规定，"单位负责人对本单位的会计工作和会计资料的真实性、完整性负责……单位负责人应当保证会计机构、会计人员依法履行职责，不得授意、指使、强令会计机构、会计人员违法办理会计事项"。

（3）出纳赵某兼管会计档案保管工作是违反会计法规的。

（4）《会计法》规定，出纳人员不得兼任稽核、会计档案保管和收入、支出、费用、债权债务账目的登记工作。

【任务分析】

会计机构是各单位办理会计事务的职能部门，会计人员是直接从事会计工作的人员。建立、健全会计机构，配备数量和素质都相当的人员从事会计工作，是各单位做好会计工作，充分发挥会计职能作用的重要保证。会计机构的设置以及会计人员的任用都应依据《会计法》以及《会计基础工作规范》的规定进行。全面、系统地学习任务内容，掌握相关的法律规范，可以为今后的工作奠定坚实的基础。

【知识准备】

一、会计机构的设置

（一）单位会计机构的设置方式

《会计法》对各单位是否设置会计机构和如何设置会计机构，提出了三个层次的原则规定：（1）单独设置会计机构；（2）不单独设置会计机构的，在有关机构中设置会计人员并指定会计主管人员；（3）不具备设置条件的，应当委托经批准设立从事会计代理记账业务的中介机构代理记账。

一个单位是否单独设置会计机构，往往取决于以下几个因素：一是单位规模的大小；二是经济业务和财务收支的繁简；三是经营管理的要求。根据上述要求，一般来说，大、中型企业和具有一定规模的行政、事业单位，以及财务收支数额较大、会计业务较多的社会团体和其他经济组织，应单独设置会计机构，以便及时组织本单位各项经济活动和财务收支的核算，实行有效的会计监督。对于不具备单独设置会计机构条件的单位，如财务收支数额不大、会计业务比较简单的企业、机关、团体、事业单位等，可以在有关机构中配备专职会计人员，也可依法委托中介机构代理记账。

（二）代理记账

代理记账机构的设立需要具备以下条件：（1）为依法设立的企业；（2）专职从业人员不少于3名；（3）主管代理记账业务的负责人具有会计师以上专业技术职务资格且为专职从业人员；（4）有健全的代理记账业务内部规范。

代理记账机构的业务范围主要包括：（1）根据委托人提供的原始凭证和其他相关资料，按照国家统一的会计制度的规定进行会计核算，包括审核原始凭证、填制记账凭证、登记会计账簿、编制财务会计报告等；（2）对外提供财务会计报告；（3）向税务机关提供税务资料；（4）委托人委托的其他会计业务。

代理记账的委托人应当承担以下义务：（1）对本单位发生的经济业务事项，应当填制或者取得符合国家统一的会计制度规定的原始凭证；（2）应当配备专人负责日常货币收支和保管；（3）及时向代理记账机构提供真实、完整的原始凭证和其他相关资料；（4）对于代理记账机构退回的，要求按照国家统一的会计制度的规定进行更正、补充的原始凭证，应当及时予以更正、补充。

代理记账机构及其从业人员应当承担以下义务：（1）遵守有关法律、法规和国家统一的会计制度的规定，按照委托合同办理代理记账业务；（2）对在执行业务中知悉的商业秘密予以保密；（3）对委托人要求其作出不当的会计处理，提供不实的会计资料，以及其他不符合法律、法规和国家统一的会计制度行为的，予以拒绝；（4）对委托人提出的会计处理相关问题予以解释。

（三）会计机构负责人的任职资格

会计机构负责人（会计主管人员）是指在一个单位内具体负责会计工作的中层领导人员。会计机构负责人（会计主管人员）在单位负责人的领导下负责组织、管理本单位所有会计工作。《会计法》规定："会计人员应当具备从事会计工作所需要的专业能力。担任单位会计机构负责人（会计主管人员）的，应当具备会计师以上专业技术职务资格或者从事会计工作三年以上经历。"这是对本单位会计机构负责人（会计主管人员）任职资格作出的特别规定。

二、会计工作岗位设置

（一）会计工作岗位设置的要求

会计工作岗位是指单位会计机构内部根据业务分工而设置的从事会计工作、办理会计事项的具体职位。

会计工作岗位设置要求包括：

1.按需设岗

各单位会计工作岗位的设置应与本单位业务活动的规模、特点和管理要求相适应。

2.符合内部牵制的要求

会计工作岗位可以一人一岗、一人多岗或者一岗多人。出纳不得监管稽核、会计档案保管和收入、费用、债权债务账目的登记工作；出纳以外的人员不得经管现金、有价证券、票据。

3.建立岗位责任制

各单位应当建立会计岗位责任制，明确各项具体会计工作的职责范围、具体内容和要求，并落实到每个会计工作岗位或会计人员之中。

4.建立轮岗制度

会计人员应当定期或不定期地轮换工作岗位。

【小知识】

内部牵制制度要求单位的出纳不得兼管稽核、会计档案保管和收入、费用、债权债务账目的登记工作（不包括库存现金日记账和银行存款日记账）；出纳以外的人员不得经管现金、有价证券、票据。但是，出纳人员不是完全不能进行记账工作。除了收入、费用、债权债务等直接与单位资金收支增减往来相关的账目，其他的记账工作还是可以承担的，如有些单位出纳人员业务不多，可以兼记单位的固定资产明细账、低值易耗品明细账。

（二）主要会计工作岗位

会计工作岗位一般可分为：（1）总会计师（或行使总会计师职权）岗位；（2）会计机构负责人或者会计主管人员岗位；（3）出纳岗位；（4）稽核；（5）资产、负债、所有者权益核算；（6）收入、支出、债权债务核算；（7）职工薪酬、成本费用、财务成果核算；（8）会计监督；（9）总账；（10）财务会计报告编制；（11）会计机构内会计档案管理；（12）其他会计工作岗位。

【小知识】

以下三类为非会计岗位：单位会计档案管理岗位（会计档案移交后）；医院门诊收费员、住院处收费员、药房收费员、药品库房记账员、商场超市收银员等；单位内部审计、社会审计和政府审计工作人员。

【做一做】

下列各项中，属于会计工作岗位的有（　　　　）。

A.工资核算岗位　　　　　　　　　　B.资金核算岗位

C.计划管理岗位　　　　　　　　　　D.会计档案管理岗位

【答案】ABD

三、会计工作交接

（一）交接的范围

会计人员工作交接，也称会计工作交接，是指会计人员调动工作、离职或者因病暂时不能工作，应与接管人员办理工作交接手续。具体交接情况如下：

（1）临时离职或因病不能工作、需要接替或代理的，会计机构负责人（会计主管人员）或单位负责人必须指定专人接替或者代理，并办理会计工作交接手续。

（2）临时离职或因病不能工作的会计人员恢复工作时，应当与接替或代理人员办理交接手续。

（3）移交人员因病或其他特殊原因不能亲自办理移交手续的，经单位负责人批准，可由移交人委托他人代办交接，但委托人应当对所移交的会计凭证、会计账簿、财务会计报告和其他有关资料的真实性、完整性承担法律责任。

（二）交接程序

1.提出交接申请

会计人员在向单位或者有关机关提出调动工作或者离职的申请时，应当同时向会计机构提出会计交接申请。

2.移交前的准备工作

会计人员在办理会计工作交接前，应当按照规定做好交接准备工作。

（1）已经受理的经济业务尚未填制会计凭证的，应当填制完毕。

（2）尚未登记的账目应当登记完毕，结出余额，并在最后一笔余额后加盖经办人员印章。

（3）整理应该移交的各项资料，对未了事项和遗留问题要写出书面说明材料。

（4）编制移交清册，列明移交凭证、账簿、会计报表、公章、现金、有价证券、支票簿、发票、文件、其他会计资料和物品等内容；实行会计电算化的单位，从事该项工作的移交人员应在移交清册上列明会计软件及密码、会计软件数据盘、磁带等内容。

（5）会计机构负责人、会计主管人员移交时，应将财务会计工作、重大财务收支问题和会计人员的情况等向接替人员介绍清楚。

3.移交点收

移交人员离职前，必须将本人经管的会计工作在规定的期限内全部向接管人员移交清楚。接管人员认真按照移交清册逐项点收。具体要求有以下几点：

（1）现金要根据会计账簿记录余额进行当面点交，不得短缺，接替人员发现不一致或"白条抵库"现象时，移交人员在规定期限内负责查清处理。

（2）有价证券的数量要与会计账簿记录一致，有价证券面额与发行价不一致时，按照会计账簿余额交接。

（3）会计凭证、会计账簿、财务会计报告和其他会计资料必须完整无缺，不得遗漏。如有短缺，必须查清原因，并在移交清册中加以说明，由移交人负责。

（4）银行存款账户余额要与银行对账单核对相符，如有未达账项，应编制银行存款余额调节表调节相符；各种财产物资和债权债务的明细账户余额，要与总账有关账户的余额核对相符；对重要实物要实地盘点，对余额较大的往来账户要与往来单位、个人核对。

（5）公章、收据、空白支票、发票、科目印章以及其他物品必须交接清楚。

（6）实行会计电算化的单位，交接双方应在电子计算机上对有关数据进行实际操作，确认有关数字正确无误后，方可交接。

4.专人负责监交

一般会计人员办理交接手续，由会计机构负责人（会计主管人员）监交，会计机构负责人（会计主管人员）办理交接手续时，由单位负责人监交，必要时，可由主管单位派人会同监交。一般有以下几种情况：

（1）所属单位领导不能监交的，如在单位撤并时需要由主管单位派人监交。

（2）在所属单位领导人不能尽快监交时，需要由主管单位督促监交。

（3）不宜由所属单位领导人监交的，需要由主管单位与所属单位领导人会同监交。

（4）上级主管单位认为存在某些问题需要派人会同监交的。

（三）交接人员的责任

移交人员对其所移交的会计资料的真实性、完整性承担法律责任。

移交人员在办理移交时，要按移交清册逐项移交，接替人员要逐项核对点收。

移交人员所移交的会计资料是在其经办会计工作期间内发生的，移交人员应当对这些会计资料的合法性、真实性负责，即使接替人员在交接时因疏忽没有发现所接会计资料在合法性、真实性方面的问题，如事后发现，也应由原移交人员负责，原移交人员不应以会计资料已经交接而推卸责任。

四、会计专业技术资格与职务

（一）会计专业技术资格

会计专业技术资格是指担任会计专业职务的任职资格，分为初级资格、中级资格和高级资格三个级别。

1.初级、中级会计资格的取得

初级、中级会计资格的取得实行全国统一考试制度。目前初级会计资格考试科目为初级会计实务和经济法基础两个科目，要求一次全部通过。中级会计资格考试科目为中级会计实务、财务管理和经济法三个科目，成绩实行单科累计制，单科合格成绩在连续两个考试年度内有效，各科成绩合格标准均以考试年度当年标准确定。凡在连续两个考试年度内有效取得以上三个考试科目成绩合格者，均可取得中级会计资格。

初级会计资格考试的人员必须具备教育部认可的高中以上学历。报考中级会计资格考试的人员必须具备下列条件：①具备大学专科学历，从事会计工作满5年；②具备大学本科学历或学士学位，从事会计工作满4年；③具备第二学士学位或研究生班毕业的，从事会计工作满2年；④具备硕士学位的，从事会计工作满1年；⑤具备博士学位；⑥通过全国统一考试，取得经济、统计、审计专业技术中级资格。

2.高级会计资格的取得

高级会计师资格的取得实行考试与评审相结合的制度。符合报名条件的人员，均可报考，考试成绩合格后，方可申请参加高级会计师评审。考试科目为高级会计实务。参加考试达到国家合格标准的人员，由全国会计专业技术资格考试办公室核发高级会计师资格考试合格证，该证在全国范围内3年有效。报考条件为具有会计师、审计师、财税经济师等中级专业技术资格或者注册税务师、注册资产评估师资格之一，并从事会计、财税和相应管理工作的在职专业人员。

（二）会计专业职务

会计专业职务是区分会计人员从事业务工作的技术等级。会计专业职务分为高级会计师、会计师、助理会计师、会计员。其中，高级会计师为高级职务，会计师为中级职务，助理会计师与会计员为初级职务。

1.会计员

会计员负责具体审核和办理财务收支业务，编制记账凭证，登记账簿，编制会计报表和办理其他会计事务。

2.助理会计师

助理会计师负责草拟一般财务会计制度、规定、办法，解释、解答财务会计法规、制度中的一般规定，分析检查某一方面或某些项目的财务收支和预算执行情况。

3.会计师

会计师负责草拟比较重要的财务会计制度、规定、办法，解释、解答财务会计法规、制度中的重要问题，分析检查财务收支和预算执行情况，培养初级会计人才。

4.高级会计师

高级会计师负责草拟和解释、解答在一个地区、一个部门、一个系统或在全国施行的财务会计法规、制度、办法，组织和指导一个地区或一个部门、一个系统的经济核算和财务会计工作，培养中级以下会计人才。

【小知识】

会计专业职务是区分会计人员从事业务工作的技术等级；会计专业技术资格是担任会计专业职务的任职资格。

【随堂测】

1.根据《会计基础工作规范》的规定，会计机构负责人办理会计工作交接手续时，负责监交的人员应当是（　　　）。

A.一般会计人员　　　　　　　　　B.主管会计工作的负责人

C.单位负责人　　　　　　　　　　D.单位负责人指定的人员

【答案】C

2.根据《会计法》的规定，担任单位会计机构负责人的，应当具备会计师以上专业技术职务资格或者具有一定年限的会计工作经历。该年限是（　　　）。

A.1年以上　　　　　B.2年以上　　　　　C.3年以上　　　　　D.4年以上

【答案】C

3.根据《会计基础工作规范》的规定，单位领导人的直系亲属不得担任本单位的（　　　）。

A.会计机构负责人　　B.会计主管人员　　　C.会计　　　　　　　D.出纳

【答案】AB

4.根据会计法律制度规定，会计人员继续教育的形式包括接受培训和自学两种，会计人员继续教育每年接受培训的时间累计最少应为（　　　）。

A.20小时　　　　　B.24小时　　　　　C.48小时　　　　　D.68小时

【答案】B

【延伸阅读】

会计责任与审计责任的不同

任务六　　　　　会计法律责任

【任务描述】

由任课教师将学生分成六组，每组分配一项知识准备中的内容，并利用课余时间搜集《会计法》以及《中华人民共和国刑法》（以下简称《刑法》）中的关于会计主体法律责任相关规定，编辑成抢答题，由教师组织各小组进行知识抢答，得分最多的小组即为胜出者，由教师奖励。

【案例导入】

审计机关对某股份有限公司2022年财务情况进行审计，发现以下行为：

1.公司作为一般纳税人，在未发生存货购入业务的情况下，从其他企业买入空白增值税发票，并在发票上注明购入商品，金额2 000万元，增值税税额260万元。财务部门以该发票为依据，编制购入商品的记账凭证；纳税申报时作为增值税进项税额抵扣税款。

2.会计人员有充分证据证明以上行为属于公司总经理强令会计人员所为。

3.公司销售商品开出发票时，"发票联"内容真实，但本单位"记账联"和"存根联"的金额比真实金额小。会计以"记账联"编制记账凭证，登记账簿，导致少记销售收入900万元，少记增值税117万元。

请问：以上三种行为分别属于什么行为？应如何处理？

【案例解析】

（1）第一种行为属于违反会计法的伪造会计凭证行为；第二种行为属于单位责任人强令会计人员伪造会计凭证的行为；第三种行为属于变造会计凭证的违法行为。

（2）公司负责人对以上造成会计工作和会计资料不真实的情况承担行政责任；构成犯罪的，应追究刑事责任。应更正不真实的会计凭证和会计账簿，规范会计行为。对负有责任的会计机构负责人、会计人员，应依法追究行政责任；构成犯罪的，还应追究刑事责任。

【任务分析】

会计法律责任是指会计法律关系中的主体因违反会计法律、法规所应承担的具有强制性的法律后果，是对违法者违法行为的制裁。我国《会计法》明确规定，会计法律关系的主体包括单位负责人、会计机构和会计人员、其他人员和会计的监管部门。这里的法律法规不仅仅指《会计法》，还包括《中华人民共和国公司法》《中华人民共和国审计法》《中华人民共和国保险法》《注册会计师法》《中华人民共和国合伙企业法》《中华人民共和国个人独资企业法》《中华人民共和国企业破产法》《中华人民共和国企业所得税法》等与会计工作有关的相应法律、法规。所以，同学们需要通过各种途径完善自己的知识架构，才能针对不同的违法行为进行分析。

【知识准备】

一、法律责任概述

法律责任是指违反法律规定的行为应当承担的法律后果。《会计法》规定的法律责任主要有行政责任和刑事责任。

（一）行政责任

行政责任主要有行政处罚和行政处分两种方式。

行政处罚的类别主要有：（1）罚款；（2）责令限期改正；（3）五年内不得从事会计工作。

【小知识】

一般意义上的行政处罚的类别主要包括：警告；罚款；没收违法所得；没收非法财物；责令停产停业；暂扣或者吊销许可证、执照；行政拘留等。而违反《会计法》给予的行政处罚类别仅包括：罚款；责令限期改正；五年内不得从事会计工作等。

行政处分是国家行政机关依照行政隶属关系给予有违法失职行为的行政机关工作人员的一种惩戒措施。行政处分的形式主要有：（1）警告；（2）记过；（3）记大过；（4）降级；（5）撤职；（6）开除。

【小知识】

行政处分和行政处罚的区别：（1）针对的对象不同。行政处分针对行政机关内部工作人员；行政处罚针对行政管理相对人。（2）作出决定的机关不同。行政处分一般由与被处分人有从属关系的行政机关作出；行政处罚由特定的和法定组织作出。（3）针对的违法行为不同。行政处分针对行政机关工作人员的违法违纪及失职行为；行政处罚针对行政管理相对人违反行政法律规范的行为。（4）制裁的种类不同。行政处分的种类主要有：警告、记过、记大过、降级、撤职、开除等；行政处罚的主要种类有：警告、罚款、没收违法所得、没收非法财物、责令停产停业、吊销或暂扣许可证或执照、行政拘留等。（5）执行的程序不同。行政处分由作出处分的行政机关执行。处分决定归入被处分人的人事档案，被处分人对行政处分不服，不能向法院起诉，只能依法定程序申诉；行政处罚由作出处罚决定的行政机关自己执行或申请人民法院强制执行，被处罚人对行政处罚不服，可以申请行政复议或提起行政诉讼。

（二）刑事责任

刑事责任是指犯罪行为应当承担的法律责任，即对犯罪分子依照刑事法律的规定追究其法律责任，包括主刑和附加刑两种。主刑是对犯罪分子适用的主要刑罚方法，只能独立适用，不能附加适用，分为管制、拘役、有期徒刑、无期徒刑和死刑。附加刑是既可独立适用又可以附加适用的刑罚方法，分为罚金、剥夺政治权利、没收财产。对犯罪的外国人，也可以独立或附加适用驱逐出境。

【做一做】

行政处分的对象是（　　）。

A.法人　　　　　　B.公民　　　　　　C.国家工作人员　　　D.其他组织

【答案】C

二、不依法设置会计账簿等会计违法行为的法律责任

1. 不依法设置会计账簿等会计违法行为的范围

（1）不依法设置会计账簿的；

（2）私设会计账簿的；

（3）未按照规定填制、取得原始凭证或者填制、取得的原始凭证不符合规定的；

（4）以未经审核的会计凭证为依据登记会计账簿或者登记会计账簿不符合规定的；

（5）随意变更会计处理方法的；

（6）向不同的会计资料使用者提供的财务会计报告编制依据不一致的；

（7）未按照规定使用会计记录文字或者记账本位币的；

（8）未按照规定保管会计资料，致使会计资料毁损、灭失的；

（9）未按照规定建立并实施单位内部会计监督制度或者拒绝依法实施监督的或者不如实提供有关会计资料及有关情况的；

（10）任用会计人员不符合会计法规定的。

2. 不依法设置会计账簿等会计违法行为应承担的法律责任

（1）责令限期改正。

（2）罚款。由县级以上人民政府财政部门责令限期改正的同时，可以对单位并处3 000元以上5万元以下的罚款；对其直接负责的主管人员和其他直接责任人员，可以处2 000元以上2万元以下的罚款。

（3）五年内不得从事会计工作。

（4）给予行政处分。

（5）追究刑事责任。

三、其他违反会计法规定应承担的责任

（一）伪造、变造会计凭证、会计账簿，编制虚假财务会计报告的法律责任

伪造、变造会计凭证、会计账簿，编制虚假财务会计报告尚不构成犯罪的，由县级以上人民政府财政部门予以通报，可以对单位并处5 000元以上10万元以下的罚款；对其直接负责的主管人员和其他直接责任人员，可以处3 000元以上5万元以下的罚款；属于国家工作人员的，还应当由其所在单位或者有关单位依法给予撤职直至开除的行政处分；构成犯罪的，依法追究刑事责任。

（二）隐匿或者故意销毁依法应当保存的会计凭证、会计账簿、财务会计报告的法律责任

隐匿或者故意销毁依法应当保存的会计凭证、会计账簿、财务会计报告，构成犯罪的，依法追究刑事责任。不构成犯罪的，由县级以上人民政府财政部门予以通报，可以对单位并处5 000元以上10万元以下的罚款；对其直接负责的主管人员和其他直接责任人员，可以处3 000元以上5万元以下的罚款；属于国家工作人员的，还应由其所在单位或者有关单位依法给予撤职直至开除的行政处分。

（三）授意、指使、强令会计机构、会计人员及其他人员伪造、变造会计凭证、会计账簿，编制虚假财务会计报告或者隐匿、故意销毁依法应当保存的会计凭证、会计账簿、财务会计报告的法律责任

授意、指使、强令会计机构、会计人员及其他人员伪造、变造会计凭证、会计账簿，

编制虚假财务会计报告或者隐匿、故意销毁依法应当保存的会计凭证、会计账簿、财务会计报告，构成犯罪的，依法追究刑事责任；尚不构成犯罪的，可以处5 000元以上5万元以下的罚款；属于国家工作人员的，还应当由其所在单位或者有关单位依法给予降级、撤职、开除的行政处分。

（四）单位负责人对会计人员进行打击报复的法律责任

单位负责人对依法履行职责的会计人员实行打击报复，构成犯罪的，依法追究刑事责任；我国《刑法》第二百五十五条规定："公司、企业、事业单位、机关、团体的领导人，对依法履行职责、抵制违反会计法、统计法行为的会计、统计人员实行打击报复，情节恶劣的，处三年以下有期徒刑或者拘役。"尚不构成犯罪的，由其所在单位或者有关单位依法给予行政处分。对受打击报复的会计人员，应当恢复其名誉和原有职务、级别。

【小知识】

这里的"打击报复"，主要是指对依法履行职责、抵制违反《会计法》规定行为的会计人员，通过调动工作、撤换职务、进行处罚或其他方式进行打击报复的行为。

（五）其他违反会计法的法律责任

其他违反会计法的法律责任主要指两种情况：一是财政部门及有关行政部门的工作人员在实施监督管理中滥用职权、玩忽职守、徇私舞弊或者泄露国家秘密、商业秘密，构成犯罪的，依法追究刑事责任；二是指违反《会计法》第三十条的规定，将检举人姓名和检举材料转给被检举单位和被检举人个人的，由所在单位或者有关单位依法给予行政处分。

【随堂测】

1.下列各项中，属于违反《会计法》规定的有（　　　）。

A.以未经审核的会计凭证为依据登记会计账簿的行为

B.随意变更会计处理方法的行为

C.未在规定期限办理纳税申报的行为

D.未按规定建立并实施单位内部会计监督制度的行为

【答案】ABD

2.根据《会计法》的规定，对于"不依法设置账簿"的行为，应当承担的法律责任有（　　　）。

A.由县级以上人民政府财政部门责令限期改正

B.对单位处以3 000元以上5万元以下的罚款

C.对其直接负责的主管人员可以处以2 000元以上2万元以下的罚款

D.属于国家工作人员的，由其所在单位或有关单位依法给予行政处分

【答案】ABCD

3.会计法律责任有哪几种？

4.2022年，因市场需求变化，某市国有企业东英机械公司产品销售不畅并大量积压，厂长李某为了粉饰其经营业绩，会同会计科长张某、会计王某多次伪造会计凭证、变造会计账簿并盖章后报出。事后财政部门调查时，厂长李某、会计科长张某、会计王某对上述

行为均供认不讳。

请问：

（1）上述行为属于《会计法》规定的哪种违法行为？

（2）如上述行为尚不构成犯罪，将如何处罚？

本项目各任务
随堂测答案

【延伸阅读】

罚金与罚款的区别

【项目训练】

一、选择题

1.下列不属于账账核对的项目有（　　　）。

A.总账与明细账核对

B.总账与日记账核对

C.会计部门的财产物资明细账与财产物资保管部门的有关明细账核对

D.银行存款日记账与银行对账单核对

2.会计的基本职能是（　　　）。

A.会计核算　　　　　B.会计监督　　　　　C.会计预算　　　　　D.会计考核

3.变更会计处理方法后，需要在财务会计报告附注中对（　　　）予以说明。

A.变更的原因　　　　　　　　　　B.变更的情况

C.变更的影响　　　　　　　　　　D.变更的原因、情况及影响

4.下列各项中，不属于原始凭证审核内容的是（　　　）。

A.原始凭证的真实性　　　　　　　　B.原始凭证的合法性

C.会计分录的正确性　　　　　　　　D.原始凭证的完整性和准确性

5.下列不属于会计报表内容的是（　　　）。

A.资产负债表　　　　B.利润表　　　　C.科目汇总表　　　　D.现金流量表

6.记账凭证可以根据（　　　）填制，但不得将不同内容和类别的原始凭证汇总填制在一张记账凭证上。

A.每一张原始凭证　　　　　　　　B.若干张同类原始凭证汇总

C.经办人员的签名或盖章　　　　　D.原始凭证汇总表

7.会计监督的对象是（　　　）。

A.本单位的各种活动

B.本单位的单位负责人、会计机构及会计人员

C.本单位的经济活动

D.本单位的审计活动

8.不相容职务分离的核心是（　　　）。

A.内部牵制　　　　B.内部控制　　　　C.内部审计　　　　D.内部管理

9.对于不具备设置会计机构条件的单位，应当（　　　）。

A.不记账　　　　B.代理记账　　　　C.简化做账　　　　D.随便处理

10.代理记账的机构必须是按规定经过批准设立的（　　　）。

A.社会中介机构　　B.主管部门　　　　C.税务部门　　　　D.财政部门

11.国有大、中型企业（　　　）设置总会计师。

A.可以　　　　　　B.不必　　　　　　C.必须　　　　　　D.应根据要求

12.下列属于不依法设置会计账簿等会计违法行为的范围的是（　　　）。

A.私设会计账簿的

B.未按照规定使用会计记录文字或者记账本位币的

C.随意变更会计处理方法的

D.任用会计人员不符合会计法规定的

13.下列不属于会计专业职务的是（　　　）。

A.助理会计师　　　B.会计师　　　　　C.高级会计师　　　D.注册会计师

14.国家机关、国有企业、事业单位的会计主管人员的直系亲属不得在本单位会计机构中担任（　　　）工作。

A.稽核　　　　　　B.会计档案管理　　C.会计　　　　　　D.出纳

15.会计资料移交后，如果发现是移交人员经办会计工作期间内所发生的问题，由（　　　）负责。

A.原移交人员　　　B.接收人员　　　　C.单位负责人　　　D.会计机构负责人

二、判断题

1.所有实际发生的经济业务事项都需要进行会计记录和会计核算。（　　　）

2.原始凭证的内容只要是真实的就是合法的。（　　　）

3.实行会计电算化的单位，其会计账簿的登记、更正，也应当符合国家统一的会计制度。（　　　）

4.会计期间就是指会计年度。（　　　）

5.会计工作的政府监督是我国经济监督体系的一个重要方面，它与单位内部由会计机构、会计人员实行会计监督是相辅相成的。（　　　）

6.记账人员与经济业务或会计事项的审批人员、经办员、财务保管人员的职责权限应当明确，并相互分离、相互制约。（　　　）

7.单位负责人为单位会计责任主体，这就是说，如果一个单位会计工作中出现违法违纪行为，单位负责人应当承担全部责任。（　　　）

8.取得大专学历的，从事会计工作满4年可以参加中级会计资格考试。（　　　）

9.会计人员工作交接，是指会计人员工作调动、离职或因病暂时不能工作，应与接管人员办理交接手续的一种工作程序。（　　　）

10.会计工作实行回避制度的范围包括国家机关、社会团体、个体工商户。（　　　）

三、案例分析题

2022年**8**月**10**日，甲公司收到一张应由甲公司与乙公司共同承担费用支出的原始凭证，甲公司会计人员张某以该原始凭证及应承担的费用进行账务处理，并保存该原始凭证；同时，应乙公司要求将该原始凭证复印件提供给乙公司用于账务处理。年终，甲公司拟销毁一批保管期满的会计档案，其中有一张未结清债权债务的原始凭证，会计人员张某认为只要是保管期满的会计档案就可以销毁。

请问：

（1）乙公司用甲、乙公司共同承担费用的原始凭证复印件进行账务处理是否正确？

（2）甲公司会计人员张某认为只要是保管期满的会计档案就可以销毁的观点是否正确？

【项目评价】

本项目的学习效果评价体系由职业能力、通用能力和思政素养三部分构成，请根据学生对教学内容的掌握情况填写项目考核评价表（见表1-1）。

表1-1   项目考核评价表

内　　　容		评　价		
学习目标	评价项目	3	2	1
职业能力 掌握《会计法》对于会计资料的要求	1.会计凭证的相关规定			
	2.会计报表的相关规定			
	3.会计档案的相关规定			
掌握会计监督的各个组成部分	1.单位内部会计监督的内容			
	2.政府监督的内容			
	3.社会监督的内容			
掌握各会计主体的法律责任	1.伪造会计资料的法律责任			
	2.隐匿或者故意销毁依法应当保存的会计资料的法律责任			
通用能力	组织能力			
	沟通能力			
	解决问题的能力			
	自我提高的能力			
	创新能力			
思政素养	树立国家会计制度自信意识			
	树立依法办事意识			
	树立遵规守纪意识			
	涵养自律严谨行为习惯			
综合评价				

等级说明：3——能高质、高效地完成此学习目标的全部内容，并能解决遇到的特殊问题；2——能高质、高效地完成此学习目标的全部内容；1——能圆满完成此学习目标的全部内容，无须任何帮助和指导。

评价说明：优秀——达到3级水平；良好——达到2级水平；合格——全部任务都达到1级水平；不合格——不能达到1级水平。

项目二　金融管理的护航船——结算法律制度

学习目标

知识目标

1.了解支付结算的相关概念及法律构成；

2.了解银行结算账户的开立、变更和撤销；

3.熟悉票据的相关概念；

4.熟悉各银行结算账户的概念、使用范围和开户要求；

5.掌握票据和结算凭证填写的基本要求；

6.掌握票据和结算方式的相关规定，并能综合分析具体案例。

能力目标

1.会正确地填写各种票据；

2.具备根据不同的经济业务判断使用何种结算方式最佳的能力；

3.能够熟练地对各种票据进行相应的处理。

思政目标

1.深刻领悟党的二十大报告提出的新发展理念，认识到我国互联网金融领先发展趋势，培养国家经济制度自信，增强爱国主义情怀；

2.在未来金融结算工作中，树立端正的工作态度、强烈的职业责任和严明的规范意识；

3.养成依法结算、严谨细致、廉洁求实的职业行为及良好习惯。

【内容结构导图】

本项目内容构成如图2-1所示。

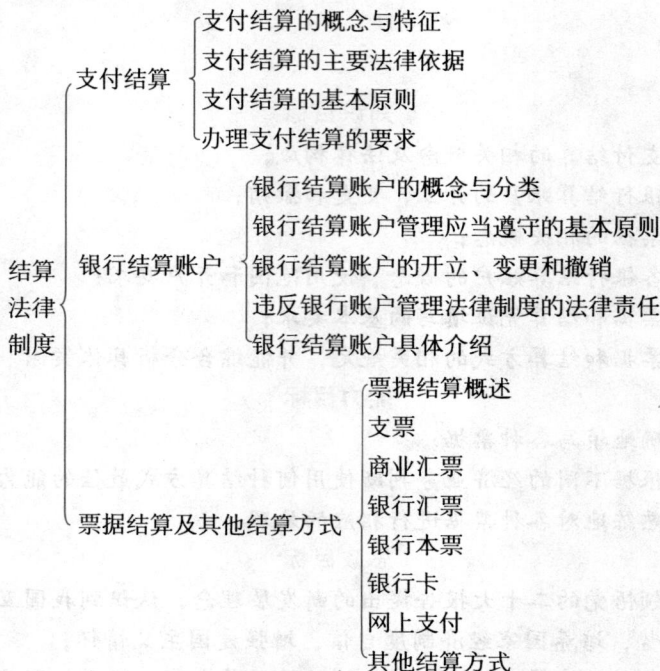

```
                           ┌─ 支付结算的概念与特征
                           │  支付结算的主要法律依据
                  支付结算 ─┤
                           │  支付结算的基本原则
                           └─ 办理支付结算的要求

                           ┌─ 银行结算账户的概念与分类
                           │  银行结算账户管理应当遵守的基本原则
  结算                    │
  法律    银行结算账户 ─┤  银行结算账户的开立、变更和撤销
  制度                    │  违反银行账户管理法律制度的法律责任
                           └─ 银行结算账户具体介绍

                           ┌─ 票据结算概述
                           │  支票
                           │  商业汇票
                           │  银行汇票
                  票据结算及其他结算方式 ─┤  银行本票
                           │  银行卡
                           │  网上支付
                           └─ 其他结算方式
```

图2-1　本项目内容结构图

任务一　　　　　　　　　　　　　　　支付结算

【任务描述】

分小组讨论案例并学习教材理论知识，分析票据的填写应注意哪些问题，通过完成对案例的分析，掌握填写票据和支付结算时应注意的法律问题。

【案例导入】

开成公司因购货向浩新公司签发了一张汇票，金额记载为20万元，签章为开成公司公章，出票日期为"2022年2月12日"。浩新公司收到汇票后在规定期限内向付款人银行提示承兑，但银行以票据不符合要求为由而拒绝受理。

请问：

（1）该汇票上的出票日期的填写是否符合要求？请说明理由。

（2）该汇票上的签章是否符合要求？请说明理由。

（3）银行拒绝受理的行为是否合法？

【案例解析】

（1）该汇票上的出票日期的填写不符合要求。根据《支付结算办法》的规定，票据的出票日期必须使用中文大写。其规范写法应为"贰零贰贰年零贰月壹拾贰日"。

（2）该汇票上的签章不符合要求。根据《支付结算办法》的规定，单位在票据上的签章和单位在结算凭证上的签章，为该单位的盖章加其法定代表人或其授权的代理人的签名或盖章。

（3）银行拒绝受理的行为合法。因票据填写不符合要求，导致票据无效，银行有权不予受理。

【任务分析】

在现代社会中，随着商品经济和货币信用的不断发展，现金支付结算已经退居次要地位，所占比重越来越小，转账支付结算业务在现代经济发展中越来越重要，成为主要的结算方式。同学们要从银行结算着手，探讨支付结算工具对经济发展、资金运用的意义。

【知识准备】

一、支付结算的概念与特征

（一）支付结算的概念

根据《支付结算办法》的规定，支付结算是指单位、个人在社会经济活动中使用票据、信用卡和汇兑、托收承付、委托收款等结算方式进行货币给付及其资金清算的行为，其主要功能是完成资金从一方当事人向另一方当事人的转移。

银行、城市信用合作社、农村信用合作社（以下简称银行）以及单位（含个体工商户）和个人是办理支付结算的主体。

【小知识】

广义的支付结算包括现金结算和银行转账结算；狭义的支付结算仅指银行转账结算。1997年9月中国人民银行发布的《支付结算办法》中所指的"支付结算"即为狭义的支付结算。

（二）支付结算的特征

（1）支付结算必须通过中国人民银行批准的金融机构进行。

银行是支付结算和资金清算的中介机构。未经中国人民银行批准的非银行金融机构和其他单位不得作为中介机构经营支付结算业务。法律、行政法规另有规定的除外。

（2）支付结算的发生取决于委托人的意志。

银行在支付结算中充当中介机构的角色。因此，银行只要以善意且符合规定的正常操作程序审查，对伪造、变造的票据和结算凭证上的签章以及需要交验的个人有效身份证件未发现异常而支付金额的，对出票人或付款人不再承担受委托付款的责任，对持票人或收款人不再承担付款责任。与此同时，当事人对在银行的存款有自己的支配权。

（3）实行统一领导，分级管理。

支付结算是一项政策性强、与当事人利益息息相关的活动，因此，必须对此实行统一的管理。根据《支付结算办法》第二十条的规定，中国人民银行总行负责制定统一的支付结算制度，组织、协调、管理、监督全国的支付结算工作，调解、处理银行之间的支付结算纠纷。中国人民银行省、自治区、直辖市分行根据统一的支付结算制度制定实施细则，报总行备案；根据需要可以制定单项支付结算办法，报经中国人民银行总行批准后执行。中国人民银行分、支行负责组织、协商、管理、监督本辖区的支付结算工作，协调、处理本辖区银行之间的支付结算纠纷。政策性银行、商业银行总行可以根据统一的支付结算制度，结合本行情况，制定具体管理实施办法，报经中国人民银行总行批准后执行，并负责组织、管理、协调本行内的支付结算工作，调解、处理本行内分支机构的支付结算纠纷。

（4）支付结算是一种要式行为。

所谓要式行为，是指法律规定必须依照一定形式进行的行为。如果该行为不符合法定的形式要件，即为无效。支付结算行为亦必须符合中国人民银行发布的《支付结算办法》的规定。票据和结算凭证是办理支付结算的工具。

（5）支付结算必须依法进行。

《支付结算办法》第五条规定："银行、城市信用合作社、农村信用合作社（以下简称银行）以及单位和个人（含个体工商户），办理支付结算必须遵守国家的法律、行政法规和本办法的各项规定，不得损害社会公共利益。"支付结算的当事人必须严格依法进行支付结算活动。

二、支付结算的主要法律依据

支付结算方面的法律、法规和制度主要包括：《中华人民共和国票据法》（以下简称《票据法》）、《票据管理实施办法》、《支付结算办法》、《银行卡业务管理办法》、《人民币银行结算账户管理办法》、《异地托收承付结算办法》、《电子支付指引（第一号）》等。

三、支付结算的基本原则

（1）恪守信用，履约付款。

（2）谁的钱进谁的账，由谁支配。银行在办理结算时，必须按照存款人的委托，将款项支付给其指定的收款人；对存款人的资金，除国家法律另有规定外，必须由其自由支配。

（3）银行不垫款。

四、办理支付结算的要求

（一）办理支付结算的基本要求

（1）办理支付结算必须使用中国人民银行统一规定的票据和结算凭证，未使用中国人民银行统一规定的票据，票据无效；未使用中国人民银行统一规定的结算凭证，银行不予受理。

（2）办理支付结算必须按《人民币银行结算账户管理办法》的规定开立和使用账户。单位银行结算账户的存款人只能在银行开立一个基本存款账户。

（3）填写票据和结算凭证应当全面规范，做到数字正确，要素齐全，不错不漏，字迹清楚，防止涂改。票据和结算凭证金额以中文大写和阿拉伯数码同时记载，二者必须一致。二者不一致的结算凭证，银行不予受理。

（4）票据和结算凭证上的签章和记载事项必须真实，不得变造、伪造。

单位、银行在票据上的签章和单位在结算凭证上的签章，为该单位、银行的盖章加其法定代表人或者其授权的代理人的签名或者盖章。个人在票据和结算凭证上的签章，为个人本人的签名或者签章。

（5）票据和结算凭证的金额、出票或签发日期、收款人名称不得更改，更改的票据无效；更改的结算凭证，银行不予受理。

（二）支付结算凭证填写的要求

（1）票据的出票日期必须使用中文大写。月为壹、贰和壹拾的，日为壹至玖和壹拾、贰拾和叁拾的，应在其前加"零"；日为拾壹至拾玖的，应在其前加"壹"；大写日期未按要求规范填写的，银行可予受理，但由此造成损失的，由出票人自行承担。

（2）中文大写金额数字应用正楷或行书填写，不得自造简化字。如果金额数字书写中使用繁体字，也应受理。

（3）中文大写金额数字前应标明"人民币"字样，大写金额数字应紧接"人民币"字样填写，不得留有空白。

（4）中文大写金额数字到"元"为止的，在"元"之后应写"整"或"正"字，到"角"为止的，在"角"之后可以不写"整"或"正"字。大写金额数字有"分"的，"分"后面不写"整"或"正"字。

（5）阿拉伯小写金额数字前面，均应填写人民币符号"￥"。

（6）阿拉伯小写金额数字中有"0"的，中文大写应按照汉语语言规律、金额数字构成和防止涂改的要求进行书写。

【做一做】

使用中文大写填写票据出票日期时应在其前面加"零"的月份有（　　　）。

A.壹月　　　　　　　B.贰月　　　　　　　C.叁月　　　　　　　D.壹拾月

【答案】ABD

【小知识】

1.阿拉伯数字中间有"0"时，中文大写金额要写"零"字。如￥1 409.50，应写成：人民币壹仟肆佰零玖元伍角。

2.阿拉伯数字中间连续有几个"0"，中文大写金额中间只写一个"零"字。如￥6 007.14，应写成：人民币陆仟零柒元壹角肆分。

3.阿拉伯数字万位或元位是"0"或者数字中间连续有几个"0"，万位、元位也是"0"，但千位、角位不是"0"时，中文大写金额中可以只写一个"零"字，也可以不写"零"字。如￥1 680.32，应写成人民币壹仟陆佰捌拾元零叁角贰分，或者写成人民币壹仟陆佰捌拾元叁角贰分；又如￥107 000.53，应写成人民币壹拾万柒仟元零伍角叁分，或者写成人民币壹拾万零柒仟元伍角叁分。

4.阿拉伯金额数字角位是"0"，分位不是"0"时，中文大写金额"元"后面应写"零"字。如￥16 409.02，应写成人民币壹万陆仟肆佰零玖元零贰分；又如￥325.04，应写成人民币叁佰贰拾伍元零肆分。

5.阿拉伯小写金额数字前面，均应填写人民币符号"￥"。阿拉伯小写金额数字要认真填写，不得连写。

6.票据的出票日期必须使用中文大写。票据出票日期使用小写填写的，银行不予受理。

【随堂测】

1.下列办理支付结算的主体中，属于中介机构性质的是（   ）。

A.银行　　　　　　　B.国家　　　　　　C.企业　　　　　　　D.个人

【答案】A

2.下列各项中，符合《支付结算办法》规定的有（   ）。

A.用繁体字书写中文大写金额数字

B.中文大写金额数字的"角"之后不写"整"（或"正"）字

C.阿拉伯小写金额数字前面应填写人民币符号"¥"

D.用阿拉伯数字填写票据出票日期

【答案】ABC

3.在企业的日常经营活动中，会用到哪些支付结算方式？这些支付结算方式都是通过什么中介机构来完成的？

4.在进行支付结算时，我们选用某一种结算工具的依据是什么？

【延伸阅读】

新型支付方式正式诞生，不需要依靠手机，二维码付款或将成为历史

任务二　　　　　　　　　　　银行结算账户

【任务描述】

分小组讨论案例并学习教材理论知识，分析银行结算账户管理制度存在的意义，以及其对企业产生的发展与制约作用。

【案例导入】

2022年10月9日，甲企业的财务科长持有关证明到乙商业银行某营业部办理基本存款账户开立手续，乙银行工作人员审查了其开户的证明文件，并留存了相关证件的复印件，为其办理了基本存款账户开户手续。当天，该财务科长持以上证件和丙银行的贷款合同到丙银行开立了一个一般存款账户。10月10日，该财务科长携带该企业的印鉴到乙银行某营业部购买了转账支票一本，并当场签发了金额为10 000元的转账支票，填写了进账单。支票和进账单的收款人为在乙银行开户的开成公司，乙银行的工作人员审查完毕后当场办理了该支票的转账手续。10月11日，乙银行工作人员携带甲企业的基本存款账户开户资料向当地人民银行报送，申请核准。

请问：乙银行和丙银行的做法是否符合有关账户管理的规定？

【案例解析】

（1）本案例中涉及的乙银行工作人员没有严格执行《人民币银行结算账户管理办法》关于"存款人开立单位银行结算账户，自正式开立之日起3个工作日后，方可办理付款业务"的规定，在甲企业开户的次日就为其办理了转账手续，违反了规定。

（2）丙银行的工作人员在甲企业没有基本存款账户登记证的情况下，就为甲企业办理了开户手续，属于开户审查不严的行为。根据《人民币银行结算账户管理办法》的规定，开立一般存款账户应向银行出具其开立基本存款账户规定的证明文件、基本存款账户开户登记证和借款合同或其他证明。本案例中，甲企业的财务科长10月9日在乙银行开立基本存款账户，而乙银行的工作人员10月11日到当地人民银行办理核准手续，因此，丙银行为甲企业开立一般存款账户时，人民银行尚未核发乙银行为甲企业办理的基本存款账户登记证。

【任务分析】

银行结算账户是存款人在银行开立的各种存款、贷款及往来账户的总称，是银行为国民经济各部门、各企事业单位和个人办理资金收付等各项业务，进行记录和反映所设置情况的一种簿籍。银行结算账户是资金的载体，是一切资金活动的源头，是各单位和个人从事经济活动的前提，是融通社会资金的纽带和桥梁，是实现经济正常运转的必要手段，也是确保企业及社会资金正常周转流通和促进社会主义市场经济发展的必经之路。

【知识准备】

一、银行结算账户的概念与分类

银行结算账户，是指存款人在经办银行开立的办理资金收付结算的人民币活期存款账户。

银行结算账户的类别有：基本存款账户；一般存款账户；专用存款账户；临时存款账户；个人银行结算账户；异地银行结算账户。

基本存款账户是存款人的主办账户，主要办理存款人日常经营活动的资金收付及其工资、奖金和现金的支取。一般存款账户用于办理存款人借款转存、借款归还和其他结算的资金收付。一般存款账户可以办理现金缴存，但不得办理现金支取。专用存款账户用于办理各项专用资金的收付。临时存款账户是存款人因临时需要并在规定期限内使用而开立的银行结算账户。临时存款账户的有效期最长不得超过2年。个人银行结算账户是自然人因投资、消费、结算等而开立的可办理支付结算业务的存款账户。自然人可根据需要申请开立个人银行结算账户，也可以在已开立的储蓄账户中选择并向开户银行申请确认为个人银行结算账户。

二、银行结算账户管理应当遵守的基本原则

（1）一个基本账户原则。单位银行结算账户的存款人只能在银行开立一个基本存款账户。

（2）自主选择银行原则。存款人可以根据需要自主选择银行，除国家法律、行政法规和国务院另有规定外，任何单位和个人不得强令存款人到指定银行开立银行结算账户。

(3) 守法合规原则。不得利用银行结算账户进行偷逃税款、逃避债务、套取现金及其他违法犯罪活动。

(4) 存款信息保密原则。除国家法律、行政法规另有规定外，银行有权拒绝任何单位或个人查询。

三、银行结算账户的开立、变更和撤销

(一) 银行结算账户的开立

存款人开立银行结算账户，实行核准制度，应及时报送中国人民银行当地分支行核准，并于开户之日起5个工作日内向中国人民银行当地分支行备案。银行结算账户开立应遵循下列程序：提交开户申请书、有关证明材料；签订账户管理协议；开户银行审查；向人民银行当地支行备案或核准；中国人民银行核准，资料退回报送银行；开户银行颁发开户许可证。

银行应将存款人的开户申请书、相关的证明文件和银行审核意见等开户资料报送中国人民银行当地分支行，经其核准后办理开户手续；符合开立一般存款账户、其他专用存款账户和个人银行结算账户条件的，银行应办理开户手续，并于开户之日起5个工作日内向中国人民银行当地分支行备案。

银行应建立存款人预留签章卡片。存款人为单位的，其预留签章为该单位的公章或财务专用章加其法定代表人（单位负责人）或其授权的代理人的签名或者盖章。

(二) 银行结算账户的变更

存款人银行结算账户有法定变更事项的，应于5日内书面通知开户银行并提供有关证明；开户银行办理变更手续并于2日内向中国人民银行当地分支行报告。

(三) 银行结算账户的撤销

存款人有以下情形之一的，应向开户银行提出撤销银行结算账户的申请：

(1) 被撤并、解散、宣告破产或关闭的；

(2) 注销、被吊销营业执照的；

(3) 因迁址需要变更开户银行的；

(4) 其他原因需要撤销银行结算账户的。

存款人有前两项情形的，应于5个工作日内向开户银行提出撤销银行结算账户的申请。存款人尚未清偿其开户银行债务的，不得申请撤销银行结算账户。开户银行对已开户1年，但未发生任何业务的账户，应通知存款人自发出通知30日内到开户银行办理销户手续，逾期视同自愿销户。

【做一做】

银行结算账户的监督管理部门是（　　　）。

A.各级财政部门　　　　　　　　B.中国人民银行

C.各开户银行　　　　　　　　　D.国务院及地方各级人民政府

【答案】B

四、违反银行账户管理法律制度的法律责任

根据《人民币银行结算账户管理办法》的规定，违反银行结算账户管理制度的处罚包括以下内容：

(1) 存款人在开立、撤销银行结算账户过程中违反规定开立银行结算账户的，伪造、变造证明文件欺骗银行开立银行结算账户的，违反本办法规定不及时撤销银行结算账户，非经营性的存款人，给予警告并处以1 000元的罚款；经营性的存款人，给予警告并处以1万元以上3万元以下的罚款；构成犯罪的，移交司法机关依法追究刑事责任。

(2) 存款人使用银行结算账户过程中，有违反本办法规定将单位款项转入个人银行结算账户，支取现金，利用开立银行结算账户逃避银行债务，出租、出借银行结算账户，从基本存款账户之外的银行结算账户转账存入、将销货收入存入或现金存入单位信用卡账户等行为的，非经营性的存款人，给予警告并处以1 000元罚款；经营性的存款人，给予警告并处以5 000元以上3万元以下的罚款。存款人未在法定期限内将法定代表人或主要负责人、存款人地址以及其他开户资料的变更事项通知银行的，给予警告并处以1 000元的罚款。

(3) 伪造、变造、私自印制开户登记证的存款人，属非经营性的处以1 000元罚款；属经营性的处以1万元以上3万元以下的罚款；构成犯罪的，移交司法机关依法追究刑事责任。

(4) 银行在银行结算账户的开立中有违反本办法规定为存款人多头开立银行结算账户，明知或应知是单位资金，而允许以自然人名称开立账户存储的行为时，给予警告，并处以5万元以上30万元以下的罚款；对该银行直接负责的高级管理人员、其他直接负责的主管人员、直接责任人员按规定给予纪律处分；情节严重的，中国人民银行有权停止对其开立基本存款账户的核准，责令该银行停业整顿或者吊销经营金融业务许可证；构成犯罪的，移交司法机关依法追究刑事责任。

(5) 银行在银行结算账户的使用中有下列违法行为时，给予警告，并处以5 000元以上3万元以下的罚款；对该银行直接负责的高级管理人员、其他直接负责的主管人员、直接责任人员按规定给予纪律处分；情节严重的，中国人民银行有权停止对其开立基本存款账户的核准，构成犯罪的，移交司法机关依法追究刑事责任：①提供虚假开户申请资料欺骗中国人民银行许可开立基本存款账户、临时存款账户、预算单位专用存款账户；②开立或撤销单位银行结算账户，未按本办法规定在其基本存款账户开户许可证上予以登记、签章或通知相关开户银行；③违反本办法第四十二条规定办理个人银行结算账户转账结算；④为储蓄账户办理转账结算；⑤违反规定为存款人支付现金或办理现金存入；⑥超过期限或未向中国人民银行报送账户开立、变更、撤销等资料。

五、银行结算账户具体介绍

(一) 基本存款账户

基本存款账户，是指存款人因办理日常转账结算和现金收付需要而开立的银行结算账户。

基本存款账户是存款人的主要账户。一个单位只能选择一家银行的一个营业机构开立基本存款账户，开立基本存款账户是开立其他银行结算账户的前提。其使用范围包括：存款人日常经营活动的资金收付及其工资、奖金和现金的支取。

可以申请开立基本存款账户的单位：凡是具有民事权利能力和民事行为能力，并依法独立享有民事权利和承担民事义务的法人和其他组织，均可以开立基本存款账户。具体包括：企业法人；非法人企业；机关、事业单位；团级（含）以上军队、武警部队及分散执勤的支（分）队；社会团体；民办非企业组织；异地常设机构；外国驻华机构；个体工商户；居民委员会、村民委员会、社区委员会；单位设立的独立核算的附属机构，包括食堂、招待所、幼儿园；其他组织（如业主委员会、村民小组等组织）。需出具的文件包括营业执照正本或批文或证明或登记证，如有税务登记证也需出具。

存款人申请开立基本存款账户，应向银行出具下列证明文件：

（1）企业法人，应出具企业法人营业执照正本。

（2）非法人企业，应出具企业营业执照正本。

（3）机关和实行预算管理的事业单位，应出具政府人事部门或编制委员会的批文或登记证书和财政部门同意其开户的证明；非预算管理的事业单位，应出具政府人事部门或编制委员会的批文或登记证书。

（4）军队、武警团级（含）以上单位以及分散执勤的支（分）队，应出具军队军级以上单位财务部门、武警总队财务部门的开户证明。

（5）社会团体，应出具社会团体登记证书，宗教组织还应出具宗教事务管理部门的批文或证明。

（6）民办非企业组织，应出具民办非企业登记证书。

（7）外地常设机构，应出具其驻在地政府主管部门的批文。

（8）外国驻华机构，应出具国家有关主管部门的批文或证明；外资企业驻华代表处、办事处应出具国家登记机关颁发的登记证。

（9）个体工商户，应出具个体工商户营业执照正本。

（10）居民委员会、村民委员会、社区委员会，应出具其主管部门的批文或证明。

（11）独立核算的附属机构，应出具其主管部门的基本存款账户开户登记证和批文。

（12）其他组织，应出具政府主管部门的批文或证明。

本条中的存款人为从事生产、经营活动纳税人的，还应出具税务部门颁发的税务登记证。

【小知识】

法人、法人代表和法定代表人的区别

法人——《中华人民共和国民法通则》规定，具有民事权利能力和民事行为能力，依法独立享有民事权利和承担民事义务的组织。法人是一种组织，而不是某一个自然人，而且其具有独立的法律主体地位。法人作为一个确定的法律概念，包括机关法人、事业法人、企业法人、社团法人、民办非企业法人、居民委员会、村民委员会及其他法人（如律师事务所）。

法人代表——一般是根据法人的内部规定担任某一职务或代表法人对外行使民事权利和义务的人（自然人），它不是一个独立的法律概念。法人代表包括法定代表人、法定代理人、授权代表等。法人代表的权利来自法人的授权，依照授权或代理关系而代表法人进行民事活动。

法定代表人——依照法律或法人组织章程规定，代表法人（组织或单位）行使职权的负责人（自然人），是法人的法定代表人。没有正职的，由主持工作的副职负责人担任法

定代表人。现代企业制度下设有董事会的法人，以董事长为法定代表人；公司的法定代表人依照公司章程的规定，由董事长、执行董事或者经理担任，并依法登记；没有董事长的法人，经董事会授权的负责人可作为法人的法定代表人。法定代表人是一个确定的法律概念。

（二）一般存款账户

一般存款账户是指存款人因借款或其他结算需要，在基本存款账户开户银行以外的银行营业机构开立的银行结算账户。

一般存款账户用于办理存款人借款转存、借款归还和其他结算的资金收付。该账户可以办理现金缴存，但不得办理现金支取。

存款人开立一般存款账户没有数量限制。存款人开立一般存款账户，应向开户银行出具下列证明文件：开立基本存款账户规定的证明文件；基本存款账户开户许可证；存款人因向银行借款需要，应出具借款合同；存款人因资金结算需要，应出具有关证明。开立一般存款账户，实行备案制，无须中国人民银行核准。

（三）专用存款账户

专用存款账户是指存款人按照法律、行政法规和规章，对有特定用途的资金进行专项管理和使用而开立的银行结算账户。

专用存款账户的使用范围包括：基本建设资金；更新改造资金；财政预算外资金；粮、棉、油收购资金；证券交易结算资金；期货交易保证金；信托基金；住房基金；社会保障基金；金融机构存放同业资金；收入汇缴资金和业务支出资金；党、团、工会设在单位的组织机构经费和其他需要专项管理和使用的资金；单位银行卡备用金；政策性房地产开发资金；其他需要专项管理和使用的资金等。

单位银行卡账户的资金必须由其基本存款账户转账存入，该账户不得办理现金收付业务。财政预算外资金、证券交易结算资金、期货交易保证金和信托基金专用存款账户不得支取现金。基本建设资金、更新改造资金、政策性房地产开发资金、金融机构存放同业资金账户需要支取现金的，应在开户时报中国人民银行当地分支行批准。收入汇缴账户除向其基本存款账户或预算外资金财政专用存款账户划缴款项外，只收不付，不得支取现金。

业务支出账户除从其基本存款账户拨入款项外，只付不收，其现金支取必须按照国家现金管理的规定办理。粮、棉、油收购资金，社会保障基金，住房基金和党、团、工会经费等专用存款账户支取现金应按照国家现金管理的规定办理。

存款人申请开立专用存款账户，应向银行出具其开立基本存款账户规定的证明文件、基本存款账户开户登记证和下列证明文件：

（1）基本建设资金、更新改造资金、政策性房地产开发资金、住房基金、社会保障基金，应出具主管部门批文。

（2）财政预算外资金，应出具财政部门的证明。

（3）粮、棉、油收购资金，应出具主管部门批文。

（4）单位银行卡备用金，应按照中国人民银行批准的银行卡章程的规定出具有关证明和资料。

（5）证券交易结算资金，应出具证券公司或证券管理部门的证明。

（6）期货交易保证金，应出具期货公司或期货管理部门的证明。

（7）金融机构存放同业资金，应出具其证明。

（8）收入汇缴资金和业务支出资金，应出具基本存款账户存款人有关的证明。

（9）党、团、工会设在单位的组织机构经费，应出具该单位或有关部门的批文或证明。

（10）其他按规定需要专项管理和使用的资金，应出具有关法规、规章或政府部门的有关文件。

【小知识】

合格境外机构投资者在境内从事证券投资开立的人民币特殊账户和人民币结算资金账户纳入专用存款账户管理。其开立人民币特殊账户时应出具国家外汇管理部门的批复文件，开立人民币结算资金账户时应出具证券管理部门的证券投资业务许可证。

【判一判】

判断：存款人的收入汇缴账户除向基本存款账户或预算外资金财政专用存款户划缴款项外，也可以办理其他转账结算业务。　　　　　　　　　　　　　　　　（　　　）

【答案】×

【解析】《人民币银行结算账户管理办法》规定，存款人的收入汇缴账户除向其基本存款账户或预算外资金财政专用存款账户划缴款项外，只收不付，不得支取现金。

（四）临时存款账户

临时存款账户是指存款人因临时需要并在规定期限内使用而开立的银行结算账户。有下列情况的，存款人可以申请开立临时存款账户：设立临时机构，如设立工程指挥部、摄制组、筹备领导小组等；异地临时经营活动，如建筑施工及安装（不超过项目合同个数）单位等在异地的临时经营活动；注册验资；境外（含我国港澳台地区）机构在境内从事经营活动等。

临时存款账户支取现金，应按照国家现金管理的规定办理。注册验资的临时存款账户在验资期间只收不付。注册验资的资金汇缴人应与出资人的名称一致。临时存款账户的有效期最长不得超过2年。

存款人申请开立临时存款账户，应向银行出具下列证明文件：

（1）临时机构，应出具其驻在地主管部门同意设立临时机构的批文。

（2）异地建筑施工及安装单位，应出具其营业执照正本或其隶属单位的营业执照正本，以及施工及安装地建设主管部门核发的许可证或建筑施工及安装合同。

（3）异地从事临时经营活动的单位，应出具其营业执照正本以及临时经营地工商行政管理部门的批文。

（4）注册验资资金，应出具工商行政管理部门核发的企业名称预先核准通知书或有关部门的批文。

上述第（2）、（3）项还应出具其基本存款账户开户登记证。

（五）个人银行结算账户

个人银行结算账户，是指自然人因投资、消费、结算等而开立的可办理支付结算业务的存款账户。如缴纳水电费，归还银行房贷、车贷等均应通过个人银行结算账户进行。

个人银行结算账户用于办理个人转账收付和现金存取，而储蓄账户仅限于办理现金存取业务，不得办理转账结算。

根据《人民币银行结算账户管理办法》的规定，下列款项可以转入个人银行结算账户：工资、奖金收入；稿费、演出费等劳务收入；债券、期货、信托等投资的本金和收益；个人债券或产权转让收益；个人贷款转存；证券交易结算资金和期货交易保证金；继承、赠与款项；保险理赔、保费退还等款项；纳税退还；农、副、矿产品销售收入；其他合法款项。

使用支票、信用卡等信用支付工具的，办理汇兑、定期借记、定期贷记、借记卡等结算业务的，可以申请开立个人银行结算账户。存款人申请开立个人银行结算账户，应向银行出具下列证明文件：

（1）中国居民，应出具居民身份证或临时身份证。

（2）中国人民解放军军人，应出具军人身份证件。

（3）中国人民武装警察，应出具武警身份证件。

（4）我国香港、澳门居民，应出具港澳居民往来内地通行证；我国台湾居民，应出具台湾居民来往大陆通行证或者其他有效旅行证件。

（5）外国公民，应出具护照。

（6）法律、法规和国家有关文件规定的其他有效证件。

个人银行结算账户使用中应注意下列问题：单位从其银行结算账户支付给个人银行结算账户的款项，每笔超过5万元的，应向其开户银行提供付款依据；从单位银行结算账户支付给个人银行结算账户的款项应纳税的，税收代扣单位付款时应向其开户银行提供完税证明；储蓄账户仅限于办理现金存取业务，不得办理转账结算。

【做一做】

根据《人民币银行结算账户管理办法》的规定，单位银行结算账户支付给个人银行结算账户款项的，银行应认真审查付款依据或收款依据的原件，并且应当（　　　）。

A.留存复印件，按会计档案保管　　　　B.留存原件，按会计档案保管

C.留存复印件，按业务档案保管　　　　D.留存原件，按业务档案保管

【答案】A

（六）异地银行结算账户

存款人有下列情形之一的，可以在异地开立有关银行结算账户：营业执照注册地与经营地不在同一行政区域（跨省、市、县）需要开立基本存款账户的；办理异地借款和其他结算需要开立一般存款账户的；存款人因附属的非独立核算单位或派出机构发生的收入汇缴或业务支出需要开立专用存款账户的（如回笼异地货款、支付异地营销开支）；异地临时经营活动需要开立临时存款账户的（如文艺团体在异地的演出活动、生产厂家在异地的展销活动等）；自然人根据需要在异地开立个人银行结算账户的。

存款人需要在异地开立单位银行结算账户，除出具符合单位银行结算账户规定的有关证明文件外，还应出具下列相应的证明文件：

（1）经营地与注册地不在同一行政区域的存款人，在异地开立基本存款账户的，应出具注册地中国人民银行分支行的未开立基本存款账户的证明。

（2）异地借款的存款人，在异地开立一般存款账户的，应出具在异地取得贷款的借款

合同。

（3）因经营需要在异地办理收入汇缴和业务支出的存款人，在异地开立专用存款账户的，应出具隶属单位的证明。

属上述第（2）、（3）项情况的，还应出具其基本存款账户开户登记证。

存款人需要在异地开立个人银行结算账户的，应出具个人银行结算账户规定的证明文件。

【随堂测】

1. 关于存款人银行结算账户管理的下列表述中，不符合法律规定的是（　　）。

A. 存款人应以实名开立银行结算账户

B. 存款人不得出租银行结算账户

C. 存款人可以出借银行结算账户

D. 存款人不得利用银行结算账户套取银行信用

【答案】C

2. 根据法律规定，下列存款人不能申请开立基本存款账户的是（　　）。

A. 单位附属独立核算的食堂　　　　　　B. 外国驻华机构

C. 个人独资企业　　　　　　　　　　　D. 自然人

【答案】D

3. 合格境外投资者在境内从事证券投资开立的人民币结算资金账户纳入（　　）存款账户管理。

A. 基本　　　　　B. 一般　　　　　C. 临时　　　　　D. 专用

【答案】D

4. 银行结算账户的监督管理部门是（　　）。

A. 各级财政部门　　　　　　　　　　　B. 中国人民银行

C. 各开户银行　　　　　　　　　　　　D. 国务院及地方各级人民政府

【答案】B

5. 当存款人的账户信息等资料发生变化或改变时，银行结算账户是否也应作出相应改变？银行和存款人分别应做哪些处理？

6. 在银行结算账户的管理中，中国人民银行、开户银行、存款人分别负有哪些职责？

【延伸阅读】

中国人民银行的职能

任务三　　票据结算及其他结算方式

【任务描述】

分小组讨论案例并学习教材理论知识，通过小组探究和学习，分析票据结算及其他结算方式的特殊规定。

【案例导入】

三星公司某采购人员持由该公司开户银行签发的，不能用于支取现金的银行本票，前往某销售公司购置一批价值100万元的商品。在前往途中，由于该采购人员保管不慎导致银行本票被盗。随后，三星公司根据该采购人员的报告，将银行本票被盗的事实通知该银行本票的付款银行，要求挂失止付。但该银行对上述情况进行审查后拒绝办理挂失止付。

请问：

（1）该银行拒绝挂失止付是否正确？为什么？

（2）三星公司在被银行拒绝挂失止付后，可以采取哪些措施维护自己的权益？

【案例解析】

（1）该银行拒绝挂失止付是正确的。因为《票据法》规定：未填明"现金"字样的银行本票丧失，不得挂失止付。

（2）三星公司可以采取向人民法院申请公示催告或向人民法院提出普通诉讼的措施维护其权益。

【任务分析】

票据信用是构成商业信用和银行信用的重要因素，票据之所以作为一种经济工具被创造出来，其最根本的目的在于人们要利用票据的信用功能来进行商业活动，促进商品交易和市场经济的发展。票据离不开信用，社会信用程度越高，票据就越容易被社会所接受和使用。可以说，信用是票据的灵魂。没有信用，票据也就失去了存在的必要。因此，我们需要熟练掌握票据管理的相关法律制度，让票据在法律允许的范围内发挥它的重要作用。

【知识准备】

一、票据结算概述

（一）票据的概念与种类

票据是指《票据法》规定的由出票人依法签发的、约定自己或者委托付款人在见票时或指定的日期向收款人或持票人无条件支付一定金额并可转让的有价证券。在我国，票据包括银行汇票、商业汇票、银行本票及支票。

（二）票据的特征与功能

票据的主要特征有：（1）票据是债券凭证；（2）票据是设权证券；（3）票据是文义证券；（4）票据是无因证券；（5）票据是要式证券。

票据的功能包括：（1）支付功能；（2）汇兑功能；（3）信用功能；（4）结算功能；（5）融资功能。

（三）票据行为

票据行为是指票据当事人以发生票据债务为目的的、以在票据上签名或盖章为权利与义务成立要件的法律行为，包括出票、背书、承兑和保证四种。

1.出票

出票指的是由出票人签发票据并将其交付给收款人的票据行为。出票人必须与付款人具有真实的委托付款关系，并且具有支付票据金额的可靠资金来源。出票人不得签发无对价的票据用以骗取银行或者其他票据当事人的资金。

出票人在票据上的签章不符合《票据法》等规定的，票据无效；承兑人、保证人在票据上的签章不符合《票据法》等规定的，其签章无效，但不影响其他符合规定签章的效力。

2.承兑

承兑是指汇票付款人承诺在汇票到期日支付汇票金额并签章的行为。承兑仅适用于商业汇票。承兑应遵循以下程序：

（1）提示承兑。提示承兑是指持票人向付款人出示汇票并要求付款人承诺付款的行为。定日付款汇票或者出票后定期付款的汇票，持票人应当在汇票到期日前向付款人提示承兑。见票后定期付款的汇票，持票人应当自出票日起1个月内向付款人提示承兑。

（2）受理承兑。付款人收到持票人提示承兑的汇票时，应当向持票人签发收到汇票的回单，回单上应当记明汇票提示承兑日期并签章。付款人对向其提示承兑的汇票，应当自收到提示承兑的汇票之日起3日内承兑或者拒绝承兑。

承兑时应记载以下事项：付款人承兑汇票的，应当在汇票正面记载"承兑"字样和承兑日期并签章；见票后定期付款的汇票，应当在承兑时记载付款日期。汇票上未记载承兑日期的，应当以收到提示承兑的汇票之日起3日内的最后一日为承兑日期。

付款人承兑汇票，不得附有条件；承兑附有条件的，视为拒绝承兑。付款人承兑汇票后，应当承担到期付款的责任。

3.背书

背书是指在票据背面或者粘单上记载有关事项并签章的行为。背书时应记载以下事项：由背书人签章并记载背书日期（背书未记载日期的，视为在票据到期日前背书）；背书人未记载被背书人名称即将票据交付他人的，持票人在票据背书人栏内记载自己的名称与背书人记载具有同等法律效力；委托收款背书应记载"委托收款"字样，被背书人和背书人签章；质押背书应记载"质押"字样，质权人和出质人签章。

背书人以背书转让票据后，即承担保证其后手所持票据承兑和付款的责任。背书人在票据上的签章不符合《票据法》等规定的，其签章无效，但不影响其前手符合规定签章的效力。

背书按照目的不同分为转让背书和非转让背书。转让背书是以持票人将票据权利转让给他人为目的；非转让背书是将一定的票据权利授予他人行使，包括委托收款背书和质押背书。

4.保证

保证是指票据债务人以外的人，为担保特定债务人履行票据债务而在票据上记载有关事项并签章的行为。国家机关、以公益为目的的事业单位、社会团体、企业法人的分支机构和职能部门作为票据保证人的，票据保证无效，但经国务院批准为使用外国政府或者国际经济组织贷款进行转贷，国家机关提供票据保证的，以及企业法人的分支机构（在法人书面授权范围内提供票据保证的）除外。

保证时应记载以下事项：保证人必须在票据或者粘单上记载表明"保证"的字样、保证人名称和住所、被保证人的名称、保证日期、保证人签章。其中，保证人在票据或者粘单上未记载"被保证人名称"的，已承兑的票据，承兑人为被保证人；未承兑的票据，出票人为被保证人。保证人在票据或者粘单上未记载"保证日期"的，出票日期为保证日期。保证人未在票据或者粘单上记载"保证"字样而另行签订保证合同或者保证条款的，不属于票据保证。

【做一做】

下列选项中，（　　　）不是票据行为。

A.出票人签发票据并将其交付收款人的行为

B.票据债务人以外的第三人，以担保特定债务人履行票据债务为目的在票据上记载有关事项并签章的行为

C.票据遗失后挂失止付

D.票据付款人承诺在汇票到期日支付汇票金额并签章的行为

【答案】C

（四）票据当事人

票据当事人可分为基本当事人和非基本当事人。基本当事人包括出票人、付款人和收款人。其中：

（1）出票人是指依法定方式签发票据并将票据交付给收款人的人。

（2）收款人是指票据正面记载的到期后有权收取票据所载金额的人，又称票据权利人。

（3）付款人是指由出票人委托付款或自行承担付款责任的人。

非基本当事人是指在票据作成并交付后，通过一定的票据行为加入票据关系而享有一定权利、义务的当事人，包括承兑人、背书人、被背书人、保证人。

（1）承兑人是指接受汇票出票人的付款委托，同意承担支付票款义务的人，它是汇票的主债务人。

（2）背书人是指在转让票据时，在票据背面或粘单上签字或盖章，并将票据交付给受让人的票据收款人或持有人。被背书人是指被记名票据或接受票据转让的人。

（3）保证人是为票据债务提供担保的人，由票据债务人以外的第三人担当。保证人在被保证人不能履行票据付款责任时，以自己的金钱履行票据付款义务，然后取得持票人的权利，向票据债务人追索。

各种类型票据的当事人关系见表2-1。

表2-1 各種類型票據的當事人關係

票據類型	具體類別		出票人	付款人	收款人
匯票	銀行匯票		銀行	銀行（出票人）	不得更改事項
	商業匯票	銀行承兌匯票	單位	承兌人（銀行）	
		商業承兌匯票	單位	承兌人（單位）	
本票	銀行本票		銀行	銀行（出票人）	
支票	現金支票、轉賬支票及普通支票		單位、個人	出票人的開戶行	

（五）票據權利與責任

1.票據權利的種類

票據權利是指票據持票人向票據債務人請求支付票據金額的權利，包括付款請求權和追索權。

（1）付款請求權。付款請求權是票據的第一順序權利，指的是持票人向主債務人要求付款的權利。

（2）追索權。追索權是票據的第二順序權利，指的是向其前手請求償還票據金額及其他法定費用的權利。

持票人指的是收款人或最後的被背書人，主債務人指的是匯票的承兌人、本票的出票人、支票的付款人。付款請求權和追索權不是可選擇的，而是有順序的，即只有付款請求權不能實現時，才能行使追索權。行使追索權的前提條件：一是要在票據權利時效期限內；二是要持有相關的拒絕付款的證明或退票理由書等證明。

2.票據權利的時效

票據權利的時效是指票據權利在時效期間內不行使，即引起票據權利喪失。《票據法》規定，票據權利在下列期限內不行使，即引起票據權利喪失：持票人對票據的出票人和承兌人的權利，自票據到期日起2年，見票即付的匯票、本票，自出票日起2年；持票人對支票出票人的權利，自出票日起6個月；持票人對前手的追索權，自被拒絕承兌或者被拒絕付款之日起6個月；持票人對前手的再追索權，自清償或者被提起訴訟之日起3個月。

3.票據權利喪失的補救

票據權利喪失是指持票人並非出於本人的意願而喪失對票據的佔有。票據權利喪失後可以有以下幾種補救措施：

（1）掛失止付。掛失止付是指喪失票據的人將票據權利喪失的事實通知票據的付款人，並且要求付款人停止支付票據款項的一種票據權利喪失的補救辦法。掛失止付適用於已承兌的商業匯票、支票、填明"現金"字樣的銀行匯票、填明"現金"字樣的銀行本票。掛失止付只是一種暫時的預防措施，申請掛失止付的3天內仍應公示催告或普通訴訟。

（2）公示催告。公示催告是指在票據喪失後由失票人向人民法院提出申請，請求人民法院以公告方式通知不確定的利害關係人限期申報權利，逾期未申報者，則權利失效，而由法院通過除權判決宣告所喪失的票據無效的制度或程序。申請公示催告的主體必須是可以背書轉讓票據的最後持票人。付款人或代理付款人收到人民法院發出的止付通知，應當立即停止支付，直至公示催告程序終結。非經過發出止付通知的人民法院許可，擅自解付的，不得免除票據責任。

（3）普通訴訟。普通訴訟是指喪失票據的人為原告，以承兌人或出票人為被告，請求法院判决其向失票人付款的诉讼活动。如果与票据上的权利有利害关系的人是明确的，无须公示催告，可按一般的票据纠纷向法院提起诉讼。

【做一做】

票据权利丧失是指票据因灭失、遗失、被盗等原因而使票据权利人脱离其对票据的占有。票据权利丧失后可以采取（　　）形式进行补救。

A.作废　　　　　　　B.公示催告　　　　　　C.普通诉讼　　　　　　D.声明

【答案】BC

4.票据责任

票据责任是指票据债务人向持票人支付票据金额的责任。票据责任有以下情形：汇票承兑人因承兑而应承担付款义务；本票出票人因出票而承担自己付款的义务；支票付款人因与出票人有资金关系时承担付款义务；汇票、本票、支票的背书人，汇票、支票的出票人、保证人，在票据不获承兑或不获付款时承担付款清偿义务。

见票即付的票据，自出票日起1个月内向付款人提示付款；定日付款、出票后定期付款或者见票后定期付款的票据，自到期日起10日内向承兑人提示付款。

持票人未按照规定期限提示付款的，在作出说明后，承兑人或者付款人仍应当继续对持票人承担付款责任。通过委托收款银行或者通过票据交换系统向付款人提示付款的，视同持票人提示付款。

二、支票

（一）支票的概念及适用范围

支票是指由出票人签发的、委托办理支票存款业务的银行在见票时无条件支付确定的金额给收款人或者持票人的票据。单位和个人的各种款项结算，均可以使用支票。2007年7月8日，中国人民银行宣布，支票可以实现全国范围内互通使用。

支票的基本当事人包括出票人、付款人和收款人。支票可以背书转让，但用于支取现金的支票不能背书转让。

（二）支票的种类

支票按照支付票款的方式分为现金支票、转账支票和普通支票。现金支票只能用于支取现金；转账支票只能用于转账（如图2-2所示）；普通支票可以用于支取现金，也可用于转账；在普通支票左上角划两条平行线的，为划线支票，划线支票只能用于转账，不能支取现金。

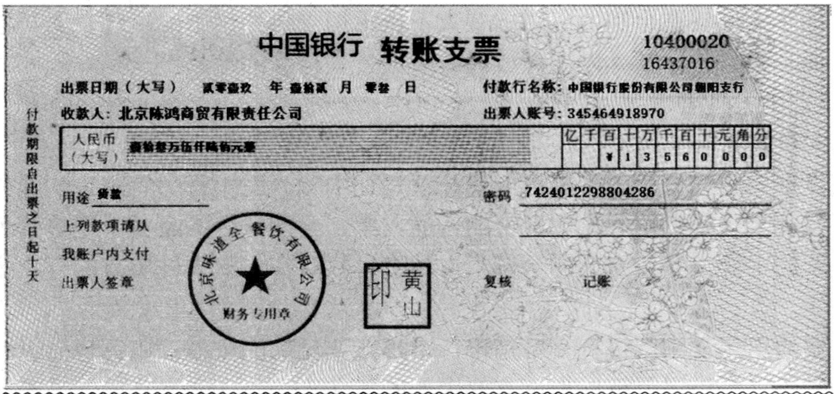

图2-2　转账支票样例

（三）支票的出票

1.支票的绝对记载事项

支票的绝对记载事项有：（1）表明"支票"的字样；（2）无条件支付的委托；（3）确定的金额；（4）付款人名称；（5）出票日期；（6）出票人签章。其中，支票的金额、收款人名称可以由出票人授权补记，未补记前不得背书转让和提示付款。

【做一做】

下列各项中，属于支票必须记载事项的有（   ）。

A.无条件支付的承诺   B.无条件支付的委托

C.付款人名称   D.收款人名称

【答案】BC

2.支票的相对记载事项

支票的相对记载事项有：

（1）付款地。支票上未记载付款地的，付款人的营业场所为付款地。

（2）出票地。支票上未记载出票地的，出票人的营业场所、住所或者经常居住地为出票地。

此外，支票上可以记载非法定记载事项，但这些事项并不发生支票上的效力。

3.出票的效力

出票人作成支票并交付之后，出票人必须在付款人处存有足够可处分的资金，以保证支票票款的支付；当付款人对支票拒绝付款或者超过支票付款提示期限的，出票人应向持票人承担付款责任。

（四）支票的付款

支票限于见票即付，不得另行记载付款日期；另行记载付款日期的，该记载无效。

1.提示付款期限

支票的持票人应当自出票日起10日内提示付款；异地使用的支票，其提示付款的期限由中国人民银行另行规定。

2.付款

出票人在付款人处的存款足以支付支票金额时，付款人应当在见票当日足额付款。

3.付款责任的解除

付款人依法支付支票金额的，对出票人不再承担受委托付款的责任，对持票人不再承担付款的责任。但是，付款人以恶意或者有重大过失付款的除外。

（五）支票的办理要求

1.签发支票的要求

（1）签发支票应当使用碳素墨水或墨汁填写，中国人民银行另有规定的除外。

（2）签发现金支票和用于支取现金的普通支票，必须符合国家关于现金管理的规定。

（3）支票的出票人签发支票的金额不得超过付款时在付款人处实有的存款金额。禁止签发空头支票。

（4）支票的出票人预留银行签章是银行审核支票付款的依据；银行也可以与出票人约定使用支付密码，作为银行审核支付支票金额的条件。

（5）出票人不得签发与其预留银行签章不符的支票；使用支付密码的，出票人不得签发支付密码错误的支票。

（6）出票人签发空头支票、签章与预留银行签章不符的支票，使用支付密码的地区，支付密码错误的支票，银行应予以退票，并按票面金额处以5%但不低于1 000元的罚款；持票人有权要求出票人赔偿支票金额2%的赔偿金。对屡次签发的，银行应停止其签发支票。

2.兑付支票的要求

（1）持票人可以委托开户银行收款或直接向付款人提示付款。用于支取现金的支票仅限于收款人向付款人提示付款。

（2）持票人委托开户银行收款时，应作委托收款背书，在支票背面背书人签章栏签章，记载“委托收款”字样、背书日期，在被背书人栏记载开户银行名称，并将支票和填制的进账单送交开户银行。

（3）持票人持用于转账的支票向付款人提示付款时，应在支票背面背书人签章栏签章，并将支票和填制的进账单送交出票人开户银行。

收款人持用于支取现金的支票向付款人提示付款时，应在支票背面“收款人签章”处签章。持票人为个人的，还需交验本人身份证件，并在支票背面注明证件名称、号码及发证机关。

三、商业汇票

（一）商业汇票的概念和种类

商业汇票是指由出票人签发的，委托付款人在指定日期无条件支付确定金额给收款人或者持票人的票据。商业汇票的付款期限，最长不得超过6个月。

根据承兑人不同，商业汇票分为商业承兑汇票和银行承兑汇票。商业承兑汇票（如图2-3所示）由银行以外的付款人承兑，银行承兑汇票由银行承兑。商业汇票的付款人为承兑人。

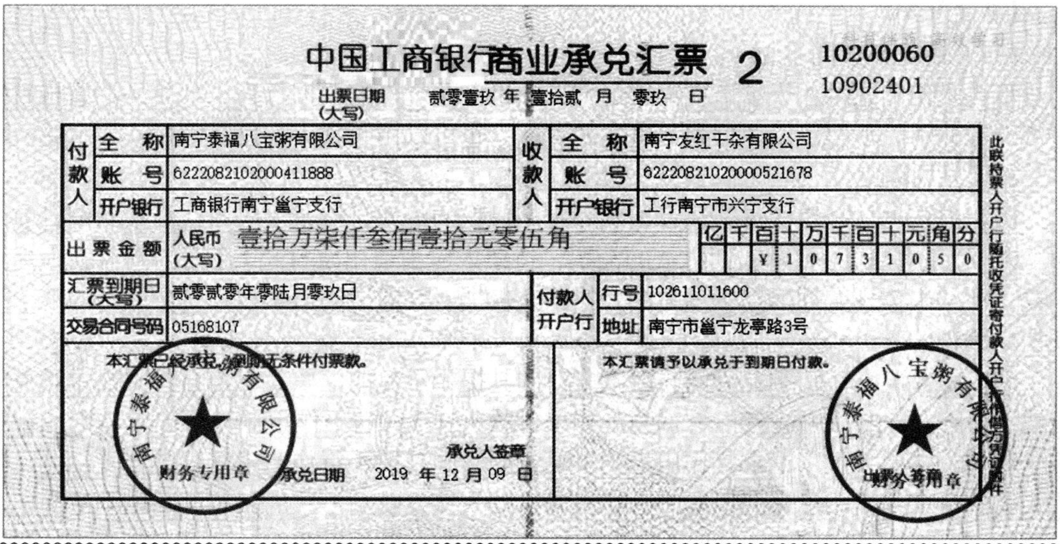
中国工商银行商业承兑汇票　2　10200060　10902401

出票日期（大写）　贰零壹玖 年 壹拾贰 月 零玖 日

付款人	全称	南宁泰福八宝粥有限公司	收款人	全称	南宁友红干杂有限公司
	账号	6222082102000411888		账号	6222082102000521678
	开户银行	工商银行南宁邕宁支行		开户银行	工行南宁市兴宁支行
出票金额	人民币（大写）	壹拾万柒仟叁佰壹拾元零伍角		亿千百十万千百十元角分	¥107310 5 0
汇票到期日（大写）	贰零贰零年零陆月零玖日		付款人开户行	行号	102611011600
交易合同号码	05168107			地址	南宁市邕宁龙亭路3号

本汇票已经承兑，到期无条件付票款。

承兑人签章

承兑日期　2019 年 12 月 09 日

本汇票请予以承兑于到期日付款。

出票人签章

南宁泰福八宝粥有限公司 财务专用章

此联持票人开户行随托收凭证寄付款人开户行作借方凭证附件

图2-3　商业承兑汇票样例

（二）商业汇票的出票

1.出票人的确定

商业汇票的出票人，为在银行开立存款账户的法人以及其他组织，与付款人具有真实的委托付款关系，具有支付汇票金额的可靠资金来源。

2.商业汇票的绝对记载事项

签发商业汇票必须记载下列事项，欠缺记载下列事项之一的，商业汇票无效：（1）表明"商业承兑汇票"或"银行承兑汇票"的字样；（2）无条件支付的委托；（3）确定的金额；（4）付款人名称；（5）收款人名称；（6）出票日期；（7）出票人签章。

3.商业汇票的相对记载事项

相对记载事项的内容主要包括：（1）汇票上未记载付款日期的，视为见票即付；（2）汇票上未记载付款地的，付款人的营业场所、住所或者经常居住地为付款地；（3）汇票上未记载出票地的，出票人的营业场所、住所或者经常居住地为出票地。

此外，汇票上可以记载非法定记载事项，但这些事项不具有汇票上的效力。

4.商业汇票出票的效力

出票人依照《票据法》的规定完成出票行为之后，即产生票据上的效力，包括：

（1）对收款人的效力。收款人取得汇票后，即取得票据权利。

（2）对付款人的效力。付款人在对汇票承兑后，即成为汇票上的主债务人。

（3）对出票人的效力。出票人签发汇票后，即承担保证该汇票承兑和付款的责任。

【做一做】

关于商业承兑汇票的出票人，下列说法中正确的有（   ）。

A.是在银行开立存款账户的法人以及其他组织

B.与付款人具有真实的委托付款关系

C.具有支付汇票金额的可靠资金来源

D.一定是付款人

【答案】ABC

（三）商业汇票的承兑

承兑是指汇票付款人承诺在汇票到期日支付汇票金额的票据行为。承兑是汇票特有的制度。商业承兑汇票可以由付款人签发并承兑，也可以由收款人签发交由付款人承兑。

1.承兑的程序

（1）提示承兑。定日付款或者出票后定期付款的汇票，持票人应当在汇票到期日前向付款人提示承兑；见票后定期付款的汇票，持票人应当自出票日起1个月内向付款人提示承兑；汇票未按规定期限提示承兑的，持票人丧失对其前手的追索权；见票即付的汇票无须提示承兑。

（2）承兑成立。①承兑时间。付款人对向其提示承兑的汇票，应当自收到提示承兑的汇票之日起3日内承兑或者拒绝承兑。如果付款人在3日内不作承兑与否表示，则应视为拒绝承兑。持票人可以请求其作出拒绝承兑证明，向其前手行使追索权。②接受承兑。付款人收到持票人提示承兑的汇票时，应当向持票人签发收到汇票的回单。回单上应当记明汇票提示承兑日期并签章。回单是付款人向持票人出具的已收到请求承兑汇票的证明。③承兑的格式。付款人承兑汇票的，应当在汇票正面记载"承兑"字样和承兑日期并签章；见票后定期付款的汇票，应当在承兑时记载付款日期。汇票上未记载承兑日期的，以3天承兑期的最后一日为承兑日期。上列应记载事项必须记载于汇票的正面。④退回已承兑的汇票。付款人依承兑格式填写完毕应记载事项并将已承兑的汇票退回持票人后才产生承兑的效力。

2.承兑的效力

（1）承兑人于汇票到期日必须向持票人无条件地支付汇票上的金额，否则其必须承担迟延付款责任。

（2）承兑人必须对汇票上的一切权利人承担责任，这些权利人包括付款请求权人和追索权人。

（3）承兑人不得以其与出票人之间的资金关系来对抗持票人，拒绝支付汇票金额。

（4）承兑人的票据责任不因持票人未在法定期限提示付款而解除。

3.承兑不得附有条件

付款人承兑商业汇票，不得附有条件；承兑附有条件的，视为拒绝承兑。银行承兑汇票的承兑银行，应当按照票面金额向出票人收取万分之五的手续费。

【做一做】

关于商业汇票的承兑，下列说法中正确的有（　　　）。

A.付款人应无条件地承兑商业汇票

B.承兑附有条件的，商业汇票无效

C.付款人应自收到提示承兑的汇票之日起3日内承兑或拒绝承兑

D.付款人拒绝承兑的，必须出具拒绝承兑的证明

【答案】ACD

（四）商业汇票的付款

商业汇票的付款，是指付款人依据票据文义支付票据金额，以消灭票据关系的行为。

1.提示付款

持票人应当按照下列法定期限提示付款：（1）见票即付的汇票，自出票日起1个月内向付款人提示付款。（2）定日付款、出票后定期付款或者见票后定期付款的汇票，自到期日起10日内向承兑人提示付款。持票人未按照上述规定期限提示付款的，在作出说明后，承兑人或者付款人仍应当继续对持票人承担付款责任。

2.支付票款

持票人提示付款，付款人依法审查无误后必须无条件地在当日按票据金额足额支付给持票人；否则，应承担迟延付款的责任。

3.付款的效力

付款人依法足额付款后，全体汇票债务人的责任解除。

（五）商业汇票的背书

商业汇票的背书，是指以转让商业汇票权利或者将一定的商业汇票权利授予他人行使为目的，按照法定的事项和方式在商业汇票背面或者粘单上记载有关事项并签章的票据行为。出票人在汇票上记载"不得转让"字样，则该汇票不得转让。

1.背书的形式

（1）背书签章和背书日期的记载。背书由背书人签章并记载背书日期。背书未记载日期的，视为在汇票到期日前背书。背书人背书时，必须在票据上签章。

（2）被背书人名称的记载。汇票以背书转让或者以背书将一定的汇票权利授予他人行使时，必须记载被背书人名称。背书人未记载被背书人名称即将票据交付他人的，持票人

在票据的被背书人栏内记载自己的名称与背书人记载具有同等法律效力。

(3) 禁止背书的记载。背书人在汇票上记载"不得转让"字样，其后手再背书转让的，原背书人对后手的被背书人不承担保证责任。

(4) 粘单的使用。第一位使用粘单的背书人必须将粘单粘接在票据上，并且在汇票和粘单的粘接处签章。

(5) 背书不得记载的内容。背书不得附有条件，背书时附有条件的，所附条件不具有汇票上的效力。

将汇票金额的一部分转让的背书或将汇票金额分别转让给两人以上的背书是无效背书。

2.背书连续

背书连续是指在票据转让中，转让汇票的背书人与受让汇票的被背书人在汇票上的签章依次前后衔接。如果背书不连续，付款人可以拒绝向持票人付款，否则付款人应自行承担票据责任。

3.法定禁止背书

被拒绝承兑、被拒绝付款或者超过付款提示期限的汇票，不得背书转让；背书转让的，背书人应当承担汇票责任。

4.背书的效力

背书人以背书转让汇票后，便承担保证其后手所持汇票承兑和付款的责任。背书人在汇票得不到承兑或者付款时，应当向持票人清偿《票据法》规定的汇票金额、利息和费用。

(六) 商业汇票的保证

1.保证的当事人

保证的当事人为保证人与被保证人。保证应由汇票债务人以外的他人承担。

2.保证的格式

保证人必须在汇票或粘单上记载下列事项：(1) 表明"保证"的字样；(2) 保证人名称和住所；(3) 被保证人的名称；(4) 保证日期；(5) 保证人签章。

3.保证的效力

(1) 保证人的责任。被保证的汇票，保证人应当与被保证人对持票人承担连带责任。

(2) 共同保证人的责任。保证人为两人以上的，保证人之间承担连带责任。

(3) 保证人的追索权。保证人清偿汇票债务后，可以行使持票人对被保证人及其前手的追索权。

四、银行汇票

(一) 银行汇票的概念和适用范围

银行汇票是由出票银行签发的，在见票时按照实际结算金额无条件支付给收款人或持票人的票据。单位和个人在异地、同城或同一票据交换区域的各种款项结算，均可使用银行汇票。

(二) 银行汇票的记载事项

银行汇票的记载事项有：(1) 表明"银行汇票"的字样；(2) 无条件支付的承诺；

(3) 确定的金额；(4) 付款人名称；(5) 收款人名称；(6) 出票日期；(7) 出票人签章。

汇票上未记载上述事项之一的，汇票无效。

（三）银行汇票的基本规定

(1) 银行汇票可以用于转账，具有"现金"字样的银行汇票也可以提取现金。

(2) 银行汇票的付款人为银行汇票的出票银行，银行汇票的付款地为代理付款人或出票人所在地。

(3) 银行汇票的出票人在票据上的签章，应为经中国人民银行批准使用的该银行汇票专用章加其法定代表人或其授权经办人的签名或者盖章。

(4) 银行汇票的提示付款期限为自出票日起一个月内。持票人超过付款期限提示付款的，代理付款人（银行）不予受理。

(5) 银行汇票可以背书转让，但具有"现金"字样的银行汇票不得背书转让。银行汇票的背书转让以不超过出票金额的实际结算金额为准。未填写实际结算金额或实际结算金额超过出票金额的银行汇票，不得背书转让。

(6) 具有"现金"字样和代理付款人的银行汇票丧失，可以由失票人通知付款人或者代理付款人挂失止付。

(7) 银行汇票丧失，失票人可以凭人民法院出具的其享有票据权利的证明，向出票银行请求付款或退款。

（四）银行汇票申办和兑付的基本规定

收款人受理银行汇票依法审查无误后，应在出票金额以内，根据实际需要的款项办理结算，并将实际结算金额和多余金额填入银行汇票和解讫通知的有关栏内。未填明实际结算金额和多余金额或实际结算金额超过出票金额的，银行不予受理。银行汇票的实际结算金额不得更改，更改实际结算金额的银行汇票无效。

持票人向银行提示付款时，必须同时提交银行汇票和解讫通知。缺少任何一联，银行不予受理。

持票人超过提示付款期限向代理付款银行提示付款不获付款的，必须在票据权利时效内向出票银行作出说明，并提供本人身份证件或单位证明，持银行汇票和解讫通知向出票银行请求付款。

【做一做】

根据《支付结算办法》的规定，银行汇票的提示付款期限是（　　　）。

A. 自出票日起1个月　　　　　　　　B. 自出票日起2个月

C. 自出票日起3个月　　　　　　　　D. 自出票日起4个月

【答案】A

五、银行本票

（一）银行本票的概念

银行本票是出票人签发的，承诺自己在见票时无条件支付确定的金额给收款人或者持票人的票据。

（二）银行本票的适用范围

单位和个人在同一票据交换区域需要支付的各种款项，均可以使用银行本票。银行本票可以用于转账，注明"现金"字样的银行本票可以支取现金。

（三）银行本票的记载事项

银行本票必须记载下列事项：①表明"银行本票"的字样；②无条件支付的承诺；③确定的金额；④收款人名称；⑤出票日期；⑥出票人签章。

申请人或收款人为单位的，不得申请签发现金银行本票。

（四）银行本票的提示付款期限

银行本票的提示付款期限自出票日起最长不得超过2个月。持票人超过付款期限提示付款的，代理付款人不予受理。

本票的持票人未按照规定期限提示见票的，丧失对出票人以外的前手的追索权。

【做一做】

下列各项中，不属于银行本票的绝对应记载事项的是（　　）。

A.付款人名称   B.收款人名称

C.出票人签章   D.无条件支付的承诺

【答案】A

【小知识】

银行本票、支票和汇票的区别见表2-2。

表2-2　　　　　　　　　　银行本票、支票和汇票的区别

区别	银行本票	支票	汇票
定义	银行机构签发的，承诺自己在见票时无条件支付确定的金额给收款人或者持票人的票据	出票人签发的、委托办理支票存款业务的银行在见票时无条件支付确定的金额给收款人或者持票人的票据	出票人签发，委托付款人在见票时或者在指定日期无条件支付一定金额给收款人或者持票人的
性质	自付票据	委付票据	委付票据
基本当事人	出票人（也是付款人）、收款人	出票人、付款人、收款人	出票人、付款人、收款人
付款人	约定本人付款	受托人只限于银行或其他法定金融机构	委托他人付款
主债务人	本票在任何情况下，都由出票人担当主债务人的责任	银行	承兑前：出票人、第一背书人、第二背书人 承兑后：承兑人、出票人
种类	银行本票（定额、不定额）中国只有银行本票即期本票、远期本票	普通支票、现金支票、转账支票	按出票人不同：银行汇票、商业汇票 按承兑人不同：商业承兑汇票、银行承兑汇票 按付款时间不同：即期汇票、远期汇票
出票人	有直接支付责任	有直接支付责任	商业汇票由第三人承兑的，出票人无直接支付责任，只有担保责任

续表

区别	银行本票	支票	汇票
付款期限	付款期为1个月，逾期兑付银行不予受理	支票付款期为5天（背书转让地区的转账支票付款期为10天。从签发的次日算起，到期日遇法定休假日顺延）	我国汇票必须承兑，因此，承兑到期，持票人方能兑付。商业承兑汇票到期日付款人账户不足支付时，其开户银行应将商业承兑汇票退给收款人或被背书人，由其自行处理
提示承兑期限	不需要承兑	不需要承兑	（1）银行汇票为见票即付的票据，不需要承兑；（2）定日付款、出票后定期付款的，汇票到期日前承兑；（3）见票后定期付款的，自出票日起1个月内承兑
提示付款期限	自出票日起2个月内提示付款	自出票日起10日之内提示付款	（1）见票即付汇票，自出票日起1个月内提示付款；（2）其他汇票，自到期日起10日之内提示付款
其他	金额是确定的；必须无条件支付票面金额；付款期也是确定的	支票的出票人必须是银行的存户，而且出票时账户上应有足额存款，签发空头支票的，要受到行政处罚，严重的要追究刑事责任；支票的付款方式仅限于见票即付，不规定定期的付款日期	（1）金额是确定的；（2）必须无条件支付票面金额；（3）付款期也是确定的
我国使用区域	只用于同城范围的商品交易和劳务供应以及其他款项的结算	可用于同城或票据交换地区	同城和异地都可以使用

六、银行卡

（一）银行卡的概念及分类

银行卡是指经批准由商业银行（含邮政金融机构）向社会发行的具有消费信用、转账结算、存取现金等全部或部分功能的信用支付工具。银行卡按照发行主体是否在境内分为境内卡和境外卡；按照是否给予持卡人授信额度分为信用卡和借记卡；按照账户币种的不同分为人民币卡、外币卡和双币种卡；按信息载体不同分为磁条卡和芯片（IC）卡。

（二）银行卡交易的基本规定

（1）单位人民币卡可办理商品交易和劳务供应款项的结算，但不得透支。单位卡不得支取现金。

（2）发卡银行对贷记卡的取现应当每笔进行授权，每卡每日累计取现不得超过限定额度。

（3）发卡银行应当依照法律规定，遵守信用卡业务风险控制指标。

（4）准贷记卡的透支期限最长为60天。贷记卡的首月最低还款额不得低于其当月透支余额的10%。

（5）发卡银行通过下列途径追偿透支款项和诈骗款项：扣减持卡人保证金、依法处理抵押物和质押物；向保证人追索透支款项；通过司法机关的诉讼程序进行追偿。

（三）银行卡的资金来源

单位卡账户的资金，一律从其基本存款账户转账存入，不得交存现金，不得将销货收入的款项存入其账户。个人卡在使用过程中，需要向其账户续存资金的，只限于其持有的现金存入和工资性款项以及属于个人的劳务报酬收入转账存入。严禁将单位的款项存入个人卡账户。

（四）银行卡的计息和收费

1.计息

发卡银行对准贷记卡及借记卡（不含储值卡）账户内的存款，按照中国人民银行规定的同期同档次存款利率及计息办法计付利息；发卡银行对贷记卡账户的存款、储值卡（含IC卡的电子钱包）内的币值不计付利息；贷记卡持卡人非现金交易享受如下优惠条件：

第一，免息还款期待遇。银行记账日至发卡行规定的到期还款日之间为免息还款期，最长为60天。

第二，最低还款额待遇。持卡人在到期还款日前偿还所使用全部银行款项有困难的，可按发卡行规定的最低还款额还款。贷记卡选择最低还款额方式或超过批准的信用额度用卡，不得享受免息还款期待遇。贷记卡支取现金、准贷记卡透支，不享受免息还款期和最低还款额待遇。贷记卡透支按月计收复利，准贷记卡按月计收单利。

对信用卡透支利率实行上限和下限管理，透支利率上限为日利率万分之五，透支利率下限为日利率万分之五的0.7倍。

2.收费

收费是指商业银行办理银行卡收单业务向商户收取结算手续费。

3.违约金和服务费用

对信用卡持卡人违约逾期未还款的行为，发卡机构应与持卡人通过协议约定是否收取违约金，以及相关收取方式和标准。发卡机构对向持卡人收取的违约金和年费、取现手续费、货币兑换费等服务费用不得计收利息。

4.信用卡预借现金业务

信用卡预借现金业务包括现金提取、现金转账和现金充值。

5.非本人授权交易的处理

持卡人提出伪卡交易或账户盗用等非本人授权交易时，发卡机构应及时引导持卡人留存证据，按照相关规定进行差错争议处理，并定期向持卡人反馈处理进度。

【小知识】

《银行卡业务管理办法》规定：同一持卡人单笔透支发生额个人卡不得超过2万元（含等值外币），单位卡不得超过5万元（含等值外币）。同一账户月透支余额个人卡不得超过5万元（含等值外币），单位卡不得超过发卡银行对该单位综合授信额度的3%。无综合授信额度可参照的单位，其月透支余额不得超过10万元（含等值外币）。

（五）银行卡申领、注销和挂失

1.银行卡的申领

凡在中国境内金融机构开立基本存款账户的单位，可凭中国人民银行核发的开户许可证申领单位卡。单位卡可申领若干张，持卡人资格由申领单位法定代表人或其委托代理人书面指定和注销。凡具有完全民事行为能力的公民，可凭本人有效身份证件及发卡银行规定的相关证明文件申领个人卡。个人卡的主卡持卡人，可为其配偶及年满18周岁的亲属申领附属卡，申领的附属卡最多不得超过2张，主持卡人也有权要求注销其附属卡。

2.银行卡的注销

持卡人在还清全部交易款项、透支本息和有关费用后，有下列情形之一的，可申请办理销户：（1）信用卡有效期满45天后，持卡人不更换新卡的；（2）信用卡挂失满45天后，没有附属卡又不更换新卡的；（3）信用卡被列入止付名单，发卡银行已收回其信用卡45天的；（4）持卡人死亡，发卡银行已收回其信用卡45天的；（5）持卡人要求销户或担保人撤销担保，并已交回全部信用卡45天的；（6）信用卡账户2年（含）以上未发生交易的；（7）持卡人违反其他规定，发卡银行认为应该取消资格的。

发卡机构调整信用卡利率标准的，应至少提前45天通知持卡人。持卡人有权在新利率标准生效之日前选择销户，并按照已签订的协议偿还相关款项。

销户时，单位卡账户余额转入其基本存款账户，不得提取现金；个人卡账户可以转账结清，也可以提取现金。

3.银行卡的挂失

持卡人丧失银行卡，应立即持本人身份证件或其他有效证明，并按规定提供有关情况，向发卡银行或代办银行申请挂失。

七、网上支付

网上支付是电子支付的一种形式，它是指电子交易的当事人，包括消费者、商户、银行或者支付机构，使用电子支付手段通过信息网络进行的货币支付或资金流转。网上支付的主要方式有网上银行和第三方支付两种。

（一）网上银行

1.网上银行的概念和分类

网上银行，也称网络银行，简称网银，就是银行在互联网上设立虚拟银行柜台，使传统银行服务不再通过物理的银行分支机构来实现，而是借助网络与信息技术手段在互联网上实现。

网上银行有如下分类：

（1）按经营模式分为单纯网上银行和分支型网上银行。

单纯网上银行是完全依赖于互联网的虚拟的电子银行，它没有实际的物理柜台，一般只有一个办公地址，没有分支机构，也没有营业网点，采用互联网等高科技服务手段与客户建立密切的联系，为客户提供全方位的金融服务。

分支型网上银行是指现有的传统银行利用互联网开展传统的银行业务，即传统银行利用互联网作为新的服务手段为客户提供在线服务，实际上是传统银行服务在互联网上的延伸。

（2）按主要服务对象分为企业网上银行和个人网上银行。

企业网上银行主要服务于企事业单位，企事业单位可以通过企业网上银行实时了解财务状况，及时调度资金，轻松处理工资发放和大批量的网络支付业务。

个人网上银行主要服务于个人，个人可以通过个人网上银行实时查询、转账，进行网络支付和汇款。

2.网上银行的主要功能

(1) 企业网上银行的功能有：账户信息查询、支付指令、B2B网上支付（B2B，即企业之间进行的电子商务活动）、批量支付。

(2) 个人网上银行的功能有：账户信息查询、人民币转账业务、银证转账业务、外汇买卖业务、账户管理业务、B2C网上支付（B2C，即商业机构对消费者的电子商务，指的是企业与消费者之间进行的在线式零售商业活动，包括网上购物和网上拍卖等）。

3.网上银行业务流程及交易时的身份认证

(1) 客户开户流程。开户时，必须出具身份证或有关证件，并遵守有关实名制规定。

(2) 网上交易。网上银行的具体交易流程如下：①客户使用浏览器通过互联网连接到网银中心，发出网上交易请求；②网银中心接受并审核客户的交易请求，并将交易请求转发给相应成员行的业务主机；③成员行业务主机完成交易处理，并将处理结果返回给网银中心；④网银中心对交易结果进行再处理后，返回相应信息给客户。

(3) 交易时的身份认证的方式有：①密码；②文件数字证书；③动态口令卡；④动态手机口令；⑤移动口令牌；⑥移动数字证书。

(二) 第三方支付

1.第三方支付的概念

第三方支付是指经过中国人民银行批准从事第三方支付业务的非银行支付机构，借助通信、计算机和信息安全技术，采用与各大银行签约的方式，在用户与银行支付结算系统间建立连接的电子支付模式（其中通过手机端进行的，称为移动支付），本质上是一种新型的支付手段，是互联网技术与传统金融支付的有机结合。

非金融机构提供支付服务，应当取得支付业务许可证，成为支付机构。未经中国人民银行批准，任何非金融机构和个人不得从事或变相从事支付业务。

2.第三方支付的种类

(1) 线上支付。线上支付是指通过互联网实现的用户和商户之间、商户和商户之间的在线货币支付、资金清算等行为。

(2) 线下支付。线下支付是指通过非线上支付方式进行的支付行为，包括POS机刷卡支付、拉卡拉等自助终端支付、电话支付、手机近端支付等。

3.第三方支付交易流程及身份验证

(1) 开户。支付机构为客户开立支付账户的，应当对客户实行实名制管理，登记并采取有效措施验证客户身份基本信息，按规定核对有效身份证件并留存有效身份证件复印件或者影印件，建立客户唯一识别编码，并在与客户业务关系存续期间采取持续的身份识别措施，确保有效核实客户身份及其真实意愿，不得开立匿名、假名支付账户。支付账户不得透支，不得出借、出租、出售，不得利用支付账户从事或者协助他人从事非法活动。

(2) 账户充值。客户开户后，将银行卡和支付账户绑定。付款前，将银行卡中的资金转入支付账户。

（3）收、付款。客户下单后，付款时，通过支付平台将自己支付账户中的虚拟资金划转到支付平台暂存，待客户收到商品并确认后，支付平台会将款项划转到商家的支付账户中，支付行为完成。

（4）交易时的身份验证。支付机构可以组合选用下列三类要素，对客户使用支付账户付款进行身份验证：①仅客户本人知悉的要素；②仅客户本人持有并特有的，不可复制或者不可重复利用的要素；③客户本人生理特征要素。

支付机构应当确保采用的要素相互独立，部分要素的损坏或者泄露不应导致其他要素损坏或者泄露。

4.第三方支付机构及支付账户管理规定

（1）支付机构应根据客户身份对同一客户在本机构开立的所有支付账户进行关联管理，并按照要求对个人支付账户进行分类管理。

①Ⅰ类支付账户，账户余额仅可用于消费和转账，余额付款交易自账户开立起累计不超过1 000元（包括支付账户向客户本人同名银行账户转账）。

②Ⅱ类支付账户，账户余额仅可用于消费和转账，其所有支付账户的余额付款交易年累计不超过10万元（不包括支付账户向客户本人同名银行账户转账）。

③Ⅲ类支付账户，账户余额可以用于消费、转账以及购买投资理财等金融类产品，其所有支付账户的余额付款交易年累计不超过20万元（不包括支付账户向客户本人同名银行账户转账）。

（2）支付机构办理银行账户与支付账户之间转账业务的，相关银行账户与支付账户应属于同一客户。

（3）因交易取消（撤销）、退货、交易不成功或者投资理财等金融类产品赎回等原因需划回资金的，相应款项应当划回原扣款账户。

（4）支付机构应根据交易验证方式的安全级别，对个人客户使用支付账户余额付款的交易进行限额管理：

①支付机构采用包括数字证书或电子签名在内的两类（含）以上有效要素进行验证的交易，单日累计限额由支付机构与客户通过协议自主约定。

②支付机构采用不包括数字证书、电子签名在内的两类（含）以上有效要素进行验证的交易，单个客户所有支付账户单日累计金额应不超过5 000元（不包括支付账户向客户本人同名银行账户转账）。

③支付机构采用不足两类有效要素进行验证的交易，单个客户所有支付账户单日累计金额应不超过1 000元（不包括支付账户向客户本人同名银行账户转账，且支付机构应当承诺无条件全额承担此类交易的风险损失赔付责任）。

八、其他结算方式

（一）汇兑

1.汇兑的概念和分类

汇兑是汇款人委托银行将其款项支付给收款人的结算方式。汇兑结算适用于各种经济内容的异地提现和结算。汇兑分为电汇和信汇两种。

2.办理汇兑的程序

（1）签发汇兑凭证。签发汇兑凭证必须记载下列事项：①表明"信汇"或"电汇"的字样；②无条件支付的委托；③确定的金额；④收款人名称；⑤汇款人名称；⑥汇入地点、汇入行名称；⑦汇出地点、汇出行名称；⑧委托日期；⑨汇款人签章。

汇款人和收款人均为个人，需要在汇入银行支取现金的，应在信汇、电汇凭证的汇款金额大写栏，先填写"现金"字样，后填写汇款金额。

（2）银行受理。汇出银行受理汇款人签发的汇兑凭证，经审查无误后，应及时向汇入银行办理汇款，并向汇款人签发汇款回单。汇款回单只能作为汇出银行受理汇款的依据，不能作为该笔汇款已转入收款人账户的证明。

（3）汇入处理。汇入银行对开立存款账户的收款人，应将汇入款项直接转入收款人账户，并向其发出收账通知。收账通知是银行将款项确已收入收款人账户的凭据。

3.汇兑的撤销和退汇

（1）汇兑的撤销。汇款人对汇出银行尚未汇出的款项可以申请撤销。

（2）汇兑的退汇。汇款人对汇出银行已经汇出的款项可以申请退汇。

转汇银行不得受理汇款人或汇出银行对汇款的撤销或退汇。

对在汇入银行开立存款账户的收款人，由汇款人与收款人自行联系退汇；对未在汇入银行开立存款账户的收款人，汇款人应出具正式函件或本人身份证件以及原信汇、电汇回单，由汇出银行通知汇入银行，经汇入银行核实汇款确未支付，并将款项退回汇出银行，方可办理退汇。汇入银行对于收款人拒绝接受的汇款，应立即办理退汇。汇入银行对于向收款人发出取款通知，经过2个月无法交付的汇款，应主动办理退汇。

【做一做】

签发汇兑凭证必须记载的事项包括（   ）。

A.表明"信汇"或"电汇"的字样　　　B.无条件支付的委托

C.汇出地点、汇出行名称　　　D.汇款人签章

【答案】ABCD

（二）委托收款

1.委托收款的概念

委托收款是指收款人委托银行向付款人收取款项的结算方式。单位和个人凭已承兑的商业汇票、债券、存单等付款人债务证明办理款项的结算，均可以使用委托收款结算方式。委托收款在同城、异地均可以使用，其结算款项的划回方式分为邮寄和电报两种，由收款人选用。

2.委托收款的记载事项

委托收款的记载事项包括：（1）表明"委托收款"的字样；（2）确定的金额；（3）付款人名称；（4）收款人名称；（5）委托收款凭据名称及附寄单证张数；（6）委托日期；（7）收款人签章。

3.委托收款的结算规定

（1）委托收款办理办法。以银行为付款人的，银行应在当日将款项主动支付给收款人。以单位为付款人的，银行通知付款人后，付款人应于接到通知当日书面通知银行付款。银行在办理划款时，付款人存款账户不能足额支付的，应通过被委托银行向收款人发出未付款项通知书。

（2）委托收款的注意事项。①付款人审查有关债务证明后，对收款人委托收取的款项

需要拒绝付款的，有权提出拒绝付款。②收款人收取公用事业费，必须具有收付双方事先签订的经济合同，由付款人向开户银行授权，并经开户银行同意，报经中国人民银行当地分支行批准，可以使用同城特约委托收款。

【做一做】

甲公司委托乙银行向丙企业收取款项，丙企业开户银行在债务证明到期日办理划款时，发现丙企业存款账户不足支付，它可以采取的行为是（　　）。

A.直接向甲公司出具拒绝支付证明

B.通过乙银行向甲公司发出未付款通知书

C.先按委托收款凭证及债务证明标明的金额向甲公司付款，然后向丙企业追索

D.通知丙企业存足相应款项，如果丙企业在规定的时间内未存足款项，再向乙银行出具拒绝支付证明，付款人应当于接到通知的当日书面通知银行付款。如果付款人未在接到通知的次日起3日内通知银行付款，视为同意付款

【答案】B

（三）托收承付

1.托收承付的概念

托收承付是根据购销合同由收款人发货后委托银行向异地付款人收取款项，由付款人向银行承兑付款的结算方式。托收承付的每笔金额起点为10 000元，新华书店系统每笔的金额起点为1 000元。托收承付的适用范围是：

（1）结算款项必须是商品交易以及因商品交易而产生的劳务供应款项。代销、寄销、赊销商品的款项不得办理托收承付结算。

（2）使用托收承付结算方式的收款单位和付款单位必须是国有企业、供销合作社以及经营管理较好并经开户银行审查同意的城乡集体所有制工业企业。

（3）收付双方使用托收承付结算必须签有符合《民法典》规定的购销合同，并在合同中订明使用托收承付结算方式。

（4）收款人对同一付款人发货托收累计3次收不回货款的，收款人开户银行应暂停收款人向该付款人办理托收；付款人累计3次提出无理拒付的，付款人开户银行应暂停其向外办理托收。

【做一做】

下列业务中，国有企业之间不能采用托收承付结算方式的有（　　）。

A.商品寄销　　　　　　　　　　B.由商品交易产生的劳务供应

C.商品赊销　　　　　　　　　　D.商品代销

【答案】ACD

2.托收承付的结算规定

托收承付凭证记载事项有：（1）表明"托收承付"的字样；（2）确定的金额；（3）付款人的名称和账号；（4）收款人的名称和账号；（5）付款人的开户银行名称；（6）收款人的开户银行名称；（7）托收附寄单证张数或册数；（8）合同名称、号码；（9）委托日期；（10）收款人签章。

3.托收承付的办理办法

（1）托收。收款人按照签订的购销合同发货后，应将托收凭证并附发运凭证或其他符

合托收承付结算的有关证明和交易单证送交银行。

（2）承付。购货单位承付货款有验单承付和验货承付两种方式。验单承付期为3天，从购货单位开户银行发出通知的次日算起（承付期内遇法定节假日顺延）。验货付款的承付期为10天，从运输部门向付款人发出提货通知的次日算起，付款人在承付期内，未向银行表示拒绝付款，银行即视作承付，在承付期满的次日上午将款项划给收款人。收款人对被无理拒绝付款的托收款项，在收到退回的结算凭证及所附单证后，需要委托银行重办托收。经开户银行审查，确属无理拒绝付款的，可以重办托收。

【做一做】

甲、乙均为国有企业，甲向乙购买一批货物，约定采用托收承付验货付款结算方式。2022年3月1日，乙办理完发货手续，发出货物；3月2日，乙到开户行办理托收手续；3月10日，铁路部门向甲发出提货通知；3月14日，甲向开户行表示承付，通知银行付款。那么承付期的起算时间是（　　　　）。

A.3月2日　　　　　　B.3月3日　　　　　　C.3月11日　　　　　　D.3月15日

【答案】 C

【小知识】

托收承付和委托收款的区别如下：

1.适用的范围不同。办理托收承付的收款单位和付款单位必须是国有企业、供销合作社以及经营管理较好，并经开户银行审查同意的城乡集体所有制工业企业；而委托收款的收款人和付款人的范围较广，适用于在银行开立账户的各种企业、经济组织或者个人。托收承付结算只适用于异地的款项结算，并且办理结算的款项必须是商品交易以及因商品交易而产生的劳务供应的款项，代销、寄销、赊销商品的款项不得办理托收承付结算。而委托收款同城、异地均可以办理，而且适用于各种款项的结算，既适用于水电、邮政、电话等劳务款项的结算，也适用于单位和个人凭已经承兑的商业汇票、债券、存单等付款人债务证明办理款项的结算。

2.办理的程序不同。相对来说，委托收款的办理程序比托收承付要简便。在托收承付结算方式下，收款单位根据经济合同发货后，委托银行向异地付款单位收取款项，由付款单位按照经济合同规定核对结算单证或验货后再向银行承付款项。而委托收款结算方式是先由收款人向银行提交委托收款凭证和有关债务证明并办理委托收款手续，银行接到寄来的委托收款凭证及债务证明，经审查无误后再向收款人办理付款的行为。这里付款人的开户银行应该经付款人授权后才能付款，付款人授权时应该填写同城或者异地委托收款授权书，写明银行账号和与收款人的合同号，并且加盖单位的公章。

（四）国内信用证

1.国内信用证的概念

国内信用证是指开证银行依照申请人（购货方）的申请向受益人（销货方）开出一定金额，并在一定期限内凭信用证规定的单据支付款项的书面承诺。我国信用证属于具有不可撤销、不可转让特点的跟单信用证。

2.国内信用证的结算方式

国内信用证的结算方式只适用于国内企业之间商品交易产生的货款结算，并且只能用于转账结算，不得支取现金。

3.国内信用证办理的基本程序

（1）开证。开证行决定受理开证业务时，应向申请人收取不低于开证金额20%的保证金，并可根据申请人资信情况要求其提供抵押、质押或由其他金融机构出具保函。

（2）通知。通知行收到信用证并审核无误后，应填制信用证通知书，连同信用证交付受益人。

（3）议付。议付是指信用证指定的议付行在单证相符条件下，扣除议付利息后向受益人给付对价的行为。议付行必须是开证行指定的受益人开户行。议付仅限于延期付款信用证。议付行议付后，应将单据寄开证行索偿资金。议付行议付信用证后，对受益人具有追索权。到期不获付款的，议付行可从受益人账户收取议付金额。

（4）付款。开证行对议付行寄交的凭证、单据等审核无误后，对即期付款信用证，从申请人账户收取款项支付给受益人；对延期付款信用证，应向议付行或受益人发出到期付款确认书，并于到期日从申请人账户收取款项支付给议付行或受益人。申请人交存的保证金和其存款账户余额不足支付的，开证行仍应在规定的付款时间内付款。对不足支付的部分作逾期贷款处理。

【随堂测】

1.下列人中，行使付款请求权对持票人负有付款义务的有（　　　）。

A.汇票的承兑人　　　　　　　　　　B.银行本票的出票人

C.支票的付款人　　　　　　　　　　D.汇票的背书人

【答案】ABC

2.下列各项票据中，可以挂失止付的包括（　　　）。

A.已承兑的商业汇票　　　　　　　　B.支票

C.注明"现金"字样的银行汇票　　　D.未注明代理付款人的银行汇票

【答案】ABC

3.下列关于银行本票性质的表述中，不正确的是（　　　）。

A.银行本票的付款人见票时必须无条件付款给持票人

B.持票人超过提示付款期限不获付款的，可向出票银行请求付款

C.银行本票不可以背书转让

D.注明"现金"字样的银行本票可以用于支取现金

【答案】C

4.企业网上银行的功能有（　　　）。

A.账户信息查询　　　　　　　　　　B.支付指令

C.外汇买卖业务　　　　　　　　　　D.账户管理业务

【答案】AB

5.关于支票，说法错误的有（　　　）。

A.支票的提示付款期限为自出票日起10日

B.支票的出票人预留银行签章是银行审核支票付款的依据，出票人不得签发与其预留银行签章不符的支票

C.支票的金额、收款人名称、出票日期，可以由出票人授权补记

本项目各任务随堂测答案

D.出票人签发的支票金额超过其签发时在付款人处实有的存款金额的，为空头支票

【答案】CD

6.试讨论银行汇票和商业汇票有何不同，商业承兑汇票和银行承兑汇票又有何不同。

【延伸阅读】

票据贴现

【项目训练】

一、选择题

1.下列情形中，可以办理退汇的是（　　）。

A.该汇款尚未汇出

B.汇款人与收款人未达成一致退汇意见

C.经过1个月无法交付的汇款

D.收款人拒绝接受的汇款

2.根据支付结算法律制度的规定，下列有关汇兑的表述中，不正确的是（　　）。

A.汇兑分为信汇和电汇两种

B.汇兑每笔金额起点为1万元

C.汇兑适用于单位和个人各种款项的结算

D.汇兑是汇款人委托银行将其款项支付给收款人的结算方式

3.下列各项中，信用卡持卡人可以使用单位卡的情形是（　　）。

A.购买价值9万元的电脑　　　　　　　B.存入销货收入的款项

C.支付12万元劳务费用　　　　　　　　D.支取现金

4.下列属于非票据结算方式的有（　　）。

A.银行本票　　　　　B.汇兑　　　　　C.信用卡　　　　　D.委托收款

5.下列关于票据金额的填写，说法正确的是（　　）。

A.阿拉伯小写金额数字中有"0"的，中文大写应按汉语语言规律、金额数字和防止涂改的要求书写

B.大写金额数字有"分"的，"分"后面可以写"整"（或"正"）字

C.大写金额数字应紧接"人民币"字样填写，不得留有空白

D.大写金额数字前未印"人民币"字样的，应加填"人民币"字样

6.下列情形中不可以开立临时存款账户的是（　　）。

A.设立临时机构　　　　　　　　　　　B.异地临时经营活动

C.期货交易保证金　　　　　　　　　　D.注册验资

7.银行结算账户的监督管理部门是（　　）。

A.各级财政部门　　　　　　　　　　　B.中国人民银行

C.各开户银行　　　　　　　　　　　　D.国务院及地方各级人民政府

8.存款人违反规定将单位款项转入个人银行结算账户的，对于经营性的存款人，给予警告并处以（　　）的罚款。

A.1 000元　　　　　　　　　　　　　B.10 000元

C.5 000元以上3万元以下　　　　　　　D.1万元以上3万元以下

9.一般存款账户的使用范围不包括（　　）。

A.借款转存　　　B.借款归还　　　C.现金缴存　　　D.现金支取

10.银行结算账户的变更不包括（　　）的变更。

A.存款人名称　　　　　　　　　　　　B.单位法定代表人

C.单位主要负责人　　　　　　　　　　D.住址

11.个人网上银行的功能有（　　）。

A.账户信息查询　　B.人民币转账业务　　C.B2C网上支付　　D.B2B网上支付

二、判断题

1.中文大写金额数字到"元"为止的，在"元"之后，可以写"整"（或"正"）字，在"角"之后不能写"整"（或"正"）字。　　　　　　　　　　　　　　　（　　）

2.支付结算是指单位在社会经济活动中使用票据、信用卡和汇兑、托收承付、委托收款等结算方式进行货币给付及资金清算的行为。个人在社会经济活动中使用票据、信用卡等方式进行资金清算的行为不属于支付结算的范畴。　　　　　　　　　　　（　　）

3.根据《支付结算办法》的规定，除法律、行政法规另有规定外，未经中国人民银行批准的非银行金融机构和其他单位，不得作为中介机构经营银行支付结算业务。（　　）

4.单位卡可申领若干张。　　　　　　　　　　　　　　　　　　　　　　（　　）

5.单位卡账户的资金一律从其一般存款账户转入。　　　　　　　　　　　（　　）

6.票据出票日期使用小写的，银行可以受理，但由此造成的损失由出票人承担。
　　　　　　　　　　　　　　　　　　　　　　　　　　　　　　　　（　　）

7.存款人尚未清偿开户银行债务的，不得申请撤销银行结算账户。　　　　（　　）

8.个人银行结算账户是指自然人、法人和其他组织因投资、消费、结算等而开立的可办理支付结算业务的存款账户。　　　　　　　　　　　　　　　　　　　（　　）

9.异地银行结算账户只能是单位开立。　　　　　　　　　　　　　　　　（　　）

10.注册验资的临时存款账户在验资期间只付不收。　　　　　　　　　　（　　）

三、案例分析题

A企业某会计人员于2022年11月在其开户银行B银行为单位开立了一个单位人民币借记卡账户，并从基本存款账户转入款项100万元。2022年12月3日，异地C企业业务人员随身携带现金4万元与A企业洽谈生意。洽谈结束后，C企业按照洽谈意见，需要预付货款5万元。C企业业务人员交付携带的4万元现金后，A企业授意其将剩余的1万元从C企业的异地账户直接汇入A企业银行卡账户。2022年12月10日，A企业银行卡中收到C企业的1万元预付货款，同日A企业会计人员到B银行将银行卡账户中的2万元转入该企业总经理在 D 银行开立的个人银行卡账户。请分析：以上做法中，哪些违反了银行卡业务管理的有关规定？

【项目评价】

本项目的学习效果评价体系由职业能力、通用能力和思政素养三部分构成，请根据学生对教学内容的掌握情况填写项目考核评价表（见表2-3）。

表2-3　　　　　　　　　　　　　　　　项目考核评价表

内　容		评　价		
学习目标	评价项目	3	2	1
职业能力	支付结算工具的种类	1.涉及票据的结算方式种类			
		2.不涉及票据的结算方式种类			
	银行结算账户的管理	1.银行结算账户的种类			
		2.银行结算账户管理的原则			
	掌握票据相关的法律规定	1.各类票据的付款期限			
		2.各类票据的适用范围			
		3.各类票据的权利			
通用能力	组织能力				
	沟通能力				
	解决问题的能力				
	自我提高的能力				
	创新能力				
思政素养	树立互联网金融创新发展意识				
	树立国家金融安全意识				
	树立金融结算严谨规范岗位意识				
	涵养恪守法律法规、廉洁求实的职业习惯				
综合评价					

等级说明：3——能高质、高效地完成此学习目标的全部内容，并能解决遇到的特殊问题；2——能高质、高效地完成此学习目标的全部内容；1——能圆满完成此学习目标的全部内容，无须任何帮助和指导。

评价说明：优秀——达到3级水平；良好——达到2级水平；合格——全部任务都达到1级水平；不合格——不能达到1级水平。

项目三　纳税主体的义务线——税收法律制度

学习目标

知识目标

1. 了解税收的概念及特征；
2. 理解税收的分类；
3. 了解税法及其构成要素；
4. 熟悉税收征管的具体规定，包括税务登记管理、发票管理、纳税申报及方式、税款征收方式、税务代理、税务检查、税收法律制度、税务行政复议等规定；
5. 掌握增值税、消费税、企业所得税和个人所得税的相关原理及应纳税额的计算。

能力目标

1. 能够正确计算增值税、消费税、企业所得税和个人所得税的应纳税额；
2. 能够正确使用和管理发票；
3. 能够正确进行各种税务登记；
4. 能够正确进行纳税申报。

思政目标

1. 认知我国税收制度改革对中小企业的发展、企业利润的增加、社会经济良性循环及国家经济实力增强的意义所在，增强国家税收制度自信，增强岗位认同感、使命感；
2. 深刻领悟党的二十大报告提出的以人民为中心的发展思想，明确税收制度"取之于民、用之于民"的真谛，强化纳税光荣、偷税可耻的社会主义核心价值观；
3. 深刻领悟党的二十大报告提出的高质量发展理念，理解各税种蕴含的绿色消费、协调共享等中国特色社会主义新发展理念，树立积极回馈社会承担社会责任的思想意识。

【内容结构导图】

本项目内容构成如图3-1所示。

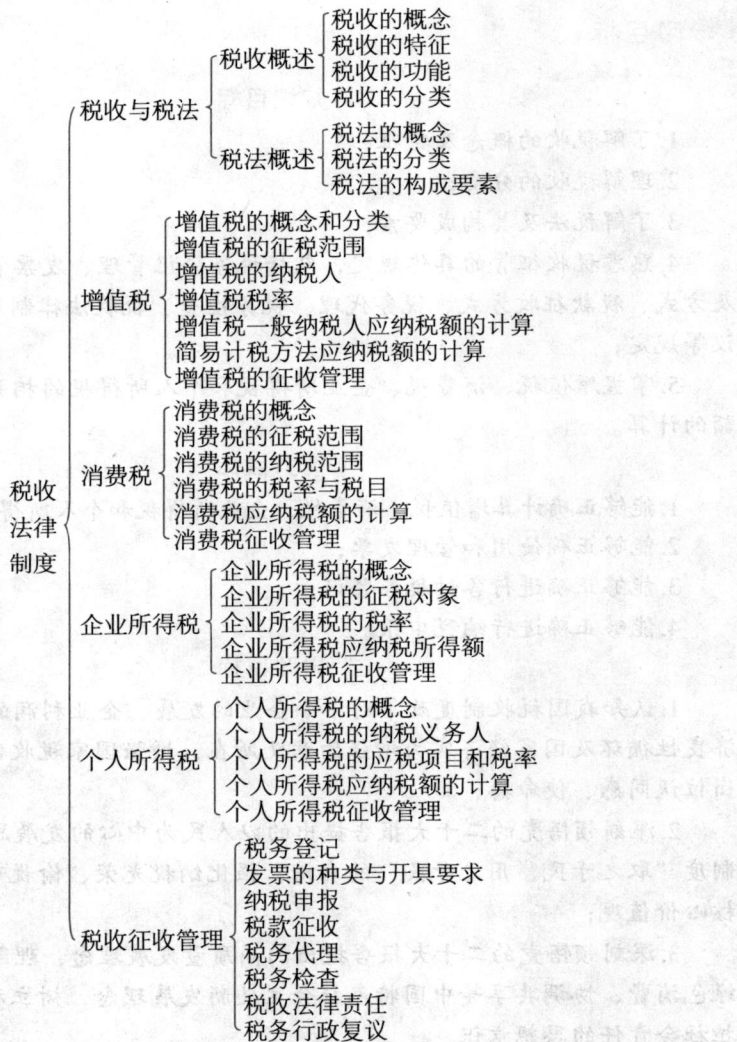

```
                                     ┌ 税收的概念
                          ┌ 税收概述 │ 税收的特征
                          │         │ 税收的功能
              税收与税法 ─┤         └ 税收的分类
                          │         ┌ 税法的概念
                          └ 税法概述 │ 税法的分类
                                     └ 税法的构成要素
                          ┌ 增值税的概念和分类
                          │ 增值税的征税范围
                          │ 增值税的纳税人
              增值税     ─┤ 增值税税率
                          │ 增值税一般纳税人应纳税额的计算
                          │ 简易计税方法应纳税额的计算
                          └ 增值税的征收管理
                          ┌ 消费税的概念
                          │ 消费税的征税范围
                          │ 消费税的纳税范围
              消费税     ─┤ 消费税的税率与税目
  税收                    │ 消费税应纳税额的计算
  法律                    └ 消费税征收管理
  制度 ─┤                 ┌ 企业所得税的概念
                          │ 企业所得税的征税对象
              企业所得税 ─┤ 企业所得税的税率
                          │ 企业所得税应纳税所得额
                          └ 企业所得税征收管理
                          ┌ 个人所得税的概念
                          │ 个人所得税的纳税义务人
              个人所得税 ─┤ 个人所得税的应税项目和税率
                          │ 个人所得税应纳税额的计算
                          └ 个人所得税征收管理
                          ┌ 税务登记
                          │ 发票的种类与开具要求
                          │ 纳税申报
                          │ 税款征收
              税收征收管理 ┤ 税务代理
                          │ 税务检查
                          │ 税收法律责任
                          └ 税务行政复议
```

图3-1　本项目内容结构图

任务一　　　　　　　　　税收与税法

【任务描述】

税收是国家维持人民生活和社会生产正常秩序、捍卫国家权益的重要财力保障。税法是国家法律的组成部分，是国家宏观调控的主要工具之一，其规范的行为是国家参与分配，为国家政权的正常运转所需要的财政资金提供保障。分小组讨论案例并学习教材理论知识，通过小组探究和学习，明确税收的特征、作用及税法的构成要素。

【案例导入】

2022年5月10日，职业学校毕业生李华良成立了华良鞋业有限公司，主要从事各种鞋子的生产与销售。为了在开始生产经营后能够依法纳税，李华良发动职工一起学习税收知识，他们从税收基础知识开始学起，如国家税收的作用、特征、分类，税法及其构成要素等，对国家税收有了初步的了解，深刻体会到税收对于国家和人民群众的重要性。

要求：以小组为单位讨论企业纳税的社会意义。

【案例解析】

李华良的做法非常正确。纳税人必须依法纳税，否则会受到法律制裁。华良鞋业有限公司发动职工学习税收知识，使职工能正确理解税收对于国家和人民群众的重要性，理解税收与法密不可分——"有税必有法，无法不成税"，既可以保护其合法权益不受侵犯，又可以增强企业依法纳税的法律意识。

【任务分析】

税收是国家取得财政收入的重要工具，了解税收对于国家及企业的重要作用，理解税收的三个特征，明确税收对于政府发挥职能的重要意义，对于增强公民的依法纳税意识具有非常积极的作用。

税法适应多元化社会规范，因此存在多种兼顾各种经济类型的税收法律；每一个税种的介绍都是按照一个基本架构来展开的，都具备纳税义务人、税目、税率、纳税期限、纳税地点、纳税环节等基本要素，是计算各种应纳税额及税款缴纳的基础。

【知识准备】

一、税收概述

（一）税收的概念

税收是国家为了满足社会公共需要，凭借政治权力，按照国家法律规定的标准和程序，强制地、无偿地取得财政收入的一种特定分配形式。税收是国家（政府）公共财政最主要的收入形式和来源。它体现了国家与纳税人在征税、纳税的利益分配上的一种特殊关系。

税收是国家取得财政收入的一种重要工具。征税的主体是国家，除了国家之外，任何机构、团体都无征税权。国家征税依靠政治权力，这种政治权力凌驾于财产权力之上，没有国家的政治权力为依托，征税就无法实现。征税的基本目的是满足国家的财政需要，以实现其进行阶级统治和满足社会公共需要的职能。

（二）税收的特征

税收与其他财政收入形式相比，具有强制性、无偿性和固定性三个特征。

1.强制性

税收的强制性是指国家以社会管理者的身份，凭借政治权力，通过法律、法规的形式进行强制征收税款。因此，税收不是纳税人（包括法人企业、非法人企业和单位及自然人）自愿缴纳的。纳税人必须依法纳税，否则会受到法律制裁。强制性是国家的权力在税收上的法律体现，是国家取得税收收入的根本前提。

2.无偿性

税收的无偿性是指国家征税后，征收的税款归国家所有，由财政统一分配，不再直接偿还给纳税人，也不会对纳税人付出任何形式的报酬或代价。无偿性是税收的关键特征，它使税收明显地区别于国债等财政收入形式，决定了税收是国家筹集财政收入的主要手段，并成为调节和矫正社会分配不公的有力工具。

政府使用税款的目的是向社会全体成员包括具体纳税人提供社会需要的公共产品和公共服务。因此，税收的无偿性又表现为个体的无偿性、整体的有偿性。

3.固定性

税收的固定性是指按照国家法令预先规定的征税标准征收，即国家通过法律形式，预先规定了征税对象、税目、税率、纳税义务人、税额计算方法和期限等征纳行为规则，征纳双方都必须共同遵守，不能随意变动。税收的固定性对于国家来说，可以保证财政收入的及时性、稳定性和可靠性，可以防止国家不顾客观经济条件和纳税人的负担能力，滥用征税权力；对于纳税人来说，可以保护其合法权益不受侵犯，并增强其依法纳税的法律意识。

税收的三个基本特征是统一的整体。其中，强制性是实现税收无偿征收的强有力保证，无偿性是税收本质的体现，固定性是强制性和无偿性的必然要求。

【小知识】

税收的无偿性特征是区别于其他财政收入形式的最本质特征，体现了财政分配的本质，是税收"三性"的核心。

【做一做】

下列各项中，属于税收特征的有（   ）。

A.强制性　　　　　　B.灵活性　　　　　　C.无偿性　　　　　　D.固定性

【答案】ACD

【解析】税收具有强制性、无偿性和固定性三个特征。

（三）税收的职能

税收的职能是指税收内在的、固有的职责和功能。一般来说，税收具有以下基本职能：

（1）筹集财政收入。筹集财政收入是税收最基本的职能。主要表现在三个方面：一是税收具有强制性、无偿性和固定性，因而组织财政收入稳定可靠；二是税收按年、按季、按月征收，均匀入库，有利于财力调度，满足日常财政支出；三是税收来源十分广泛，多税种、多税目、多层次、全方位的课税制度能从多方面筹集财政收入。

（2）调节社会经济。经济决定税收，税收反作用于经济。国家通过税种的设置以及加成征收或减免税等手段来影响社会成员的经济利益，改变社会财富分配状况，对资源配置和社会经济发展产生影响，调节社会生产、交换、分配和消费，从而达到调控经济运行的目的，促进社会经济健康发展。

（3）监督经济活动。国家征税过程中进行税收管理、税务检查、税务审计、税源预测和调查等一系列工作，一方面能够反映社会经济动态，为国民经济管理提供依据；另一方面能够对经济组织、单位和个人的经济活动进行有效的监督。通过税收收入的增减及税源变化，可以及时掌握宏观经济的发展变化趋势，也可以在税收征管活动中了解微观经济状况，发现并纠正纳税人在生产经营及财务管理中存在的问题，从而促进国民经济持续健康地发展。

（四）税收的分类

税收的分类是指按照一定的标准对不同税种进行的归类。我国税收主要有以下几种分类方法：

1.按征税对象分类

按征税对象分类，可将全部税收划分为流转税类、所得税类、财产税类、资源税类和行为税类五种。

（1）流转税类。流转税是指以货物或劳务的流转额为征税对象的一类税收。流转额具体包括两种：一是商品流转额，它是指商品交换的金额。对于销售方来说，它是销售收入；对于购买方来说，它是商品采购金额。二是非商品流转额，即各种劳务收入或者服务性业务收入的金额。流转税以商品流转额和非商品流转额为计税依据，普遍实行比例税率，在生产经营及销售环节征收。我国现行的增值税、消费税和关税等属于流转税。

（2）所得税类。所得税也称收益税，是以纳税人的各种应纳税所得额为征税对象的一类税收。所得税类的征税对象不是一般收入，而是总收入减除各种成本费用及其他允许扣除项目以后的应纳税所得额；征税数额受成本、费用、利润高低的影响较大。所得税属于终端税种，体现了量能负担的原则，即所得多的多征，所得少的少征，无所得的不征。现阶段，我国所得税类税收主要包括企业所得税、个人所得税等税种。

（3）财产税类。财产税是以纳税人所拥有或支配的特定财产为征税对象的一类税收，主要是对财产的价值或某种行为课税。财产税的课税对象一般可分为不动产和动产两大类。我国现行的房产税、车船税等属于财产税。

（4）资源税类。资源税是以自然资源和某些社会资源作为征税对象的一类税收，主要是为保护和合理使用国家自然资源而课征的税。我国现行的资源税、城镇土地使用税和环境保护税等属于资源税。

（5）行为税类。行为税也称特定目的税，是指国家为了实现特定目的，以纳税人的某些特定行为为征税对象的一类税收。它包括城市维护建设税、车辆购置税等税种。

2.按征收管理的分工体系分类

按照征收管理的分工体系进行分类，税收可以分为工商税类和关税类。

（1）工商税类。工商税类由税务机关负责征收管理，是我国现行税制的主体部分。工商税是以从事工业、商业和服务业的单位和个人为纳税人的税种的总称，主要包括增值税、消费税、资源税、企业所得税、城镇土地使用税、印花税等税种。工商税类的征收范围较广，既涉及社会再产生的各个环节，也涉及生产、流通、分配、消费的各个领域，是筹集国家财政收入，调节宏观经济最主要的工具。

（2）关税类。关税类是国家授权海关对出入境的货物和物品为征税对象的一类税收。关税是对进出境的货物、物品征收的税收的总称，主要是指进出口关税，以及对入境旅客行李物品和个人邮递物品征收的进口税，不包括由海关代征的进口环节增值税、消费税和船舶吨税。关税类是中央财政收入的重要来源，也是国家调节进出口贸易的主要手段。

3.按税收征收权限和收入支配权限分类

按税收征收权限和收入支配权限分类，税收可以分为中央税、地方税和中央与地方共享税。

（1）中央税。中央税是指由中央政府征收和管理使用或由地方政府征税后全部划解中央、由中央所有和支配的税收。如我国现行的关税、海关代征的进口环节增值税、消费税（含进口环节由海关代征的部分）等为中央税。这类税一般收入较大，征收范围广泛。

（2）地方税。地方税是由地方政府征收、管理和支配的一类税收，如我国现行的房产税、契税、车船税、土地增值税、城镇土地使用税、耕地占用税等。这类税一般收入稳定，并与地方经济利益关系密切。

（3）中央与地方共享税。中央与地方共享税是指税收收入由中央和地方政府按照比例分享的税收，如我国增值税、企业所得税、个人所得税等。例如对于增值税，中央分享50%、地方按税收缴纳地分享50%。这类税直接涉及中央与地方的共同利益。

4.按计税标准不同分类

按计税标准的不同进行分类，税收可分为从价税、从量税和复合税。

（1）从价税。从价税是指以课税对象的价格作为计税依据，按一定比例计征的一种税。从价税实行比例税率和累进税率，其应纳税额随商品价格的变化而变化，能充分体现合理负担的税收政策。如我国现行的增值税、关税等税种属于从价税。

（2）从量税。从量税是指以课税对象的实物量（重量、面积、件数）作为计税依据征收的一种税，一般采用定额税率。其课税数额只与课税对象数量相关，与价格无关。

从量税实行定额税率，具有计算简便等优点。如我国现行的车船税和城镇土地使用税以及啤酒和黄酒的消费税等属于从量税。

（3）复合税。复合税是指对征税对象采用从价和从量相结合的计税方法征收的一种税。复合税在征税时同时使用从量、从价两种税率，对课税对象既征收从价税，又征收从量税，以两种税率计算的税额之和作为课税对象的应纳税额。如对卷烟、白酒（不区分粮食白酒和薯类白酒）征收的消费税采取从价和从量相结合的复合计税方法。

【做一做】

1.在我国现行的下列税种中，不属于财产税类的是（　　）。

A.房产税　　　　　B.车船税　　　　　C.船舶吨税　　　　　D.车辆购置税

【答案】D

2.根据我国税法的规定，我国的增值税属于（　　）。

A.流转税　　　　　B.工商税　　　　　C.中央税　　　　　D.从价税

【答案】ABD

二、税法概述

（一）税法的概念

税法是指税收法律制度，是国家权力和行政机关制定的用以调整国家与纳税人之间在税收征纳方面的权利与义务关系的法律规范的总称，是国家法律的重要组成部分。

在我国法律体系中，税法的地位是由税收在国家经济活动中的重要性决定的，是税收的法律依据和法律保障。税法是国家依法征税、纳税人依法纳税的行为准则，其目的是保障国家利益和纳税人的合法权益，维护正常的税收秩序，保证国家的财政收入。国家的一切税收活动均以法定方式表现出来。

（二）税法的分类

按税法的功能作用、主权国家行使税收管辖权以及税法法律层次的不同，可将税法分为不同类型。

1.按税法的功能、作用划分

按照税法功能、作用的不同，税法可以分为税收实体法和税收程序法。

（1）税收实体法。税收实体法是规定税收法律关系主体的实体权利、义务的法律规范的总称。税收实体法具体规定了各税种的征收对象、征收范围、税目、税率等。税收实体法直接影响国家与纳税人之间权利义务的分配，是税法的核心部分。没有税收实体法，税法体系就不能成立。如《中华人民共和国企业所得税法》（简称《企业所得税法》）就属于税收实体法。

（2）税收程序法。税收程序法是税务管理方面的法律规范。税收程序法主要包括税收管理法、纳税程序法、发票管理法、税务机关组织法、税务争议处理法等。税收程序法是指如何具体实施税收的规定，是税收体系的基本组成部分。如《中华人民共和国税收征收管理法》（简称《税收征管法》）就属于税收程序法。

2.按主权国家行使税收管辖权划分

按主权国家行使税收管辖权的不同划分，税法可以分为国内税法、国际税法和外国税法。

（1）国内税法。国内税法是指一个国家在其税收管辖权范围内，调整国家与纳税人之间权利义务关系的法律规范总称，是由国家立法机关和经由授权或依法律规定的国家行政机关制定的法律、法规和规范性文件。

（2）国际税法。国际税法是指两个或两个以上的课税主体对跨国纳税人的跨国所得或财产征税形成的分配关系，并由此形成国与国之间的税收分配形式，主要包括双边或多边国家间的税收协定、条约和国际惯例。

（3）外国税法。外国税法是指本国之外其他国家制定的税收法律制度。

3.按税法法律层次划分

按税法法律层次划分，税法可以分为税收法律、税收行政法规、税收规章和税收规范性文件。

（1）税收法律。税收法律（即狭义的税法）由全国人民代表大会及其常务委员会制定。其法律地位和法律效力仅次于宪法，而高于税收法规、规章。如《企业所得税法》、《中华人民共和国个人所得税法》、《中华人民共和国车船税法》和《税收征管法》等。

（2）税收行政法规。税收行政法规是由国务院制定的有关税收方面的行政法规和规范性文件。其法律地位和法律效力低于宪法和税收法律，如《中华人民共和国个人所得税法实施条例》、《中华人民共和国税收征收管理法实施条例》、《中华人民共和国企业所得税法实施条例》、《中华人民共和国增值税暂行条例》和《中华人民共和国消费税暂行条例》等。

（3）税收规章。税收规章是由国务院财税主管部门（财政部、国家税务总局、海关总署和国务院关税税则委员会）根据法律和国务院行政法规或者规范性文件的要求，在本部门权限范围内发布的有关税收事项的规章和规范性文件，包括命令、通知、公告、通告、批复、意见、函等文件形式。税收规章在全国范围内具有普遍使用效力，但不得与税收法律、行政法规相抵触。例如，财政部颁发的《中华人民共和国增值税暂行条例实施细则》、国家税务总局颁发的《税务代理试行办法》和海关总署制定的《中华人民共和国海关进出口货物征税管理办法》等都属于税收部门规章。

（4）税收规范性文件。税收规范性文件是指县以上（含本级）税务机关依照法定职权和规定程序制定并公布的，规定纳税人、扣缴义务人及其他税务行政相对人（简称税务行政相对人）权利、义务，在本辖区内具有普遍约束力并反复适用的文件。国家税务总局制定的税务部门规章，不属于税收规范性文件。

【做一做】

根据税法的功能、作用的不同，可以将税法分为（　　　）。

A.税收行政法规　　　　B.税收实体法　　　　C.国际税法　　　　D.税收程序法

【答案】BD

（三）税法的构成要素

税法的构成要素，是指各种单行税法具有的共同的基本要素的总称。一般包括征税人、纳税义务人、征税对象、税目、税率、计税依据、纳税环节、纳税期限、纳税地点、减免税和法律责任等项目。其中，纳税义务人、征税对象、税率是构成税法的三个最基本的要素。

1.征税人

征税人是指代表国家行使税收征管职权的各级税务机关和其他征收机关，我国税收征管机关主要是各级税务机关和海关。税种不同，可能有不同的征税人，如增值税的征税人是税务机关，关税的征税人是海关。

2.纳税义务人

纳税义务人简称纳税人，又称纳税主体，是指按照税法规定直接负有纳税义务的单位和个人。纳税人可以是自然人，也可以是法人或者其他社会组织。任何一个税种首先要解决的就是国家对谁征税的问题，每个税种都明确规定了各自的纳税义务人。

在税收的实体法和相关理论中，还涉及与纳税人相关的两个概念：扣缴义务人和负税人。

（1）扣缴义务人，是指税法规定的、在其经营活动中负有代扣税款并向国库缴纳义务的企业或单位，也称代扣代缴义务人。

（2）负税人，是指最终负担国家征收税款的法人和自然人。纳税人与负税人是两个既有联系又有区别的概念。有的税种税负不易转嫁，税款由纳税人负担，这类税一般称为直接税；有的税种税负较容易转嫁，纳税人虽然纳了税，但是将税负转嫁给了别的法人或自然人，而不负担税收，这类税一般称为间接税。

3.征税对象

征税对象又称课税对象、征税客体，是指对什么征税，是税收法律关系中权利和义务所指的对象。征税对象包括物或行为，它是区分不同税种的主要标志。不同的征税对象构成不同的税种。我国把税收划分为流转税类、所得税类、财产税类、资源税类和行为税类五种类型，就是按照征税对象的不同来进行划分的。

4.税目

税目是指税法中具体规定的征税对象的具体项目，是征税对象的具体化，体现每个税种的税收广度。如消费税设置了烟、酒等15个税目，凡列入税目的即为消费税的应税项目。但不是所有的税种都规定税目，纳税对象简单明确的税种就没有另行规定税目，如增值税、房产税等。

5.税率

税率是指应纳税额与计税依据之间的比例或征收额度，是计算应纳税额的尺度，也是衡量税负轻重的重要标志。税率是税法的核心要素，税率的高低直接关系到国家收入的多少和纳税义务人的负担轻重，因此它是国家税收政策的具体体现。

我国现行的税率主要有以下几种：

（1）比例税率。比例税率是指对同一征税对象，不论其数额大小，均按同一比例征税的税率。我国的增值税、企业所得税等采用的是比例税率。根据不同情况又可将比例税率分为单一比例税率、差别比例税率、幅度比例税率等。

（2）定额税率。定额税率又称固定税率，是指按征税对象的一定计算单位，直接规定固定的税额，而不采用百分比的形式，适用于从量计征的税种。如我国现行消费税中啤酒、黄酒、成品油等税目，城镇土地使用税、车船税等采用了定额税率。

（3）累进税率。累进税率是指根据征税对象数额的大小，规定不同等级的税率。征税对象数额越大，税率越高。累进税率对调节纳税人收入的作用较明显，一般适用于对所得额的征税。累进税率又分为全额累进税率、超额累进税率和超率累进税率三种。

全额累进税率是把征税对象按数额的大小分为若干等级，每个等级规定相应的税率，税率依次提高。当税基超过某个级距时，课税对象的全部数额都按提高后级距的相应税率计税。课税对象的全部数额只适用一个税率。该税率计算简便，但税负不合理，即在两个级距的临界点附近会出现税额增加超过计税依据增加的不合理现象。目前，我国的税收法律制度中已不采用这种税率。

超额累进税率是把征税对象按数额的大小分为若干等级，每一个等级规定一个税率，税率依次提高，每一纳税人的征税对象则依所属等级同时适用几个税率分别核算，将计算结果相加后得出应纳税额。目前，我国的个人所得税采用这种税率。

超率累进税率是把征税对象数额的相对率划分为若干级距，分别规定相应的差别税率，相对率每超过一个级距的，对超过的部分就按高一级的税率征税。目前，我国土地增值税就采用了这种税率。

6.计税依据

计税依据是税收制度中规定计算应纳税额的依据，即根据什么来计算纳税人应缴纳的税额，在理论上也称为税基。计税依据可分为从价计征、从量计征和复合计征三种类型。

（1）从价计征。从价计征是指以计税金额为计税依据计算应纳税额的一种计征方法。计税金额包括收入额、收益额、财产额和资金额等。其计算公式为：

计税金额=征税对象数量×计税价格

应纳税额=计税金额×适用税率

（2）从量计征。从量计征是指以征税对象的数量、重量、长度、容量和面积等计量单位为计税依据计算应纳税额的一种计征方法。其计算公式为：

应纳税额=计税数量×单位适用税额

（3）复合计征。复合计征是指以征税对象的价格和数量为计税依据计算应纳税额的一种计征方法，即同时按照从量、从价两种计税依据计算纳税人应缴纳的税额，以两种计税依据计算的税额之和作为课税对象的税额。其计算公式为：

应纳税额=计税数量×单位适用税额+计税金额×适用税率

7. 纳税环节

纳税环节是指税收规定的征税对象从生产到消费的流转过程中缴纳税款的环节。如流转税在生产和流通环节纳税，所得税在分配环节纳税等。

8. 纳税期限

纳税期限是指纳税人在发生纳税义务后，应向税务机关申报纳税的起止时间。我国税法对不同税种依据不同情况规定了各自的纳税期限。超过纳税期限未缴税的，属于欠税，应依法加收滞纳金。

税法关于纳税期限的规定有三个概念：一是纳税义务发生时间；二是应纳税额的计算期限；三是缴库期限。

（1）纳税义务发生时间。纳税义务发生时间是指应税行为发生的时间。如《增值税暂行条例实施细则》规定采取预收货款方式销售货物的，其纳税义务发生时间为货物发出的当天。

（2）应纳税额的计算期限。纳税人每次发生纳税义务后，不可能马上缴纳税款。税法规定了每种税的应纳税额的计算期限，即每隔固定时间汇总一次纳税义务的时间。纳税人的具体纳税期限，由主管税务机关根据纳税人应纳税额的大小分别核定；不能按照固定期限纳税的，可以按次纳税。

（3）缴库期限。缴库期限即税法规定的纳税期满后，纳税人将应纳税款缴入国库的期限。

9. 纳税地点

纳税地点是指纳税人（包括代征、代扣、代缴义务人）具体缴纳税款的地点。它说明纳税人应向哪里的征税机关申报纳税，或哪里的征税机关有权进行税收管辖的问题。

10. 减免税

减免税是指国家对某些纳税人和课税对象给予鼓励和照顾的一种特殊规定。制定这种特殊规定，一方面是为了鼓励和支持某些行业或项目的发展，另一方面是为了照顾某些纳税人的特殊困难。减免税可以看作对税率的延伸和补充。

减免税主要包括以下三个方面的内容：

（1）减税和免税。减税是指对应征税款减少征收一部分。免税是指对按规定应征收的税款全部免除。减税和免税具体又分为两种情况：一种是税法直接规定的减免税优惠，如民政部门举办的福利生产企业可以减征或免征企业所得税；另一种是依法给予的一定期限内的减免税优惠，期满后仍按规定纳税，例如企业利用废水、废气、废渣等废弃物为主要原料进行生产的，符合税法规定的，可以在5年内减征或免征企业所得税。

（2）起征点。起征点也称征税起点，是指对课税对象开始征税的数额界限。课税对象的数额没有达到规定起征点的不征税；达到或超过起征点的，就其全部数额征税。其目的是照顾收入较少的纳税人，贯彻税收合理负担的原则。

（3）免征额。免征额是指对课税对象总额中免予征税的数额，即对课税对象中的一部分给予减免，只就超过免征额的部分征税。其目的是照顾纳税人的最低需要，体现税收合理负担的原则。

【小知识】

起征点和免征额的区别：课税对象的数额达不到起征点和免征额时都不交税，但是一旦达到起征点需要全额征税，而超过免征额时只对超过的部分征税。

11.法律责任

法律责任是指对违反国家税法规定的行为人采取的惩罚性措施，一般包括违法行为和因违法而承担的法律责任两部分内容。这里讲的违法行为是指违反税法规定的行为，包括作为和不作为。税法中的法律责任包括行政责任和刑事责任。纳税人和税务人员违反税法规定，都将依法承担法律责任。

【做一做】

1.区别不同类型税种的主要标志是（　　）。

A.税率　　　　　　　B.纳税人　　　　　　　C.征税对象　　　　　　D.纳税期限

【答案】C

【解析】区别不同类型税种的主要标志是征税对象。

2.企业所得税的税率形式是（　　）。

A.累进税率　　　　　B.定额税率　　　　　　C.比例税率　　　　　　D.其他税率

【答案】C

【解析】企业所得税的税率形式是比例税率。

【随堂测】

1.按照税收的征收权限和收入支配权限分类，可以将我国税种分为中央税、地方税和中央与地方共享税。下列各项中，属于中央与地方共享税的有（　　）。

A.增值税　　　　　　B.土地增值税　　　　　C.企业所得税　　　　　D.资源税

【答案】ACD

2.下列税种中属于从价税的有（　　）。

A.增值税　　　　　　B.消费税　　　　　　　C.企业所得税　　　　　D.个人所得税

【答案】AD

3.下列各项中属于税法最基本要素的有（　　）。

A.征税人　　　　　　B.纳税义务人　　　　　C.征税对象　　　　　　D.计税依据

【答案】BC

4.下列属于税收的作用的有（　　　）。

A.税收是国际经济交往中维护国家利益的可靠保证

B.税收是国家调控经济运行的重要手段

C.税收是国家组织财政收入的主要形式

D.税收具有维护国家政权的作用

【答案】ABCD

5.在下列税种中，属于财产税类的是（　　　）。

A.房产税　　　　　　B.增值税　　　　　　C.车辆购置税　　　　　D.企业所得税

【答案】A

6.按照主权国家行使税收管辖权的不同，可将税法分为（　　　）。

A.国内税法　　　　　B.国际税法　　　　　C.外国税法　　　　　　D.通用税法

【答案】ABC

7."由于税收具有固定性，所以税收一经确定，就不会再发生变动。"这种说法正确吗？

【答案】错

【解析】固定性是指税收法律法规预先规定了各项征税内容的标准，并有一个比较稳定的纳税期限，但不意味着不会再发生变动。

【延伸阅读】

后疫情时代，税收政策促进我国经济高质量发展

任务二　　　　　　　　　　增值税

【任务描述】

在生产经营的过程中，企业交纳的主要税种之一是增值税，学生需要掌握增值税的概念、特点、纳税人、征税范围、税率等理论知识，分小组讨论案例，通过探究及学习，掌握增值税应纳税额的计算。

【案例导入】

某电器商场为增值税一般纳税人，2022年5月份发生如下业务：

1.销售空调取得含税收入267 188.5元，同时收取空调安装费36 838元。

2.销售电视机150台，含税零售价为3 955元/台。

3.购进商场自用的收款机一批，增值税专用发票上注明价款为18 000元，增值税税额为2 340元。

4.购进电冰箱200台，不含税价为1 800元/台；购进热水器50台，不含税价为1 200

元/台；另支付运费10 000元（不含税）。以上业务均已付款并取得增值税专用发票。

要求：计算该商场2022年5月份应纳增值税税额。

【案例解析】

2022年5月份销项税额：

1.销售空调的增值税销项税额＝（267 188.5＋36 838）÷（1＋13%）×13%＝34 976.5（元）

2.销售电视机的增值税销项税额＝150×3 955÷（1＋13%）×13%＝68 250（元）

2022年5月份可抵扣进项税额：

1.购进收款机应抵扣的增值税进项税额为2 340元。

2.购进电冰箱和热水器应抵扣的进项税额＝200×1 800×13%＋50×1 200×13%＋10 000×9%＝55 500（元）

该商场2022年5月份应纳增值税税额＝34 976.5＋68 250－2 340－55 500＝45 386.5（元）

【任务分析】

计算增值税的应纳税额，首先要熟练掌握增值税的征税人、征税范围、税目和税率，在此基础上根据业务类型进行应纳税额的计算，并进一步掌握各税种纳税义务发生时间、纳税期限、纳税地点等方面的规定。

【知识准备】

一、增值税的概念和分类

增值税是以商品（含应税劳务）在流转过程中产生的增值额为征收对象而征收的一种流转税。所谓增值额，是指纳税人在生产、经营或劳务、服务活动中所创造的新增价值，以及纳税人在一定时期内销售商品或提供劳务、服务所取得的收入大于其购进商品或取得劳务时所支付金额的差额。

增值税按照对购入固定资产已纳税款的处理方式不同，可以划分为生产型增值税、收入型增值税和消费型增值税三种。

（1）生产型增值税，是指在计算增值税税额时，只允许从当期销项税额中扣除原材料等劳动对象的已纳税款，不允许扣除任何外购的固定资产的增值税，对于整个社会而言，增值额相当于国民生产总值，故称为"生产型增值税"。

（2）收入型增值税，是指在计算增值税税额时，除扣除中间产品已纳税款外，还允许在当期销项税额中扣除折旧部分所含税金，对于整个社会而言，增值额相当于国民收入，故称为"收入型增值税"。

（3）消费型增值税，是指在计算增值税税额时，对纳税人购入固定资产的已纳税款，允许一次性地从当期销项税额中全部扣除，从而使纳税人用于生产应税产品的全部外购生产资料都不负担税款，对于整个社会而言，这部分商品实际上没有征税，所以说，这种类型的增值税的课税对象不包括生产资料部分，仅限于当期生产销售的所有消费品，故称为"消费型增值税"。消费型增值税以销售收入总额减去所购中间产品价值与固定资产投资额后的余额为税基。

我国现行增值税属于消费型增值税。

【做一做】

下列各项中，属于消费型增值税特征的是（　　　）。

A.允许一次性全部扣除外购固定资产所含的增值税

B.允许扣除外购固定资产计入产品价值的折旧部分所含的增值税

C.不允许扣除任何外购固定资产的价款

D.上述说法都不正确

【答案】A

【小知识】

我国增值税发展历程

现行增值税是被众多国家采用的一种影响较为广泛的税种，1954年在法国正式提出并创立，历经60余年，增值税已经发展成为一个国际性大税种，在现代税制改革中担当着重要的角色。

我国自1979年引进并试行增值税，由于增值税核算的相对复杂性与当时我国税收管理的落后，逐步在产品税的基础上进行试点。因此，当时虽然被称为增值税，但实际上是对产品税的一种改良，试点范围也有限。

1984年，在试点的基础上，结合第二步"利改税"，正式颁布《中华人民共和国增值税条例（草案）》，自1984年10月1日起试行，标志着我国正式确定实行增值税制度。但是，增值税主要针对规定的部分货物的生产和进口，并形成产品税、营业税、增值税共存格局。

1993年12月13日，国务院颁布了《中华人民共和国增值税暂行条例》，规定在中华人民共和国境内销售货物或者提供加工、修理修配劳务以及进口货物的单位和个人，为增值税的纳税义务人。12月25日，财政部下发了《中华人民共和国增值税暂行条例实施细则》，同时于1994年1月1日起施行。这次改革采用生产型增值税，并形成增值税与营业税共存的格局。

2009年1月1日，财政部出台《财政部　国家税务总局关于全国实施增值税转型改革若干问题的通知》（财税〔2008〕170号），在全国范围内实施增值税由生产型向消费型的转型，从政府层面确立了消费型增值税。

2012年1月1日，经国务院批准，在上海交通运输业和部分现代服务业开展营业税改征增值税试点，我国在税制改革上走入营业税改征增值税的道路。2013年8月1日，"营改增"推广到全国试行。2014年，将铁路运输业、邮政服务业和电信业先后纳入"营改增"试点范围。2016年5月1日，全国范围内将营业税征收范围全部改为征收增值税，包括房地产及建筑业、金融服务业、生活服务业。2017年至今，增值税改革主要以减税并档为主调整税率水平。

二、增值税的征税范围

（一）征税范围的基本规定

凡在中华人民共和国境内发生销售货物、加工修理修配劳务，进口货物，销售服务、无形资产、不动产（以下统称应税行为），均属于增值税征税范围。

（1）销售货物。货物是指有形动产，包括电力、热力、气体在内。销售货物，是指有偿转让货物的所有权。有偿，是指从购买方取得货币、货物或者其他经济利益。

（2）提供加工、修理修配劳务。加工是指受托加工货物，即委托方提供原料及主要材料，受托方按照委托方的要求，制造货物并收取加工费的业务。修理修配是指受托对损伤和丧失功能的货物进行修复，使其恢复原状和功能的业务。提供加工、修理修配劳务，是指有偿提供加工、修理修配劳务。但单位或个体经营者聘用的员工为本单位或雇主提供的加工、修理修配劳务，不包括在内。

（3）进口货物。进口货物是指申报进入中国海关境内的货物。我国增值税法律制度规定，只要是报关进口的应税货物，均属于增值税的征收范围，除享受免税政策外，在进口环节缴纳增值税。

（4）销售服务。销售服务是指提供交通运输服务、邮政服务、电信服务、建筑服务、金融服务、现代服务、生活服务七项内容。

交通运输服务，是指利用运输工具将货物或者旅客送达目的地，使其空间位置得到转移的业务活动，包括陆路运输服务、水路运输服务、航空运输服务和管道运输服务。

邮政服务，是指中国邮政集团公司及其所属邮政企业提供邮件寄递、邮政汇兑和机要通信等邮政基本服务的业务活动，包括邮政普遍服务、邮政特殊服务和其他邮政服务。

电信服务，是指利用有线、无线的电磁系统或者光电系统等各种通信网络资源，提供语音通话服务，传送、发射、接收或者应用图像、短信等电子数据和信息的业务活动，包括基础电信服务和增值电信服务。

建筑服务，是指各类建筑物、构筑物及其附属设施的建造、修缮、装饰，线路、管道、设备、设施等的安装以及其他工程作业的业务活动，包括工程服务、安装服务、修缮服务、装饰服务和其他建筑服务。

金融服务，是指经营金融保险的业务活动，包括贷款服务、直接收费金融服务、保险服务和金融商品转让。

现代服务，是指围绕制造业、文化产业、现代物流产业等提供技术性、知识性服务的业务活动，包括研发和技术服务、信息技术服务、文化创意服务、物流辅助服务、租赁服务、鉴证咨询服务、广播影视服务、商务辅助服务和其他现代服务。

生活服务，是指为满足城乡居民日常生活需求提供的各类服务活动，包括文化体育服务、教育医疗服务、旅游娱乐服务、餐饮住宿服务、居民日常服务和其他生活服务。

（5）销售无形资产。销售无形资产是指转让无形资产所有权或者使用权的业务活动。无形资产包括技术、商标、著作权、商誉、自然资源使用权和其他权益性无形资产。

（6）销售不动产。销售不动产是指转让不动产所有权的业务活动。不动产包括建筑物（住宅、商业营业用房、办公楼等）、构筑物（道路、桥梁、隧道等）等。转让建筑物有限产权或者永久使用权的，转让在建建筑物或者构筑物所有权的，以及在转让建筑物或者构筑物时一并转让其所占土地的使用权的，按照销售不动产缴纳增值税。

【做一做】

根据增值税法律制度的规定，下列各项中，属于增值税征收范围的有（　　　）。

A.进口货物　　　　B.出售自用房屋　　　C.汽车修理　　　　D.服装加工

【答案】ABCD

（二）征收范围的特殊规定

1.视同销售货物

单位或个体经营者的下列行为，视同销售货物：

（1）将货物交付其他单位或者个人代销。

（2）销售代销货物。

（3）设有两个以上机构并实行统一核算的纳税人，将货物从一个机构移送其他机构用于销售，但相关机构设在同一县（市）的除外。

（4）将自产或委托加工的货物用于非增值税应税项目。

（5）将自产、委托加工的货物用于集体福利或个人消费。

（6）将自产、委托加工或购进的货物作为投资，提供给其他单位或个体工商户。

（7）将自产、委托加工或购进的货物分配给股东或投资者。

（8）将自产、委托加工或购进的货物无偿赠送其他单位或个人。

上述第（5）项所称"集体福利或个人消费"是指企业内部设置的供职工使用的食堂、浴室、理发室、宿舍、幼儿园等福利设施及设备、物品等，或者以福利、奖励、津贴等形式发放给职工个人的物品。

【做一做】

下列各项中，属于视同销售货物，应征收增值税的有（　　　）。

A.某商场为饮料厂代销饮料

B.某企业将自产的货物用于职工内部食堂

C.某食品厂将自产的食品捐赠给福利院

D.某企业将外购的原材料用于基建工程

【答案】ABC

2.视同销售服务、无形资产或者不动产

下列情形视同销售服务、无形资产或者不动产：

（1）单位或者个体工商户向其他单位或者个人无偿提供服务，但用于公益事业或者以社会公众为对象的除外。

（2）单位或者个人向其他单位或者个人无偿转让无形资产或者不动产，但用于公益事业或者以社会公众为对象的除外。

（3）财政部和国家税务总局规定的其他情形。

3.混合销售

一项销售行为如果既涉及货物又涉及服务，为混合销售。从事货物的生产、批发或者零售的单位和个体工商户的混合销售行为，按照销售货物缴纳增值税；其他单位和个体工商户的混合销售行为，按照销售服务缴纳增值税。

上述从事货物的生产、批发或者零售的单位和个体工商户，包括以从事货物的生产、批发或者零售为主，并兼营销售服务的单位和个体工商户在内。

从2017年5月起，纳税人销售活动板房、机器设备、钢结构件等自产货物的同时提供建筑、安装服务，不属于混合销售，应分别核算货物和建筑、安装服务的销售额，分别适用不同的税率和征收率。

【做一做】

下列各项中，属于增值税混合销售行为的有（　　　）。

A.某地板商在销售地板的同时提供安装服务

B.某商场在销售货物的同时提供送货服务

C.某歌厅在提供娱乐服务的同时销售烟酒食品

D.某企业将外购的原材料用于基建工程

【答案】ABC

4.兼营

兼营是指纳税人的经营范围既包括销售货物和应税劳务，又包括销售服务、无形资产或者不动产。与混合销售行为不同的是，兼营是指销售货物、劳务、服务、无形资产或者不动产不同时发生在同一购买者身上，也不发生在同一项销售行为中。

纳税人兼营销售货物、劳务、服务、无形资产或者不动产，适用不同税率或者征收率的，应当分别核算适用不同税率或者征收率的销售额；未分别核算销售额的，按照以下方法适用税率或者征收率：

（1）兼有不同税率的销售货物、加工修理修配劳务以及销售服务、无形资产或者不动产，从高适用税率。

（2）兼有不同征收率的销售货物、加工修理修配劳务以及销售服务、无形资产或者不动产，从高适用征收率。

（3）兼有不同税率和征收率的销售货物、加工修理修配劳务以及销售服务、无形资产或者不动产，从高适用税率。

【小思考】

你是否能区分混合销售和兼营？请分别举例进行说明。

三、增值税的纳税人

增值税纳税人是指税法规定负有缴纳增值税义务的单位和个人。在中华人民共和国境内（以下称境内）销售货物或者提供加工、修理修配劳务，销售服务、无形资产或者不动产（以下称应税行为）以及进口货物的单位和个人，为增值税纳税人。单位是指企业、行政单位、事业单位、军事单位、社会团体及其他单位；个人是指个体工商户和其他个人。

按照经营规模的大小和会计核算健全与否等标准，增值税纳税人可分为一般纳税人和小规模纳税人。

（一）增值税一般纳税人

增值税一般纳税人是指年应征增值税销售额（以下简称"年应税销售额"，包括一个公历年度内的全部应税销售额）超过财政部、国家税务总局规定的小规模纳税人标准的企业和企业性单位。

（二）增值税小规模纳税人

增值税小规模纳税人是指年应税销售额在规定标准之下，并且会计核算不健全，不能按规定报送有关税务资料的增值税纳税人。

根据《增值税暂行条例实施细则》和财政部、税务总局发布的《关于统一增值税小规模纳税人标准的通知》（财税〔2018〕33号）的规定，小规模纳税人的认定标准是：年应征增值税销售额500万元及以下。

小规模纳税人会计核算健全、能够提供准确税务资料的，可以向主管税务机关申请一般纳税人资格认定，成为一般纳税人。

【做一做】

按照现行规定，下列纳税人符合一般纳税人年应税销售额认定标准的是（　　）。

A.年应税销售额120万元的从事货物零售的纳税人

B.年应税销售额600万元的从事货物生产的纳税人

C.年应税销售额300万元的从事货物生产的纳税人

D.年应税销售额200万元的从事货物批发的纳税人

【答案】B

（三）增值税的扣缴义务人

中华人民共和国境外（以下称境外）的单位或者个人在境内发生应税行为，在境内未设有经营机构的，以购买方为增值税扣缴义务人。扣缴义务人按照下列公式计算应扣缴税额：

应扣缴税额=接受方支付的价款÷（1+税率）×税率

四、增值税税率

（一）基本税率

增值税的基本税率为13%，适用范围包括：

（1）一般纳税人销售或者进口货物，除《增值税暂行条例》列举的外，税率均为13%。

（2）一般纳税人提供加工、修理修配劳务，税率为13%。

（3）一般纳税人提供有形动产租赁服务，税率为13%。

（二）低税率

除基本税率以外，我国规定了9%和6%两档低税率：

（1）一般纳税人销售交通运输服务、邮政服务、基础电信服务、建筑服务、不动产租赁服务，销售不动产，转让土地使用权，税率为9%。

（2）一般纳税人销售现代服务（有形动产租赁除外）、增值电信服务、金融服务、生活服务、无形资产（转让土地使用权除外），税率为6%。

（3）一般纳税人销售或者进口下列货物，税率为9%：

①粮食等农产品、食用植物油、食用盐。

②自来水、暖气、冷气、热水、煤气、石油液化气、天然气、二甲醚、沼气、居民用煤炭制品。

③图书、报纸、杂志、音像制品、电子出版物。

④饲料、化肥、农药、农机、农膜。

⑤国务院规定的其他货物。

（三）零税率

纳税人出口货物，一般适用零税率，国务院另有规定的除外。跨境销售服务、无形资产或者不动产行为，税率为零，具体范围由财政部和国家税务总局另行规定。

（四）征收率

增值税征收率一般为3%，主要适用于小规模纳税人和一般纳税人采用简易办法的计税项目。财政部和国家税务总局另有规定的除外。

增值税税率及征收率见表3-1。

表3-1　　　　　　　　　　　　　增值税税率及征收率

税　率		适用范围
基本税率	13%	适用于绝大多数征税对象： 1.销售或者进口除税法另有规定的货物 2.提供加工、修理修配劳务 3.提供有形动产租赁服务
低税率	9%	1.粮食等农产品、食用植物油、食用盐 2.自来水、暖气、冷气、热水、煤气、石油液化气、天然气、二甲醚、沼气、居民用煤炭制品 3.饲料、化肥、农药、农机、农膜 4.图书、报纸、杂志、音像制品、电子出版物 5.国务院规定的其他货物
		交通运输服务、邮政服务、基础电信服务、建筑服务、不动产租赁服务，销售不动产，转让土地使用权
	6%	提供增值电信服务、金融服务、现代服务（有形动产租赁服务适用13%，不动产租赁服务适用9%）、生活服务和销售无形资产（转让土地使用权适用9%）
零税率	0	纳税人出口货物或发生"营改增"跨境应税行为
征收率	3%	小规模纳税人以及一般纳税人选择简易办法计税的，征收率为3%。另有规定的除外

【做一做】

根据增值税有关规定，下列产品中，适用9%的低税率的有（　　　）。

A.农机配件　　　　　　　　　　　B.自来水

C.饲料　　　　　　　　　　　　　D.企业用煤炭

【答案】BC

五、增值税一般纳税人应纳税额的计算

我国增值税实行扣税法。一般纳税人凭增值税专用发票及其他合法扣税凭证注明的税款进行抵扣，其应纳增值税的计算公式为：

应纳增值税=当期销项税额-当期进项税额

　　　　　=当期销售额×适用税率-当期进项税额

如果当期销项税额小于进项税额不足抵扣时，其不足抵扣的部分可以结转到下期继续抵扣。

（一）销项税额的计算

销项税额是指纳税人发生应税行为时，按照销售额和规定的税率计算并向购买方收取的增值税税额。其计算公式为：

销项税额=销售额×适用税率

一般纳税人销售货物或者应税劳务取得的含税销售额在计算销项税额时，必须换算为不含税的销售额。换算公式为：

不含税销售额=含税销售额÷（1+税率）

1.一般销售方式下销售额的确定

销售额是指纳税人发生应税行为时向购买方收取的全部价款和价外费用。价外费用是指随同发生的应税行为价外向购买方收取的各种性质的费用，但不包括向购买方收取的销项税额。所谓价外费用，包括价外向购买方收取的手续费、补贴、基金、集资费、返还利润、奖励费、违约金、滞纳金、延期付款利息、赔偿金、代收款项、代垫款项、包装费、包装物租金、储备费、优质费、运输装卸费以及其他各种性质的价外收费。但下列项目不包括在内：

（1）受托加工应征消费税的消费品所代收代缴的消费税。

（2）同时符合以下条件的代垫运费：承运部门的运输费用发票开具给购买方的；纳税人将该项发票转交给购货方的。

（3）同时符合以下条件代为收取的政府性基金或者行政事业性收费：由国务院或者财政部批准设立的政府性基金，由国务院或者省级人民政府及其财政、价格主管部门批准设立的行政事业性收费；收取时开具省级以上财政部门印制的财政票据；所收款项全额上缴财政。

（4）销售货物的同时代办保险等而向购买方收取的保险费，以及向购买方收取的代购买方缴纳的车辆购置税、车辆牌照费。

【做一做】

增值税应税销售额中的价外费用应包括（　　　）。

A.应税行为价外向购买方收取的手续费

B.应税行为价外向购买方收取的延期付款利息

C.应税行为价外向购买方收取的运输装卸费

D.应税行为价外向购买方收取的违约金

【答案】ABCD

2.视同销售销售额的确定

税法规定，对视同销售征税而无销售额的以及价格明显偏低并无正当理由的，按下列顺序确定其销售额：

①按纳税人最近时期同类货物的平均销售价格确定。

②按其他纳税人最近时期同类货物的平均销售价格确定。

③按组成计税价格确定。

组成计税价格的公式如下：

组成计税价格=成本×（1+成本利润率）

属于应征消费税的货物，其组成计税价格中应加计消费税税额。

组成计税价格=成本×（1+成本利润率）+消费税税额

=成本×（1+成本利润率）÷（1-消费税税率）

属于进口货物，组成计税价格应包括关税，属于应征消费税的货物，其组成计税价格中应加计消费税税额。

组成计税价格=关税完税价格+关税+消费税税额

公式中的成本，销售自产货物的为实际生产成本，销售外购货物的为实际采购成本。公式中的成本利润率由国家税务总局确定为10%。但属于从价定率征收消费税的货物，其组成计税价格公式中的成本利润率，为《消费税若干具体问题的规定》中规定的成本利润率。

【做一做】

下列各项中，视同销售行为计税价格确定方法正确的有（　　　）。

A.为纳税人生产的同类产品的当月销售价格，如果当月同类消费品销售价格高低不同，应按加权平均价格计算

B.按同类商品的最高市价计算

C.按生产成本加利润计算

D.当月无销售价格的，应按照同类消费品上月或最近月份的销售价格计算

E.没有同类消费品销售价格时，按照组成计税价格计算

【答案】ADE

3.特殊销售方式下销售额的确定

（1）采取折扣方式销售。纳税人采取折扣方式销售货物或者提供应税服务，如果销售额和折扣额在同一张发票上分别注明，可按折扣后的销售额征收增值税；未在同一张发票上分别注明的，以价款为销售额，不得扣减折扣额。

（2）以旧换新方式销售。税法规定，采取以旧换新方式销售货物的，应按新货物的同期销售价格确定销售额，不得扣减旧货物的收购价格。

（3）采取还本方式销售。税法规定，采取还本方式销售货物，其销售额就是货物的销售价格，不得从销售额中减除还本支出。

（4）采取以物易物方式销售。采取以物易物方式销售时，以物易物双方都应作购销处理，以各自发出的货物核算销售额并计算销项税额，以各自收到的货物按规定核算购货额并计算进项税额。

（5）包装物押金的税务处理。根据税法规定，纳税人为销售货物而出借包装物收取的押金，单独记账核算，时间在1年以内，又未过期的，不并入销售额征税，但对因逾期未收回包装物不再退还的押金，应按所包装货物的适用税率计算销项税额。对销售除啤酒、黄酒以外的其他酒类产品而收取的包装物押金，无论是否返还以及会计上如何核算，均应并入当期销售额征税。

4."营改增"业务销售额的特殊规定

（1）贷款服务，以提供贷款服务取得的全部利息及利息性质的收入为销售额。

（2）直接收费金融服务，以提供直接收费金融服务收取的手续费、佣金、酬金、管理费、服务费、经手费、开户费、过户费、结算费、转托管费等各类费用为销售额。

（3）金融商品转让，按照卖出价扣除买入价后的余额为销售额。

（4）经纪代理服务，以取得的全部价款和价外费用，扣除向委托方收取并代为支付的政府性基金或者行政事业性收费后的余额为销售额。

（5）航空运输企业的销售额，不包括代收的机场建设费和代售其他航空运输企业客票而代收转付的价款。

（6）试点纳税人中的一般纳税人提供客运场站服务，以其取得的全部价款和价外费用，扣除支付给承运方运费后的余额为销售额。

（7）试点纳税人提供旅游服务，可以选择以取得的全部价款和价外费用，扣除向旅游服务购买方收取并支付给其他单位或者个人的住宿费、餐饮费、交通费、签证费、门票费和支付给其他接团旅游企业的旅游费用后的余额为销售额。

（8）试点纳税人提供建筑服务适用简易计税方法的，以取得的全部价款和价外费用扣除支付的分包款后的余额为销售额。

（9）房地产开发企业中的一般纳税人销售其开发的房地产项目（选择简易计税方法的房地产老项目除外），以取得的全部价款和价外费用，扣除受让土地时向政府部门支付的土地价款后的余额为销售额。

【做一做】

某工业企业为增值税一般纳税人，2022年6月以以旧换新方式销售电机500台，每台旧电机作价160元，按照出厂价扣除旧货价，实际取得不含税销售收入310 000元。该电机同期不含税销售单价为780元/台。计算该笔业务的销项税额。

【解析】

该笔业务销项税额=780×500×13%=50 700（元）

（二）进项税额的计算

进项税额是指纳税人购进货物、加工修理修配劳务、服务、无形资产或者不动产，支付或者负担的增值税额。在开具增值税专用发票的情况下，销售方收取的销项税额，就是购买方支付的进项税额。

1.准予从销项税额中抵扣的进项税额

（1）从销售方取得的增值税专用发票（含税控机动车销售统一发票，下同）上注明的增值税额。

（2）从海关取得的海关进口增值税专用缴款书上注明的增值税额。

（3）购进农产品，除取得增值税专用发票或者海关进口增值税专用缴款书外，按照农产品收购发票或者销售发票上注明的农产品买价和10%（或9%）的扣除率计算的进项税额。计算公式为：

进项税额=买价×扣除率

（4）从境外单位或者个人购进服务、无形资产或者不动产，自税务机关或者扣缴义务人取得的解缴税款的完税凭证上注明的增值税额。

2.不得从销项税额中抵扣的进项税额

纳税人取得的增值税扣税凭证不符合法律、行政法规或者国家税务总局有关规定的，其进项税额不得从销项税额中抵扣。

下列项目的进项税额不得从销项税额中抵扣：

（1）用于简易计税方法计税项目、免征增值税项目、集体福利或者个人消费的购进货物、加工修理修配劳务、服务、无形资产和不动产。

（2）非正常损失的购进货物，以及相关的加工修理修配劳务和交通运输服务。

（3）非正常损失的在产品、产成品所耗用的购进货物（不包括固定资产）、加工修理修配劳务和交通运输服务。

（4）非正常损失的不动产，以及该不动产所耗用的购进货物、设计服务和建筑服务。

（5）非正常损失的不动产在建工程所耗用的购进货物、设计服务和建筑服务。纳税人新建、改建、扩建、修缮、装饰不动产，均属于不动产在建工程。

（6）购进的贷款服务、餐饮服务、居民日常服务和娱乐服务。

（7）财政部和国家税务总局规定的其他情形。

上述第（4）项、第（5）项所称货物，是指构成不动产实体的材料和设备，包括建筑装饰材料和给排水、采暖、卫生、通风、照明、通讯、煤气、消防、中央空调、电梯、电气、智能化楼宇设备及配套设施。

非正常损失，是指因管理不善造成货物被盗、丢失、霉烂变质以及因违反法律法规造成货物被依法没收、销毁、拆除的情形。

【做一做】

某工业企业为增值税一般纳税人，2022年8月发生以下经济业务：

1.7日，购入A材料一批，取得的增值税专用发票上注明的价款为500 000元，增值税税率为13%。该批材料的运费由买方承担，取得的运输公司开具的增值税专用发票上注明的运费为20 000元，增值税税率为9%。

2.9日，从某房地产开发商处购入办公用房一套，取得的增值税专用发票注明的买价为600 000元。

3.12日，购入一台机器设备，取得的增值税专用发票上注明的买价为80 000元。

4.16日，在某写字楼租入房屋两套并支付了租金，取得的增值税专用发票上注明的租金为90 000元。

5.19日，购入专利权一项，取得的增值税专用发票上注明的买价为60 000元。

要求：请计算该企业2022年8月可抵扣的进项税额。

【解析】

业务1可抵扣的进项税额=500 000×13%+20 000×9%=66 800（元）

业务2可抵扣的进项税额=600 000×9%=54 000（元）

业务3可抵扣的进项税额=80 000×13%=10 400（元）

业务4可抵扣的进项税额=90 000×9%=8 100（元）

业务5可抵扣的进项税额=60 000×6%=3 600（元）

2022年5月可抵扣的进项税额=65 000+1 800+54 000+10 400+8 100+3 600=142 900（元）

六、简易计税方法应纳税额的计算

增值税小规模纳税人，以及一般纳税人发生特殊业务，按简易计税方法计算应纳税额。例如，一般纳税人提供的公共交通服务、电影放映服务、仓储服务等均可以选择简易计税方法纳税。但一经选择，36个月内不得变更。

实行增值税简易征收办法的，按销售额和征收率计算应纳税额，不得抵扣进项税额。其应纳税额计算公式为：

应纳税额=（不含税）销售额×征收率

（不含税）销售额=含税销售额÷（1+征收率）

【做一做】

某零售商店为小规模纳税人，2022年8月取得的含增值税销售额为51.5万元，购入商品取得的普通发票上注明的货物金额为70 000元，增值税税率为13%，征收率为3%，计算该零售店2022年8月的增值税应纳税额。

【解析】

该商店为小规模纳税人，所以应按简易办法征收增值税，进项税额不得扣除。该零售店2022年8月的增值税应纳税额=51.5÷（1+3%）×3%=1.5（万元）。

七、增值税的征收管理

（一）纳税义务的发生时间

纳税人发生应税销售行为，其增值税纳税义务发生时间为收讫销售款项或者取得索取销售款项凭据的当天，先开具发票的，为开具发票的当天。按销售结算方式不同，具体规定如下：

（1）采用直接收款方式销售货物，不论货物是否发出，均为收到销售款或者取得索取销售款凭证的当天；先开具发票的，为开具发票的当天。

（2）采取托收承付和委托银行收款方式销售货物，为发出货物并办妥托收手续的当天。

（3）采取赊销和分期收款方式销售货物，为书面合同约定的收款当天，无书面合同或者书面合同没有约定收款日期的，为货物发出的当天。

（4）采取预收货款方式销售货物，为货物发出的当天；但生产销售生产工期超过12个月的大型机械设备、船舶、飞机等货物，为收到预收款或者书面合同约定的收款日期的当天。

纳税人提供有形动产租赁服务采取预收款方式的，其纳税义务发生时间为收到预收款的当天。

纳税人提供建筑服务、租赁服务采取预收款方式的，其纳税义务发生时间为收到预收款的当天。

（5）委托其他纳税人代销货物，为收到代销单位的代销清单或者收到全部或者部分货款的当天。未收到代销清单及货款的，为发出代销货物满180天的当天。

（6）纳税人从事金融商品转让的，为金融商品所有权转移的当天。

（7）纳税人发生视同销售货物行为，为货物移送的当天。纳税人发生视同销售服务、无形资产或者不动产行为的，其纳税义务发生时间为销售服务、无形资产或者不动产权属变更的当天。

（8）纳税人进口货物，纳税义务发生时间为报关进口的当天。

（9）增值税扣缴义务发生时间为纳税人增值税纳税义务发生的当天。

（二）纳税期限

增值税的纳税期限分别为1日、3日、5日、10日、15日、1个月或者是1个季度，纳税人的具体纳税期限，由主管税务机关根据纳税人应纳税额的大小分别核定；以1个季度为纳税期限的规定适用于小规模纳税人以及财政部和国家税务总局规定的其他纳税人；不能按照固定期限纳税的，可以按次纳税。

纳税人以1个月或者1个季度为一个纳税期限的，自纳税期满之日起15日内申报纳税；以1日、3日、5日、10日或者15日为一个纳税期的，自期满之日起5日内预缴税款，于次月1日起15日内申报纳税并结清上月应纳税款。

纳税人进口货物，应当自海关填发税款缴纳凭证之日起15日内缴纳税款。

（三）纳税地点

固定业户应当向其机构所在地的主管税务机关申报纳税。固定业户到外县（市）销售货物或者应税劳务，应当向其机构所在地主管税务机关申请开具"外出经营活动税收管理证明"，并向其机构所在地主管税务机关申报纳税。未开具该证明的，应当向销售地或者劳务发生地的主管税务机关申报纳税。

非固定业户销售货物或者提供应税劳务，应当向销售地或者劳务发生地的主管税务机关申报纳税。进口货物向报关地海关申报纳税。

扣缴义务人应当向其机构所在地或者居住地主管税务机关申报缴纳其扣缴的税款。

【小知识】

增值税征收率简并合一

财政部、国家税务总局2014年6月13日发布《关于简并增值税征收率政策的通知》，决定简并和统一增值税征收率，将原来适用于特定一般纳税人的6%和4%的增值税征收率统一调整为3%，自2014年7月1日起执行。

一是将原按照简易办法依照4%征收率减半征收增值税的项目调整为"按照简易办法依照3%征收率减按2%征收增值税"。涉及的范围是：一般纳税人销售自己使用过的属于《增值税暂行条例》第十条规定不得抵扣且未抵扣进项税额的固定资产；纳税人销售旧货等。

二是将"依照6%征收率"调整为"依照3%征收率"。首先，一般纳税人销售自产的下列货物：县级及县级以下小型水力发电单位生产的电力；建筑用和生产建筑材料所用的砂、土、石料；以自己采掘的砂、土、石料或其他矿物连续生产的砖、瓦、石灰（不含黏土实心砖、瓦）；用微生物、微生物代谢产物、动物毒素、人或动物的血液或组织制成的生物制品；自来水；商品混凝土（仅限于以水泥为原料生产的水泥混凝土）。其次，属于一般纳税人的自来水公司销售自来水。

三是将"依照4%征收率"调整为"依照3%征收率"。涉及的范围是：寄售商店代销寄售物品（包括居民个人寄售的物品在内）；典当业销售死当物品；经国务院或国务院授权机关批准的免税商店零售的免税品。

根据测算，新政策每年将为相关领域企业减轻税负约240亿元。这个数额虽然占我国增值税总收入的比例不大，但调整涉及的行业如小型水力发电、自来水等，大多和民生、就业高度相关，将能够很好地起到减轻企业和消费者负担、增加就业岗位的作用，有利于稳增长、促改革、调结构、惠民生。

资料来源　曾金华，崔文苑．增值税征收率将简并统一［EB/OL］.［2014-06-19］. http://www.qstheory.cn/economy/2014-06/19/c_1111219787.htm.

【随堂测】

一、选择题

1.增值税是对从事销售货物或者加工、修理修配劳务，以及进口货物的单位和个人征收的一种流转税，以（　　）为计税依据。

A.销售额　　　　B.营业额　　　　C.增值额　　　　D.收入额

【答案】C

2.目前，我国现行的增值税属于（　　）。

A.消费型增值税　　　　　　B.收入型增值税

C.生产型增值税　　　　　　D.积累型增值税

【答案】A

3.下列各项中，不属于增值税征收范围的是（　　）。

A.提供通信服务　　　　　　B.个人提供授课服务

C.提供金融服务　　　　　　D.提供旅游服务

【答案】B

4.一般纳税人2022年6月购进货物的买价为1 200万元，购进按固定资产核算的不动产的买价为300万元。已知该企业适用的增值税税率为13%，则该一般纳税人可抵扣的进项税额为（　　）万元。

A.156　　　　B.179.4　　　　C.195　　　　D.215.4

【答案】C

5.下列不属于增值税的特点是（　　）。

A.实行价外税

B.统一实行规范化的购进扣税法

C.对不同经营规模的纳税人，采取不同的计税方法

D.实行价内税

【答案】D

6.某企业为增值税小规模纳税人，2022年5月取得销售收入（含增值税）95 400元，购进原材料支付价款（含增值税）36 400元。根据增值税法律制度的规定，该企业2022年5月应缴纳的增值税税额为（　　）元。

A.2 778.64　　　　B.5 724　　　　C.5 400　　　　D.3 540

【答案】A

7.下列行为中，涉及的进项税额不得从销项税额中抵扣的是（　　）。

A.将外购的货物分配给股东

B.将外购的货物无偿赠送他人

C.将外购的货物用于本单位集体福利

D.将外购的货物作为投资提供给其他单位

【答案】C

8.下列属于免税项目的是（　　）。

A.电力　　　　B.化肥　　　　C.冷气　　　　D.古旧图书

【答案】D

9.下列各项，属于交通运输业服务交增值税的项目是（　　）。

A.管道运输服务　　　　　　　　　B.邮政普通服务

C.安装服务　　　　　　　　　　　D.物流辅助服务

【答案】A

10.下列各项，适用增值税税率9%的是（　　）。

A.销售自产的化妆品　　　　　　　B.增值电信服务

C.交通运输服务　　　　　　　　　D.修理修配劳务

【答案】C

11.下列货物适用13%税率的是（　　）。

A.暖气　　　　　　　　　　　　　B.居民用煤炭

C.图书　　　　　　　　　　　　　D.铁

【答案】D

12.纳税人采用折扣方式销售货物时，折扣额不征收增值税的是（　　）。

A.销售额与折扣额分别开发票

B.销售额与折扣在同一张发票中分别注明

C.折扣额没有开具发票

D.销售额没有开具发票

【答案】B

二、计算题

1.甲企业为增值税一般纳税人，主要生产食品，2022年5月份将试制的200盒新型蛋糕发给本企业职工，每盒蛋糕的生产成本为65元，成本利润率为10%。

要求：

（1）假设同行业类似企业近期销售的同类蛋糕产品的不含税售价为每盒80元，请计算甲企业该业务的销项税额。

（2）假设该蛋糕无同类产品市场销售价格，请计算甲企业该业务的销项税额。

【答案】

销项税额=200×80×13%=2 080（元）

销项税额=200×65×（1+10%）×13%=1 859（元）

2.晓泉公司为增值税一般纳税人，5月份发生如下经济业务：

（1）进口一批材料，关税完税价格为200 000元，关税税率为40%。

（2）销售甲产品600件，不含税单价1 400元。

（3）将甲产品以每件800元（成本价）的价格发放给公司职工作为福利，共发放80件。

（4）上月销售的乙产品由于质量不符合要求发生销售折让，为对方开具红字增值税专用发票一张，注明价款65 000元，增值税8 450元。

（以上增值税专用发票等票证均已通过税务机关认证）

要求：

（1）计算进口环节应缴纳的增值税税额。

（2）计算销售环节应缴纳的增值税税额。

【答案】

（1）进口环节的增值税税额=200 000×（1+40%）×13%=36 400（元）

（2）销项税额=600×1 400×13%+80×1 400×13%=123 760（元）

销售环节的增值税税额=123 760-36 400-8 450=78 910（元）

【延伸阅读】

2018年全国共查处涉嫌虚开增值税发票企业108 970户

任务三　　　　　消费税

【任务描述】

我国目前开征的消费税属于特种消费税，是对特定的某些消费品和消费行为征收的一种间接税，主要是为了调整产品结构，引导消费方向，保证国家财政收入。学生需要掌握消费税的概念、特点、纳税人、征税范围、税目及税率等理论知识，分小组讨论案例，通过探究及学习，掌握消费税应纳税额的计算。

【案例导入】

某卷烟生产企业为增值税一般纳税人，2022年5月销售乙类卷烟1 500标准条，取得含增值税销售额84 750元。已知乙类卷烟消费税比例税率为36%，定额税率为0.003元/支，每标准条有200支；增值税税率为13%。

要求：计算该企业当月应缴纳的消费税税额。

【案例解析】

根据消费税法律制度的规定，卷烟实行从价定率和从量定额复合方法计征消费税。计算过程：

（1）不含增值税销售额=84 750÷（1+13%）=75 000（元）

（2）从价定率应纳税额=75 000×36%=27 000（元）

（3）从量定额应纳税额=1 500×200×0.003=900（元）

（4）应纳消费税税额合计=27 000+900=27 900（元）

【任务分析】

计算消费税的应纳税额，首先要了解消费税的概念、特征和类型，熟练掌握消费税的纳税人、征税范围、税目及税率，在此基础上根据业务类型进行应纳税额的计算，并进一步掌握消费税的纳税义务发生时间、纳税期限、纳税地点等方面的规定。

【知识准备】

一、消费税的概念

消费税是对在我国境内从事生产、委托加工以及进口应税消费品的单位和个人征收的一种税，是对特定的消费品和消费行为在特定的环节征收的一种流转税。

二、消费税的征税范围

（一）生产应税消费品

生产应税消费品在生产销售环节征税。因消费税具有单一环节征税的特点，在生产销售环节征税以后，货物在后续流通环节一般不再缴纳消费税。

生产应税消费品除了直接对外销售应征收消费税外，纳税人将生产的应税消费品换取生产资料、消费资料、投资入股、偿还债务，以及用于继续生产应税消费品以外的其他方面都应缴纳消费税。

（二）委托加工应税消费品

委托加工应税消费品是指由委托方提供原料和主要材料，受托方只收取加工费和代垫部分辅助材料加工的应税消费品。由受托方提供原材料或其他情形的一律不属于委托加工应税消费品，而应当按照销售自制应税消费品缴纳消费税。

委托加工的应税消费品，除受托方为个人外，由受托方向委托方交货时代收代缴消费税；委托个人加工的应税消费品，由委托方收回后缴纳消费税。

委托加工的应税消费品收回后用于连续生产应税消费品销售的，其加工环节缴纳的消费税款准予扣除；直接出售的，不再缴纳消费税。委托方将收回的应税消费品，以不高于受托方的计税价格出售的，为直接出售，不再缴纳消费税；委托方以高于受托方的计税价格出售的，不属于直接出售，需按照规定申报缴纳消费税，在计税时准予扣除受托方已代收代缴的消费税。

（三）进口应税消费品

单位和个人进口应税消费品，于报关进口时由海关代征消费税。

（四）零售应税消费品

（1）商业企业零售金银首饰。经国务院批准，自1995年1月1日起，金银首饰消费税由生产销售环节征收改为零售环节征收。改为零售环节征收消费税的金银首饰范围仅限于金基、银基合金首饰以及金、银和金基、银基合金的镶嵌首饰，适用税率为5%。自2002年1月1日起，对钻石及钻石饰品消费税的纳税环节由生产环节、进口环节后移至零售环节。自2003年5月1日起，铂金首饰消费税改为零售环节征收。

对既销售金银首饰又销售非金银首饰的生产、经营单位，应将两类商品划分清楚，分别核算销售额。凡划分不清楚或不能分别核算的，在生产环节销售的，一律从高适用税率征收消费税；在零售环节销售的，一律按金银首饰征收消费税。金银首饰与其他产品组成成套消费品销售的，应按销售额全额征收消费税。

金银首饰连同包装物一起销售的，无论包装物是否单独计价，也无论会计上如何核算，均应并入金银首饰的销售额，计征消费税。

带料加工的金银首饰，应按受托方销售同类金银首饰的销售价格确定计税依据征收消费税。没有同类金银首饰销售价格的，按照组成计税价格计算纳税。

纳税人采用以旧换新（含翻新改制）方式销售的金银首饰，应按实际收取的不含增值税的全部价款确定计税依据征收消费税。

（2）零售超豪华小汽车。自2016年12月1日起，对超豪华小汽车，在生产（进口）环节按现行税率征收消费税的基础上，在零售环节加征消费税。将超豪华小汽车销售给消费者的单位和个人为超豪华小汽车零售环节纳税人。

（五）批发应税消费品

经国务院批准，自2015年5月10日起，将卷烟批发环节从价税税率由5%提高至11%，并按0.005元/支加征从量税。

烟草批发企业将卷烟销售给零售单位的，要再征一道税。烟草批发企业将卷烟销售给其他烟草批发企业，不缴纳消费税。批发企业在计算应纳税额时，不得扣除卷烟中已含的生产环节的消费税税款。

三、消费税的纳税人

消费税的纳税人是指在中华人民共和国境内（起运地或者所在地在境内）生产、委托加工和进口《消费税暂行条例》规定的应税消费品的单位和个人，以及国务院确定的销售《消费税暂行条例》规定的消费品的其他单位和个人。

四、消费税的税目与税率

我国消费税的税目共有15个，分别是：（1）烟；（2）酒；（3）高档化妆品；（4）贵重首饰及珠宝玉石；（5）鞭炮、焰火；（6）成品油；（7）摩托车；（8）小汽车；（9）高尔夫球及球具；（10）高档手表；（11）游艇；（12）木制一次性筷子；（13）实木地板；（14）电池；（15）涂料。其中，有些还包括若干子目。

消费税的税率包括比例税率和定额税率两类。根据不同的税目或子目，应税消费品的税率不同（见表3-2）。

15个税目中黄酒、啤酒、成品油实行的是单一的定额税率，大多数应税消费品为单一的比例税率，特别要注意的是卷烟、白酒实行复合征收（同时采用比例税率与定额税率）。

纳税人兼营不同税率的应税消费品，应当分别核算不同税率应税消费品的销售额、销售数量。未分别核算销售额、销售数量的，或者将不同税率的应税消费品组成成套消费品销售的，"从高"适用税率。

五、消费税应纳税额的计算

1.从价定率征收

从价定率征收，即根据不同的应税消费品确定不同的比例税率。其计算公式为：

应纳税额=应税消费品的销售额×比例税率

在从价定率计算方法下，应纳税额计算取决于应税消费品的销售额和适用税率两个因素，应税消费品的销售额与增值税法中的销售额基本一致（除特殊情况外），销售额为纳税人销售应税消费品向购买方收取的全部价款和价外费用，销售额都是不含增值税（价外税），但含消费税（价内税）的销售额。

如果纳税人应税消费品中的销售额中未扣除增值税税款或者因不得开具增值税专用发票而发生价款和增值税税款合并收取的，在计算消费税时，应当换算为不含增值税税款的销售额。

表3-2　　　　　　　　应税消费品名称、税率和计税单位对照表

应税消费品名称	比例税率	定额税率	计税单位
一、烟			
1.卷烟			
(1) 工业			
①甲类卷烟（调拨价70元（不含增值税）/条以上（含70元））	56%	30元/万支	
②乙类卷烟（调拨价70元（不含增值税）/条以下）	36%	30元/万支	万支
(2) 商业批发	11%	50元/万支	
2.雪茄烟	36%	—	支
3.烟丝	30%	—	千克
4.电子烟			
(1) 工业	36%	—	盒
(2) 商业批发	11%	—	盒
二、酒			
1.白酒	20%	0.5元/500克（毫升）	500克（毫升）
2.黄酒	—	240元/吨	吨
3.啤酒			
(1) 甲类啤酒（出厂价格3000元（不含增值税）/吨以上（含3000元））	—	250元/吨	吨
(2) 乙类啤酒（出厂价格3000元（不含增值税）/吨以下）	—	220元/吨	
4.其他酒	10%	—	吨
三、高档化妆品	15%	—	实际使用计量单位
四、贵重首饰及珠宝玉石			
1.金银首饰、铂金首饰和钻石及钻石物品	5%	—	实际使用计量单位
2.其他贵重首饰和珠宝玉石	10%	—	
五、鞭炮、焰火	15%	—	实际使用计量单位
六、成品油			
1.汽油	—	1.52元/升	
2.柴油	—	1.20元/升	
3.航空煤油	—	1.20元/升	
4.石脑油	—	1.52元/升	升
5.溶剂油	—	1.52元/升	
6.润滑油	—	1.52元/升	
7.燃料油	—	1.20元/升	
七、摩托车			
1.气缸容量（排气量，下同）=250毫升	3%	—	辆
2.气缸容量>250毫升	10%	—	
八、小汽车			
1.乘用车			
(1) 气缸容量（排气量，下同）≤1.0升	1%	—	
(2) 1.0升<气缸容量≤1.5升	3%	—	
(3) 1.5升<气缸容量≤2.0升	5%	—	
(4) 2.0升<气缸容量≤2.5升	9%	—	
(5) 2.5升<气缸容量≤3.0升	12%	—	辆
(6) 3.0升<气缸容量≤4.0升	25%	—	
(7) 气缸容量>4.0升	40%	—	
2.中轻型商用客车	5%	—	
3.超豪华小汽车	10%	—	
九、高尔夫球及球具	10%	—	实际使用计量单位
十、高档手表	20%	—	只
十一、游艇	10%	—	艘
十二、木制一次性筷子	5%	—	万双
十三、实木地板	5%	—	平方米
十四、电池	4%	—	只
十五、涂料	4%	—	吨

【做一做】

某摩托车制造厂为增值税一般纳税人，本月销售给一汽车经销公司（小规模纳税人）摩托车（排气量250毫升）一批，开具的普通发票上注明的价款为28万元。该摩托车制造厂将成本价为120万元的摩托车送至本公司非独立核算的门市部进行销售，门市部当月取得的零售收入为72万元。计算该摩托车制造厂本月应纳消费税税额。

【解析】销售给汽车经销公司开具的普通发票，其价款为含增值税的销售额，在计算消费税时，应换算为不含增值税的销售额。同理，门市部的零售收入也要换算为不含增值税的销售额后，再计算应缴纳的消费税税额。

（1）销售给汽车经销公司摩托车应纳消费税税额=28÷（1+13%）×3%=0.74（万元）

（2）门市部当月销售摩托车应纳消费税税额=72÷（1+13%）×3%=1.91（万元）

该摩托车制造厂当月应纳消费税税额=0.74+1.91=2.65（万元）

2. 从量定额征收

从量定额征收，即根据不同的应税消费品确定不同的单位税额。其计算公式为：

应纳税额=应税消费品的销售数量×单位税额

在从量定额计算方法下，应纳税额计算取决于消费品的应税数量和单位税额两个因素。销售数量是指纳税人生产、加工和进口应税消费品的数量。具体规定为：

（1）销售自产应税消费品的，为应税消费品的销售数量。

（2）自产自用应税消费品的，为应税消费品的移送使用数量。

（3）委托加工应税消费品的，为纳税人收回的应税消费品的数量。

（4）进口的应税消费品，为海关核定的应税消费品进口数量。

【做一做】

某石油化工厂为增值税一般纳税人，销售汽油100吨，柴油60吨，计算该厂当月应纳消费税税额。（已知汽油1吨=1 388升，柴油1吨=1 176升；汽油的消费税税率为1.52元/升，柴油的消费税税率为1.2元/升）

【解析】该石油化工厂销售汽油，适用的消费税税率为1.52元/升；销售柴油，适用的消费税税率为1.2元/升，则该企业的本月应纳的消费税为：

（1）销售汽油应纳消费税税额=100×1 388×1.52=210 976（元）

（2）销售柴油应纳消费税税额=60×1 176×1.2=84 672（元）

该厂当月应纳消费税税额=210 976+84 672=295 648（元）

3. 从价定率和从量定额复合征收

从价定率和从量定额复合征收，即以两种方法计算的应纳税额之和为该应税消费品的应纳税额。我国目前只对卷烟和白酒采用复合征收方法。其计算公式为：

应纳税额=应税消费品的销售额×比例税率+应税消费品的销售数量×单位税额

【做一做】

某烟草生产企业是增值税一般纳税人。本月销售甲类卷烟2 000标准条，取得销售收入（含增值税）112 000元。计算该企业本月应缴纳的消费税税额。（卷烟每标准条有200支）

【解析】卷烟实行从价定率和从量定额复合计征消费税。甲类卷烟消费税比例税率为56%，定额税率为0.003元/支，则：

该企业应纳消费税税额=112 000÷（1+13%）×56%+2 000×200×0.003

　　　　　　　　　　　=56 704.42（元）

4.应税消费品已纳税款的扣除

应税消费品若是用外购已缴纳消费税的应税消费品连续生产出来的，在对这些连续生产出来的应税消费品征税时，按当期生产领用数量计算准予扣除的外购应税消费品已缴纳的消费税税款。

5.自产自用应税消费品应纳税额

纳税人自产自用应税消费品用于连续生产应税消费品的，不纳税；凡用于其他方面的，应按照纳税人生产的同类消费品的销售价格计算纳税，没有同类消费品销售价格的，按照组成计税价格计算纳税。

实行从价定率办法计算纳税的组成计税价格计算公式：

组成计税价格=（成本+利润）÷（1-比例税率）

应纳税额=组成计税价格×比例税率

实行复合计税办法计算纳税的组成计税价格计算公式：

组成计税价格=（成本+利润+自产自用数量×定额税率）÷（1-比例税率）

应纳税额=组成计税价格×比例税率+自产自用数量×定额税率

6.委托加工应税消费品应纳税额

委托加工的应税消费品，按照受托方的同类消费品的销售价格计算纳税；没有同类消费品销售价格的，按照组成计税价格计算纳税。

实行从价定率办法计算纳税的组成计税价格计算公式：

组成计税价格=（材料成本+加工费）÷（1-比例税率）

应纳税额=组成计税价格×比例税率

实行复合计税办法计算纳税的组成计税价格计算公式：

组成计税价格=（材料成本+加工费+委托加工数量×定额税率）÷（1-比例税率）

应纳税额=组成计税价格×比例税率+委托加工数量×定额税率

【做一做】

甲酒厂3月份委托乙酒厂生产药酒30吨，一次性支付加工费20 000元。已知甲酒厂提供原料的成本为75 000元，乙酒厂无同类产品销售价格，药酒适用的消费税税率为10%。计算该批药酒的消费税组成计税价格及应纳税额。

【解析】因受托加工的乙酒厂没有同类药酒的销售价格，甲酒厂该批药酒需按照组成计税价格计算纳税。

该批药酒组成计税价格=（75 000+20 000）÷（1-10%）

　　　　　　　　　　=105 555.56（元）

应纳税额=105 555.56×10%=10 555.56（元）

7.进口应税消费品应纳税额

进口的应税消费品按组成计税价格计算纳税。

实行从价定率办法计算纳税的组成计税价格计算公式：

组成计税价格=（关税完税价格+关税）÷（1-比例税率）

应纳税额=组成计税价格×比例税率

实行复合计税办法计算纳税的组成计税价格计算公式：

组成计税价格=（关税完税价格+关税+进口数量×定额税率）÷（1-比例税率）

应纳税额=组成计税价格×比例税率+进口数量×定额税率

六、消费税征收管理

（一）纳税义务发生时间

（1）纳税人销售应税消费品的，按不同的销售结算方式分别为：①采取赊销和分期收款结算方式的，为书面合同约定的收款日期的当天，书面合同没有约定收款日期或者无书面合同的，为发出应税消费品的当天；②采用预收货款结算方式的，为发出应税消费品的当天；③采用托收承付和委托银行收款方式销售的应税消费品，为发出应税消费品并办妥托收手续的当天；④采用其他结算方式的，为收讫或者取得索取销售款凭据的当天。

（2）纳税人自产自用的应税消费品，为移送使用的当天。

（3）纳税人委托加工的应税消费品，为纳税人提货的当天。

（4）纳税人进口的应税消费品，为报关进口的当天。

（二）消费税的纳税期限

消费税的纳税期限分别为1日、3日、5日、10日、15日、1个月或者1个季度。纳税人的具体纳税期限，由主管税务机关根据纳税人应纳税额的大小分别核定；不能按照固定期限纳税的，可以按次纳税。

纳税人以1个月或者1个季度为一个纳税期限的，自期满之日起15日内申报纳税；以1日、3日、5日、10日或者15日为一个纳税期限的，自期满之日起5日内预缴税款，于次月1日起15日内申报纳税并结清上月应纳税款。进口货物自海关填发税收专用缴款书之日起15日内缴纳。

（三）消费税的纳税地点

（1）纳税人销售的应税消费品，以及自产自用的应税消费品，除国家财政、税务主管部门另有规定外，应当向纳税人机构所在地或者居住地的主管税务机关申报纳税。

（2）委托加工的应税消费品，除受托方为个人外，由受托方向机构所在地或者居住地的主管税务机关解缴消费税税款。委托个人加工的应税消费品，由委托方向机构所在地或者居住地的主管税务机关申报纳税。

（3）进口的应税消费品，由进口人或者代理人向报关地海关申报纳税。

（4）纳税人到外县（市）销售或委托外县（市）代销自产应税消费品，于应税消费品销售后，向机构所在地或居住地主管税务机关申报纳税。

（5）总机构和分支机构不在同一县（市）的，应当分别向各自所在地的主管税务机关申报纳税；总机构和分支机构不在同一县（市），但在同一省（自治区、直辖市）范围内，经（自治区、直辖市）财政厅（局）、税务局审批同意，可以由总机构汇总向总机构所在地的税务机关申报纳税。

（6）纳税人销售的应税消费品，如因质量等原因由购买者退回时，经所在地主管税务机关审核批准后，可退还已征收的消费税税款，但不能自行直接抵减应纳税款。

【随堂测】

一、选择题

1.消费税主要采取在（　　）环节计征。

A.流通　　　　　　B.消费　　　　　　C.生产或进口　　　D.出口

【答案】C

2.消费税是选择部分消费品列举品目征收的，目前，我国的消费税共列举（　　）个税目的征税范围。

A.11　　　　　　　B.9　　　　　　　C.15　　　　　　　D.8

【答案】C

3.消费税暂行条例规定，纳税人自产自用应税消费品，用于连续生产应税消费品的，（　　）。

A.视同销售纳税　　　　　　　　B.于移送使用时纳税

C.按组成计税价格纳税　　　　　D.不纳税

【答案】D

4.应税消费品的全国平均成本利润率由（　　）确定。

A.国家税务总局　　　　　　　　B.国务院

C.财政部　　　　　　　　　　　D.省、自治区、直辖市税务局

【答案】A

5.某外贸进出口公司当月从日本进口140辆小轿车，每辆车的关税完税价格为8万元，已知小轿车关税税率为110%，消费税税率为5%。进口这些轿车应缴纳（　　）万元消费税。

A.61.6　　　　　　B.123.79　　　　C.56　　　　　　　D.80

【答案】B

6.按照国家有关规定，纳税人委托个体经营者加工应税消费品，一律（　　）消费税。

A.由受托人代收代缴

B.由委托方收回后在委托方所在地缴纳

C.由委托方收回后在受托方所在地缴纳

D.不缴纳

【答案】B

7.进口的应税消费品，实行从价定率办法计算应纳税额，按照（　　）计算纳税。

A.完税价格　　　B.消费品价格　　　C.组成计税价格　　　D.同类商品价格

【答案】C

8.金银首饰与其他产品组成成套消费品销售的，应（　　）征收消费税。

A.分别核算销售额　　　　　　　B.按销售额全额

C.按组成计税价格计算　　　　　D.按同类商品价格计算

【答案】B

9.纳税人进口应税消费品，应当自海关填发税款缴款凭证的次日起（　　）日内缴纳

税款。

A.3　　　　　　B.7　　　　　　C.10　　　　　　D.15

【答案】D

10.下列应税消费品应纳消费税的有（　　　）。

A.商场外购高档手表用于直接销售的

B.自产自用的应税消费品，用于连续生产应税消费品的

C.委托非个体经营者加工的应税消费品（受托方已代收代缴消费税），委托方收回后用于连续加工生产应税消费品的

D.自产自用应税消费品，用于在建工程的

【答案】D

11.进口应税消费品，按照组成计税价格和规定的税率计算应纳消费税税额，其组成计税价格的公式是（　　　）。

A.组成计税价格=关税完税价格+关税

B.组成计税价格=关税完税价格+关税+增值税

C.组成计税价格=（关税完税价格+关税）÷（1−消费税税率）

D.组成计税价格=（关税完税价格+关税）÷（1+消费税税率）

【答案】C

二、计算题

永安化妆品厂是增值税一般纳税人，适用的增值税税率为13%，主要生产、销售化妆品。2022年6月发生如下经济业务：

1.将自产的一批化妆品委托东鹏公司加工A高档化妆品，发出材料成本205 000元。加工完毕，收回A高档化妆品，支付加工费，取得增值税专用发票，金额50 000元，增值税6 500元。东鹏公司代收代缴消费税，东鹏公司无同类产品的销售价格。

2.生产车间全部领用由东鹏公司受托加工的A高档化妆品，用于继续加工B高档化妆品。

3.向东星商场销售一批B高档化妆品，开具增值税专用发票，金额330 000元，增值税税额42 900元。支付运费，取得增值税专用发票，金额8 000元，增值税税额720元。

4.将新研制生产的一批C高档化妆品作为福利发放给职工，该批高档化妆品的生产成本为71 400元，永安化妆品厂无同类产品的销售价格。

（注：高档化妆品的消费税税率为15%，成本利润率为5%。取得的增值税专用发票均已通过认证）

要求：

1.计算东鹏公司受托加工A高档化妆品的组成计税价格、应代收代缴的消费税；

2.计算永安化妆品厂本月允许抵扣的进项税额、销项税额、应缴纳的增值税；

3.计算永安化妆品厂本月应向税务机关缴纳的消费税（不包括代收代缴的消费税）。

【答案】

1.东鹏公司受托加工的A高档化妆品的组成计税价格=（205 000+50 000）÷（1−15%）=300 000（元）

东鹏公司应代收代缴的消费税=300 000×15%=45 000（元）

2.永安化妆品厂本月允许抵扣的进项税额=6 500+720=7 220（元）

永安化妆品本月销项税额=71 400×（1+5%）÷（1-15%）×13%+42 900=54 366（元）

永安化妆品厂本月应缴纳的增值税=54 366-7 220=47 146（元）

3. 永安化妆品厂本月应向税务机关缴纳的消费税 =71 400×（1+5%）÷（1-15%）×15%+330 000×15%-45 000=17 730（元）

任务四　　企业所得税

【任务描述】

企业所得税是以中国境内企业与其他取得收入的组织所取得的生产经营所得和其他所得为征税对象而征收的一种直接税，在我国税制结构中占有很重要的地位。企业所得税的征收范围很广，除了个人独资企业和合伙企业不需要缴纳企业所得税之外，其他所有企业都属于企业所得税的征收范围。

【案例导入】

假定某企业为居民企业，2022年经营业务如下：

1. 取得销售收入2 500万元。

2. 发生销售成本1 100万元。

3. 发生销售费用670万元（其中广告费450万元）、管理费用480万元（其中业务招待费15万元）、财务费用60万元。

4. 发生销售税金160万元（含增值税120万元）

5. 取得营业外收入70万元，发生营业外支出50万元（含通过公益性社会团体向贫困山区捐款30万元，支付税收滞纳金6万元）。

6. 计入成本、费用中的实发工资总额150万元，拨缴工会经费3万元，支出职工福利费和职工教育经费29万元。

要求：计算该企业2022年度实际应纳的企业所得税。

【案例解析】

详见本任务后的"随堂测"中的计算题答案。

【任务分析】

计算企业所得税的应纳税额，首先要熟练掌握企业所得税的纳税义务人、征税对象、适用税率、应税收入、允许扣除以及不得扣除的费用内容和标准，在此基础上掌握应纳税额的计算，并进一步熟悉企业所得税的征收管理及申报缴纳等内容。

【知识准备】

一、企业所得税的概念

企业所得税，是对我国企业和其他组织的生产经营所得和其他所得征收的一种税。企业分为居民企业和非居民企业。居民企业是指依法在中国境内成立，或者依照外国（地区）法律成立但实际管理机构在中国境内的企业。非居民企业是指依照外国（地区）法律成立且实际管理机构不在中国境内，但在中国境内设立机构、场所的，或者在中国境内未设立机构、场所，但有来源于中国境内所得的企业。

二、企业所得税的征税对象

居民企业应当就其来源于中国境内、境外的所得纳税。

非居民企业在中国境内设立机构、场所的，应当就其所设机构、场所取得的来源于中国境内的所得，以及发生在中国境外但与其所设机构、场所有实际联系的所得，缴纳企业所得税。

【做一做】

下列属于企业所得税纳税人的有（   ）。

A.国有企业　　　　　B.集体企业　　　　　C.个体工商户　　　　　D.股份有限公司

【答案】ABD

三、企业所得税的税率

企业所得税实行比例税率。

（一）基本税率

企业所得税的基本税率为25%，适用于居民企业和在中国境内设有机构、场所且所得与机构、场所有关联的非居民企业。

（二）优惠税率

1.对符合条件的小型微利企业，减按20%的税率征收企业所得税；

2.对国家需要重点扶持的高新技术企业，减按15%的税率征收企业所得税；

3.对经认定的技术先进型服务企业（服务贸易类），减按15%的税率征收企业所得税；

4.非居民企业在中国境内未设立机构、场所的，或虽设立机构、场所但取得的所得与其所设机构、场所没有实际联系的，其在中国境内取得的所得，减按20%的税率征收企业所得税，以支付人为扣缴义务人。

四、企业所得税应纳税所得额

企业所得税以企业的应纳税所得额为计税依据。应纳税所得额为企业每一纳税年度的收入总额减去不征税收入、免税收入、各项扣除，以及弥补以前年度亏损后的余额，应纳税所得额有直接计算法和间接计算法两种。

直接计算法下的计算公式为：

应纳税所得额=收入总额-不征税收入额-免税收入额-各项扣除额-准予弥补的以前年度亏损额

间接计算法下的计算公式为：

应纳税所得额=利润总额+纳税调整项目金额

（一）收入总额

企业以货币形式和非货币形式从各种来源取得的收入，为收入总额。它包括：销售货物收入；提供劳务收入；转让财产收入；股息、红利等权益性投资收益；利息收入；租金收入；特许权使用费收入；接受捐赠收入；其他收入。

（二）不征税收入

不征税收入是指从性质上和根源上不属于企业营利性活动带来的经济利益、不负有纳税义务并不作为应纳税所得额组成部分的收入，如财政拨款、依法收取并纳入财政管理的行政事业性收费、政府性基金以及其他不征税收入。

（三）免税收入

免税收入是指属于企业的应税所得但按照税法规定免予征收企业所得税的收入。免税收入包括国债利息收入，符合条件的居民企业之间的股息、红利收入，在中国境内设立机构、场所的非居民企业从居民企业取得的与该机构、场所有实际联系的股息、红利收入，符合条件的非营利组织的收入等。

【做一做】

下列收入属于企业所得税免税收入的是（　　　）。

A.银行存款利息收入

B.财政拨款收入

C.境内企业内部处置资产收入

D.符合条件的居民企业之间的股息收入

【答案】D

（四）准予扣除项目

企业实际发生的与取得收入有关的、合理的支出，包括成本、费用、税金、损失和其他支出等，准予在计算应纳税所得额时扣除。

（五）不得扣除项目

1.向投资者支付的股息、红利等权益性投资收益款项。

2.企业所得税税款。

3.税收滞纳金。

4.罚金、罚款和被没收财物的损失。

5.企业发生的公益性捐赠以外的捐赠支出。企业发生的公益性捐赠支出，在年度利润总额12%以内的部分，准予在计算应纳税所得额时扣除，其他捐赠性支出一律不得在税前扣除。

【做一做】

某企业2022年税前会计利润为150万元，还有30万元通过红十字会向某灾区的捐款。已知该企业适用的企业所得税税率为25%，则该企业2022年应纳税额为（　　　）万元。

A.30　　　　　　　　B.37.5　　　　　　　　C.40.5　　　　　　　　D.45

【答案】C

【解析】该企业2022年应纳税额=［150+（30-150×12%）］×25%=40.5（万元）

6.赞助支出。企业发生的与生产经营活动无关的各种非广告性质的支出。

7.企业之间支付的管理费、企业内营业机构之间支付的租金和特许权使用费，以及非银行企业内营业机构之间支付的利息。

8.与取得收入无关的其他支出。

（六）职工福利费、工会经费和职工教育经费支出的税前扣除

1.企业发生的职工福利费支出，不超过工资薪金总额14%的部分，准予扣除。

2.企业拨缴的工会经费，不超过工资、薪金总额2%的部分，准予扣除。

3.除国务院财政、税务主管部门另有规定外，企业发生的职工教育经费支出，不超过工资、薪金总额8%的部分，准予扣除；超过部分，准予在以后纳税年度结转扣除。

【做一做】

某生产化妆品的企业，2022年计入成本、费用中的合理的实发工资为540万元，当年发生工会经费15万元、职工福利费80万元、职工教育经费11万元。则税前可扣除的工会经费、职工福利费、职工教育经费合计为（　　　）万元。

A.106　　　　　　　B.97.4　　　　　　　C.99.9　　　　　　　D.108.5

【答案】B

【解析】具体计算过程详见表3-3。

表3-3　　　　　　　　　　　　　　　计算明细　　　　　　　　　　　　　单位：万元

项目	限额	实际发生额	可扣除额	超支额
工会经费	540×2%=10.8	15	10.8	4.2
职工福利费	540×14%=75.6	80	75.6	4.4
职工教育经费	540×8%=43.2	11	11	0
合计	540×24%=129.6	106	97.4	8.6

（七）业务招待费、广告费和业务宣传费的税前扣除

1.企业发生的与生产经营活动有关的业务招待费支出，按照发生额的60%扣除，但最高不得超过当年销售（营业）收入的5‰。

2.企业发生的符合条件的广告费和业务宣传费支出，除国务院财政、税务主管部门另有规定外，不超过当年销售（营业）收入15%的部分，准予扣除；超过部分，准予在以后纳税年度结转扣除。

（八）亏损弥补

纳税人发生年度亏损的，可以用下一纳税年度的所得弥补；下一纳税年度的所得不足弥补的，可以逐年延续弥补，但是延续弥补期最长不得超过5年。

【做一做】

根据《企业所得税法》的规定，下列支出项目中，在计算企业所得税应纳税所得额时不得扣除的有（　　　）。

A.税收滞纳金　　　　　　　　　　B.银行按规定加收的罚息

C.被没收财物的损失　　　　　　　D.未经核定的准备金支出

【答案】ACD

五、企业所得税征收管理

（一）纳税地点

1.居民企业一般以企业登记注册地为纳税地点，登记注册地在境外的，以企业实际管理机构所在地为纳税地点。

居民企业在中国境内设立的不具有法人资格的分支或营业机构，由该居民企业汇总计算并缴纳企业所得税。

2.非居民企业在中国境内设立机构、场所的，其所设机构、场所取得的来源于中国境内的所得，以及发生在中国境外但与其在中国境内所设机构、场所有实际联系的所得，以机构、场所所在地为纳税地点；非居民企业在中国境内未设立机构、场所，或者虽设立机构、场所但取得与其所设机构、场所没有实际联系的所得，以扣缴义务人所在地为纳税地点。

3.除国务院另有规定外，企业之间不得合并缴纳企业所得税。

（二）纳税期限

企业所得税实行按年（自公历1月1日起至12月31日止）计算、分月或者分季预缴、年终汇算清缴（年终后5个月内进行）、多退少补的征纳方法。

企业在一个纳税年度中间开业，或者由于合并、关闭等原因终止经营活动，使该纳税年度的实际经营期不足12个月的，应当以其实际经营期为一个纳税年度。

（三）纳税申报

1.按月或按季预缴的，应当自月份或季度终了之日起15日内，向税务机关报送预缴企业所得税纳税申报表，预缴税款。

2.自年度终了之日起5个月内，向税务机关报送年度企业所得税纳税申报表，并汇算清缴，结清应缴应退税款。

【随堂测】

一、选择题

1.根据《企业所得税法》的规定，我国企业所得税使用的税率属于（　　）。

A.比例税率　　　　　B.超率累进税率　　　C.定额税率　　　　　D.复合税率

【答案】A

2.根据《企业所得税法》的规定，增值税一般纳税人在计算企业所得税应纳税所得额时，不得扣除的税金是（　　）。

A.消费税　　　　　　B.城市维护建设税　　C.增值税　　　　　　D.印花税

【答案】C

3.根据《企业所得税法》的规定，不属于企业所得税纳税人的是（　　）。

A.法人企业　　　　　B.取得收入的组织　　C.上市公司　　　　　D.合伙企业

【答案】D

4.下列收入中，属于企业所得税不征税收入的是（　　）。

A.转让财产收入　　　　　　　　　　　　B.财政拨款收入

C.国债利息收入　　　　　　　　　　　　D.居民企业之间的股息收入

【答案】B

5.华南公司2022年度经营情况为：全年实现销售收入总额2 000万元，准予扣除的成本为1 600万元、费用为250万元、损失为20万元，公司全年共计缴纳增值税50万元、消费税50万元、城市维护建设税7万元、教育费附加3万元，则该年度应缴纳企业所得税是（　　）万元。

A.20　　　　　　　　B.17.5　　　　　　　C.22.5　　　　　　　D.5

【答案】B

6.企业发生的公益性捐赠支出，在年度利润总额（　　）以内的部分，准予在计算应纳税所得额时扣除。

A.10%　　　　　　　B.12%　　　　　　　C.15%　　　　　　　D.20%

【答案】B

7.甲公司2022年度的销售收入为1 000万元，实际发生的符合条件的广告支出和业务宣传费支出为200万元，该公司应按照（　　）万元予以税前扣除。

A.150　　　　　　　B.200　　　　　　　C.100　　　　　　　D.50

【答案】A

8.不适用《中华人民共和国企业所得税暂行条例》的企业是（　　）。

A.联营企业　　　　　　　　　　　B.股份制企业

C.独资、合伙性质的私营企业　　　　D.集体企业

【答案】C

9.下列各项中，按照劳务发生地确定来源地的是（　　）。

A.销售货物所得　　　　　　　　　B.提供劳务所得

C.动产转让所得　　　　　　　　　D.特许权使用费所得

【答案】B

10.下列说法正确的是（　　）。

A.企业所得税的计税依据是应纳税所得额，是纳税人收入扣除费用后的利润总额

B.企业所得税的计税依据是应纳税所得额，即为净利润

C.企业所得税的计税依据是会计利润

D.企业所得税的计税依据是应纳税所得额，是纳税人当前收入总额扣除成本、费用、税金、损失等支出后的净所得额

【答案】D

二、计算题

假定某企业为居民企业，2022年经营业务如下：

1.取得销售收入2 500万元。

2.发生销售成本1 100万元。

3.发生销售费用670万元（其中广告费450万元）、管理费用480万元（其中业务招待费15万元）、财务费用60万元。

4.发生销售税金160万元（含增值税120万元）。

5.取得营业外收入70万元，发生营业外支出50万元（含通过公益性社会团体向贫困山区捐款30万元，支付税收滞纳金6万元）。

6.计入成本、费用中的实发工资总额为150万元，拨缴职工工会经费3万元，支出职工福利费和职工教育经费29万元。

要求：计算该企业2022年度实际应纳的企业所得税。

【答案】

1.利润总额=2 500-1 100-670-480-60-（160-120）+70-50=170（万元）

2.调整事项：

广告费扣除限额=2 500×15%=375（万元）＜450（万元），应调增75万元；

业务招待费扣除限额=2 500×5‰=12.5（万元）＞15×60%=9（万元），应调增15-9=6（万元）；

公益性捐赠扣除限额=170×12%=20.4万元＜30（万元），应调增9.6万元；

税收滞纳金属于不得扣除项目，应调增6万元；

工会经费扣除限额=150×2%=3（万元），不调整；

职工福利费和职工教育经费扣除限额=150×（14%+8%）=33（万元）＞29（万元），不调整；

应纳税所得额=170+75+6+9.6+6=266.6（万元）

应纳税额=266.6×25%=66.65（万元）

任务五　　　　　　　　　　个人所得税

【任务描述】

　　个人所得税是一个按属地原则征收的税种，目前已成为我国税收收入增长较快的税种之一，日益受到社会公众的关注。现行《个人所得税法》主要是为了调节收入分配，增强国民纳税意识，增加国家财政收入。学生需要掌握个人所得税的纳税人、征税范围、税率、优惠政策等基本要素，分小组讨论案例，通过探究及学习，掌握个人所得税应纳税额的计算。

　　【案例导入】

　　北京居民李先生，2023年1月工资收入30 000元，每月"三险一金"专项扣除为3 000元。除此之外，还知道李先生35岁，独生子，已婚，有首套住房，每月需还房贷3 000元；有1个女儿，正在上小学；父母健在，父亲65岁，母亲62岁。

　　要求：

　　（1）根据上述资料确定李先生1月专项附加扣除额。

　　（2）计算李先生2023年1月工资薪金应预扣预缴个人所得税额。

　　【案例解析】

　　（1）根据专项附加扣除新政策，李先生可以享受住房贷款利息1 000元扣除、子女教育2 000元扣除、赡养老人3 000元扣除；

　　　1月专项附加扣除额=1 000+2 000+3 000=6 000（元）

　　（2）李先生2022年1月工资薪金应预扣预缴个人所得税额 =（30 000-5 000-3 000-1 000-2 000-3 000）×3%=480（元）

【任务分析】

　　计算个人所得税的应纳税额，首先要了解个人所得税的概念及纳税人，熟练掌握个人所得税的应税项目及税率，在此基础上根据业务类型进行应纳税额的计算，并进一步掌握个人所得税的纳税义务发生时间、纳税期限、纳税地点等方面的规定。

　　一、个人所得税的概念

　　个人所得税是以个人（自然人）取得的各类应税所得为征税对象而征收的一种税。

　　二、个人所得税的纳税义务人

　　个人所得税的纳税义务人，以住所和居住时间为标准分为居民纳税义务人和非居民纳税义务人。

　　1.居民纳税义务人

　　居民纳税义务人是指在中国境内有住所，或者无住所而一个纳税年度内在中国境内居住累计满183天的个人。居民个人从中国境内和境外取得的所得都要在中国缴纳个人所得税。

　　2.非居民纳税义务人

　　非居民纳税义务人是指在中国境内无住所又不居住，或者无住所而一个纳税年度内在中国境内居住累计不满183天的个人。非居民纳税义务人仅就其来源于中国境内的所得在中国缴纳个人所得税。

三、个人所得税的征税对象和税率

（一）个人所得税的征税对象

个人所得税的征税对象是个人取得的应税所得，主要包括9类所得：

(1) 工资、薪金所得。

(2) 劳务报酬所得。

(3) 稿酬所得。

(4) 特许权使用费所得。

(5) 经营所得。

(6) 利息、股息、红利所得。

(7) 财产租赁所得。

(8) 财产转让所得。

(9) 偶然所得。

居民个人取得上述（1）至（4）项所得（综合所得），按纳税年度合并计算个人所得税；非居民个人取得上述（1）至（4）项所得，按月或者按次分项计算个人所得税。纳税人取得上述（5）至（9）项所得，依照《个人所得税法》的规定分别计算个人所得税。

【小知识】

工资、薪金所得与劳务报酬所得的区别

工资、薪金所得是指个人因任职或者受雇而取得的工资、薪金、奖金、年终加薪、劳动分红、津贴、补贴以及与任职或者受雇有关的其他所得。劳务报酬所得是指个人独立从事各种非雇佣劳务所取得的所得。内容包括：设计、装潢、安装、制图、化验、测试、医疗、法律、会计、咨询、讲学、新闻、广播、翻译、审稿、书画、雕刻、影视、录音、录像、演出、表演、广告、展览、技术服务、介绍服务、经纪服务、代办服务、其他劳务。

（二）个人所得税税率

1.综合所得

综合所得适用3%~45%的七级超额累进税率。个人所得税税率表（综合所得适用）见表3-4。

表3-4　　　　　　　　　　个人所得税税率表（综合所得适用）

级数	全年应纳税所得额	税率（%）	速算扣除数（元）
1	不超过36 000元的	3	0
2	超过36 000元至144 000元的部分	10	2 520
3	超过144 000元至300 000元的部分	20	16 920
4	超过300 000元至420 000元的部分	25	31 920
5	超过420 000元至660 000元的部分	30	52 920
6	超过660 000元至960 000元的部分	35	85 920
7	超过960 000元的部分	45	181 920

注：本表所称全年应纳税所得额是指依照税法规定，居民个人取得综合所得以每一纳税年度收入额减除费用6万元以及专项扣除、专项附加扣除和依法确定的其他扣除后的余额。

按月换算后的综合所得个人所得税税率表见表3-5。

表3-5　　　　　　　按月换算后的综合所得个人所得税税率表

级数	全月应纳税所得额	税率（%）	速算扣除数（元）
1	不超过3 000元的	3	0
2	超过3 000元至12 000元的部分	10	210
3	超过12 000元至25 000元的部分	20	1 410
4	超过25 000元至35 000元的部分	25	2 660
5	超过35 000元至55 000元的部分	30	4 410
6	超过55 000元至80 000元的部分	35	7 160
7	超过80 000元的部分	45	15 160

注：非居民个人取得的工资、薪金所得，劳务报酬所得，稿酬所得和特许权使用费所得，依照本表计算应纳税额。

2.经营所得

经营所得适用5%~35%的五级超额累进税率。个人所得税税率表（经营所得适用）见表3-6。

表3-6　　　　　　　个人所得税税率表（经营所得适用）

级数	全年应纳税所得额	税率（%）	速算扣除数（元）
1	不超过30 000元的	5	0
2	超过30 000元至90 000元的部分	10	1 500
3	超过90 000元至300 000元的部分	20	10 500
4	超过300 000元至500 000元的部分	30	40 500
5	超过500 000元的部分	35	65 500

注：本表所称全年应纳税所得额是指依照税法规定，以每一纳税年度的收入总额减除成本、费用以及损失后的余额。

3.利息、股息、红利所得，财产租赁所得，财产转让所得和偶然所得适用比例税率，税率为20%。对个人按市场价格出租的居民住房取得的所得，自2001年1月1日起暂减按10%的税率征收个人所得税。

四、个人所得税应纳税额的计算

（一）居民个人的综合所得，以每一纳税年度的收入额减除费用6万元以及专项扣除、专项附加扣除和依法确定的其他扣除后的余额，为应纳税所得额。

劳务报酬所得、稿酬所得、特许权使用费所得以收入减除20%的费用后的余额为收入额。稿酬所得的收入额减按70%计算。

（二）居民纳税人"综合所得"预扣预缴计税规定。

1.工资、薪金所得

工资、薪金所得执行"累计预扣预缴"，适用"七级超额累进预扣率"。居民纳税人工资薪金所得适用的按月预交个人所得税的预扣率表见表3-7。

表3-7　　　　　　　　个人所得税预扣率表（工资、薪金所得适用）

级数	全年应纳税所得额	税率（%）	速算扣除数（元）
1	不超过36 000元的	3	0
2	超过36 000元至144 000元的部分	10	2 520
3	超过144 000元至300 000元的部分	20	16 920
4	超过300 000元至420 000元的部分	25	31 920
5	超过420 000元至660 000元的部分	30	52 920
6	超过660 000元至960 000元的部分	35	85 920
7	超过960 000元的部分	45	181 920

2.劳务报酬所得、稿酬所得、特许权使用费所得

（1）费用扣除标准

每次收入不超过4 000元的，减除费用800元；4 000元以上的，减除20%的费用；稿酬所得收入额减按70%计算。

（2）适用税率

①劳务报酬所得适用20%~40%的3级超额累进预扣率。居民纳税人劳务报酬所得适用的按月或按次预交个人所得税的预扣率表见表3-8。

表3-8　　　　　　　　个人所得税预扣率表（劳务报酬所得适用）

级数	全"月"（或次）应纳税所得额	税率（%）	速算扣除数（元）
1	不超过20 000元的	20	0
2	超过20 000元至50 000元的部分	30	2 000
3	超过50 000元的部分	40	7 000

②稿酬所得、特许权使用费所得适用20%的比例税率。

（三）非居民个人的工资、薪金所得，以每月收入额减除费用5 000元后的余额为应纳税所得额；劳务报酬所得、稿酬所得、特许权使用费所得，以每次收入额为应纳税所得额。

（四）经营所得，以每一纳税年度的收入总额减除成本、费用以及损失后的余额，为应纳税所得额。

应纳税额=应纳税所得额×适用税率-速算扣除数

　　　　=（全年收入总额-成本、费用及损失）×适用税率-速算扣除数

（五）财产租赁所得，每次收入不超过4 000元的，减除费用800元；4 000元以上的，减除20%的费用，其余额为应纳税所得额。

应纳税额=应纳税所得额×适用税率

（1）每次（月）收入不超过4 000元的。

应纳税额=［每次（月）收入额-财产租赁过程中缴纳的税费-修缮费用（800元为限）-800元］×20%

（2）每次（月）收入超过4 000元的。

应纳税额=［每次（月）收入额-财产租赁过程中缴纳的税费-修缮费用（800元为限）］×（1-20%）×20%

（六）财产转让所得，以个人每次转让财产的收入额减除财产原值和合理费用后的余额，为应纳税所得额。

应纳税所得额=每次收入额-财产原值-合理税费

每次，是指以一件财产的所有权一次转让取得的收入为一次。

（七）利息、股息、红利所得和偶然所得，以每次收入额为应纳税所得额。

应纳税额=应纳税所得额×适用税率

=每次收入额×20%

（八）应纳税所得额确定中费用扣除规定

1.专项扣除，包括居民个人按照国家规定的范围和标准缴纳的基本养老保险、基本医疗保险、失业保险等社会保险费和住房公积金等。

2.专项附加扣除，是指个人所得税法规定的子女教育、3岁以下婴幼儿照护、继续教育、大病医疗、住房贷款利息或住房租金、赡养老人等支出，具体范围、标准和实施步骤由国务院确定，并报全国人民代表大会常务委员会备案。

（1）子女教育专项附加扣除。

纳税人的子女接受学前教育和学历教育的相关支出，按照每个子女每年24 000元（每月2 000元）的标准定额扣除。

（2）3岁以下婴幼儿照护专项附加扣除。

纳税人照护3岁以下婴幼儿子女的相关支出，按照每个婴幼儿每月2 000元的标准定额扣除。

（3）继续教育专项附加扣除。

纳税人接受学历继续教育的支出，在学历教育期间按照每年4 800元（每月400元）定额扣除；纳税人接受技能人员职业资格继续教育、专业技术人员职业资格继续教育支出，在取得相关证书的年度，按照每年3 600元定额扣除。

（4）大病医疗专项附加扣除。

一个纳税年度内，在社会医疗保险管理信息系统记录的由个人负担超过15 000元的医药费用支出部分，为大病医疗支出，可以按照每年80 000元标准限额据实扣除。

（5）住房贷款利息专项附加扣除。

纳税人本人或配偶使用商业银行或住房公积金个人住房贷款为本人或其配偶购买住房，发生的首套住房贷款利息支出，在偿还贷款期间，可以按照每年12 000元（每月1 000元）标准定额扣除。扣除期限最长不超过240个月。

【提示】非首套住房贷款利息支出，纳税人不得扣除。纳税人只能享受一套首套住房贷款利息扣除。

（6）住房租金专项附加扣除。

纳税人本人及配偶在纳税人的主要工作城市没有住房，而在主要工作城市租赁住房发生的租金支出，可以按照以下标准定额扣除：

①承租的住房位于直辖市、省会城市、计划单列市以及国务院确定的其他城市，扣除标准为每年18 000元（每月1 500元）。

②承租的住房位于其他城市的，市辖区户籍人口超过100万的，扣除标准为每年12 000元（每月1 000元）。

③承租的住房位于其他城市的，市辖区户籍人口不超过100万（含）的，扣除标准为每年9 600元（每月800元）。

（7）赡养老人专项附加扣除。

纳税人赡养60岁（含）以上父母以及其他法定赡养人的赡养支出，可以按照以下标准定额扣除：

①纳税人为独生子女的，按照每年36 000元（每月3 000元）的标准定额扣除。

②纳税人为非独生子女的，应当与其兄弟姐妹分摊每年36 000元（每月3 000元）的扣除额度，分摊方式包括平均分摊、被赡养人指定分摊或者赡养人约定分摊，具体分摊方式在一个纳税年度内不得变更。每人分摊的额度不能超过每月1 500元。

3.其他扣除，包括个人缴付符合国家规定的企业年金、职业年金，个人购买符合国家规定的商业健康保险、税收递延型商业养老保险的支出，以及国务院规定可以扣除的其他项目。

4.对个人将其所得通过境内公益性的社会组织、国家机关向教育、扶贫、济困等公益慈善事业进行捐赠，捐赠额未超过纳税人申报的应纳税所得额30%的部分，可以从其应纳税所得额中扣除。

5.个人通过非营利性的社会团体和国家机关向红十字事业、农村义务教育和公益性青少年活动场所的捐赠，在计算缴纳个人所得税时，准予在税前的所得额中全额扣除。

【做一做】

中国公民李某为一文工团演员，2022年3月收入情况如下：

（1）工资收入20 000元，取得季度奖18 000元，每月"三险一金"专项扣除为2 000元，专项附加扣除额2 000元，1—2月份已累计预扣预缴工资、薪金所得的个人所得税660元。

（2）每月均赴郊县参加乡村文艺演出一次，每次收入5 000元。

（3）出版自传作品一部，取得稿酬10 000元。

（4）应邀为某文艺团授课4次，每次课酬6 000元。

（5）当年购买国库券取得利息收入3 000元，企业债券利息收入1 500元。

（6）出租自有住房用于居住，每月租金收入2 500元。

要求：计算李某3月份各项所得应缴纳（或预扣预缴）的个人所得税额。

【解析】

（1）第3个月应预扣预缴的应纳税所得额=（20 000×3+18 000）－5 000×3－2 000×3－2 000×3=51 000（元）

第3个月应预扣预缴的应纳税额=51 000×10%－2 520－660=1 920（元）

（2）参加乡村文艺演出应预扣预缴税额=5 000×（1－20%）×20%=800（元）

（3）稿酬收入应预扣预缴税额=10 000×（1－20%）×70%×20%=1 120（元）

（4）授课应预扣预缴税额=6 000×4×（1－20%）×20%=3 840（元）

（5）国债利息收入免收个人所得税：

企业债券利息收入=1 500×20%=300（元）

（6）租金收入应纳税额=（2 500－800）×10%=170（元）

五、个人所得税征收管理

（一）纳税申报

1.个人所得税以所得人为纳税人，以支付所得的单位或者个人为扣缴义务人。

2.有下列情形之一的，纳税人应当依法办理纳税申报：

（1）取得综合所得需要办理汇算清缴。

需要办理汇算清缴的情形包括：

①在两处或者两处以上取得综合所得，且综合所得年收入额减去专项扣除的余额超过6万元。

②取得劳务报酬所得、稿酬所得、特许权使用费所得中一项或者多项所得，且综合所得年收入额减去专项扣除的余额超过6万元。

③纳税年度内预缴税额低于应纳税额的。

【提示】（1）纳税人需要退税的，应当办理汇算清缴，申报退税。

（2）取得应税所得没有扣缴义务人。

（3）取得应税所得，扣缴义务人未扣缴税款。

（4）取得境外所得。

（5）因移居境外注销中国户籍。

（6）非居民个人在中国境内从两处以上取得工资、薪金所得。

（7）国务院规定的其他情形。

3.居民个人取得工资、薪金所得时，可以向扣缴义务人提供专项附加扣除有关信息，由扣缴义务人扣缴税款时办理专项附加扣除；居民个人取得劳务报酬所得、稿酬所得、特许权使用费所得，应当在汇算清缴时向税务机关提供有关信息，办理专项附加扣除。

4.对年收入超过国务院税务主管部门规定数额的个体工商户、个人独资企业、合伙企业，税务机关不得采取定期定额、事先核定应税所得率等方式征收个人所得税。

5.纳税人可以委托扣缴义务人或者其他单位和个人办理汇算清缴。

6.纳税人有下列情形之一的，税务机关可以不予办理退税：

（1）纳税申报或者提供的汇算清缴信息，经税务机关核实为虚假信息，并拒不改正的。

（2）法定汇算清缴期结束后申报退税的。

（二）纳税期限

1.居民个人取得综合所得，按年计算个人所得税；有扣缴义务人的，由扣缴义务人按月或者按次预扣预缴税款；需要办理汇算清缴的，应当在取得所得的次年3月1日至6月30日内办理汇算清缴。

2.纳税人取得经营所得，按年计算个人所得税，由纳税人在月度或者季度终了后十五日内向税务机关报送纳税申报表，并预缴税款，在取得所得的次年3月31日前办理汇算清缴。

【随堂测】

一、选择题

1.李某和其妻子钱某婚后贷款购买一套住房，属于首套住房贷款，下列说法正确的是（　　）。

A.李某和钱某均可以扣除住房贷款利息

B.李某和钱某每月均可扣除的额度是1 000元

C.可以由李某和钱某其中一人扣除，每月扣除额度是1 000元

D.李某、钱某所购买住房如果在北上广深等城市，扣除的标准要高于1 000元

【答案】C

2.纳税人赡养（　　）父母以及其他法定赡养人的赡养支出，可以按照标准定额扣除。

A.50岁以上　　　　　　　　　　　　B.60岁以上

C.50岁（含）以上　　　　　　　　　D.60岁（含）以上

【答案】D

3.子女教育专项附加扣除的标准是（　　）。

A.每孩每月1 500元　　　　　　　　B.每孩每月800元

C.每孩每月1 200元　　　　　　　　D.每孩每月2 000元

【答案】D

4.纳税人发生符合条件的大病医疗支出，超过（　　）元的部分在（　　）元限额内据实扣除。

A.15 000，80 000　　　　　　　　　B.10 000，80 000

C.15 000，60 000　　　　　　　　　D.10 000，60 000

【答案】A

5.扣缴义务人向居民纳税人支付以下（　　）所得时，不需要按预扣预缴方法计算税款。

A.利息、股息、红利所得　　　　　　B.劳务报酬所得

C.稿酬所得　　　　　　　　　　　　D.特许权使用费所得

【答案】C

6.中国公民李某取得翻译收入20 000元，从中拿出5 000元，通过公益性社会团体捐给了贫困地区，李某就该笔翻译收入应缴纳的个人所得税为（　　）元。

A.1 052　　　　　B.2 150　　　　　C.2 240　　　　　D.1 072

【答案】C

7.某高校王教授和李教授两人合作出版了一部专著，一次取得稿酬20 000元，王教授分得17 000元稿酬，李教授分得3 000元稿酬，则两人共计应纳个人所得税为（　　）元。

A.3 160　　　　　B.2 212　　　　　C.2 240　　　　　D.3 200

【答案】A

8.某城市公民张先生为自由职业者，2022年6月取得以下收入，其中属于劳务报酬的有（　　）。

A.为甲企业兼职促销员，因业绩突出甲企业提供免费丽江游

B.自己开设酒吧取得的收入

C.为出版社审稿取得的收入

D.在杂志上发表摄影作品取得的收入

【答案】C

二、计算题

华达公司的高级工程师（中国公民）王某，系独生子女，父母均年满60岁，育有一女正在读小学，夫妻双方分别按50%扣除子女教育支出，2022年1月工资10 000元，另有下列收入：

1.领取了上年度奖金9 600元。

2.取得利息收入5 000元，其中国库券利息2 000元，单位集资利息3 000元。

3.将2021年出版的一部作品的使用权进行转让，取得收入28 000元。

4.受托为某单位做工程设计，一次性取得工程设计费40 000元。

要求：

1.计算1月份工资和奖金应预扣预缴的个人所得税。

2.计算1月份利息收入应缴纳的个人所得税。

3.计算1月份作品使用权转让应预扣预缴的个人所得税。

4.计算1月份取得的一次性工程设计费应预扣预缴的个人所得税。

（计算结果保留两位小数）

【答案】

1.工资应预扣预缴的个人所得税=（10 000-5 000-3 000-1 000）×3%=30（元）

奖金应预扣预缴的个人所得税=9 600×3%=288（元）

2.利息收入应缴纳的个人所得税=3 000×20%=600（元）

3.作品使用权转让应预扣预缴的个人所得税=28 000×（1-20%）×20%=4 480（元）

4.工程设计费应预扣预缴的个人所得税=40 000×（1-20%）×30%-2 000=7 600（元）

【延伸阅读】

我国个税改革的意义及影响

任务六　税收征收管理

【任务描述】

由教师将学生分成若干小组，每组负责对税收征收管理制度的纳税登记、发票开具、纳税申报、税款征收、税务代理、税务检查及税收行政复议等内容进行小组学习探究。各小组轮流将学习的内容向全班同学进行讲解展示，由教师和其他小组进行评价，得分最多的小组即为胜出者。

【案例导入】

某市税务机关在税务检查中发现，某公司新增经营范围，已按规定办理了工商变更登记，但未办理税务登记变更手续，即责令其限期改正。该公司负责人林某认为，虽然增加了经营范围，但公司名称没有改变，因此不应该办理变更税务登记。

要求：请分析林某的观点是否正确。

【案例解析】

林某的观点不正确。经营范围属于税务登记内容，因此，该公司改变经营范围属于改变税务登记内容，即使公司的名称没改变，也应办理变更税务登记。该公司应自市场监督管理机关办理变更登记之日起30日内，持有关证件向原税务登记机关申报办理变更税务登记。

【任务分析】

税收征收管理，是国家税务机关依据国家税收法律、行政法规的规定，按照统一标准，通过一定的程序，对纳税人应纳税额组织入库的一种行政活动，是国家将税收政策贯彻实施到每个纳税人，有效地组织税收收入及时、足额入库的一系列活动的总称。税收征管是整个税收管理活动的中心环节，是实现税收管理目标、将潜在的税源变为现实的税收收入的手段。纳税义务虽然由实体法规定，但须经过征税主体对其确认才能履行，通过税务登记确认纳税义务的发生；通过纳税申报进行纳税义务的计量；通过税款征收完成纳税义务的履行；通过税务检查确认纳税义务的消亡，确保税款顺利入库。

【知识准备】

一、税务登记

税务登记是税务机关依据税法规定，对纳税人的生产、经营活动进行登记管理的一项法定制度，也是纳税人依法履行纳税义务的法定手续。税务登记是整个税收征收管理的起点。

（一）税务登记申请人

1.企业，企业在外地设立的分支机构和从事生产、经营的场所，个体工商户和从事生产、经营的事业单位，都应当办理税务登记。

2.前述规定以外的纳税人，除国家机关、个人和无固定生产经营场所的流动性农村小商贩外，也应当办理税务登记。

3.根据税收法律、行政法规的规定，负有扣缴税款义务的扣缴义务人（国家机关除外），应当办理扣缴税款登记。

（二）税务登记主管机关

县以上（含本级）税务局（分局）是税务登记的主管机关。

（三）"多证合一"登记制度改革

1.自2015年10月1日起，"三证合一（工商营业执照、组织机构代码证、税务登记证）、一照一码"的登记制度改革在全国推行。

2.2016年6月30日，国务院办公厅发布《关于加快推进"五证合一、一照一码"登记制度改革的通知》（国办发〔2016〕53号），在全面实施工商营业执照、组织机构代码证、税务登记证"三证合一"登记制度改革的基础上，再整合社会保险登记证和统计登记证，实现"五证合一、一照一码"。

3.目前，在全面实施"五证合一、一照一码"的基础上，又进一步将涉及登记、备案等有关事项和各类证照整合到营业执照上，实现"多证合一、一照一码"。

4.税务登记的内容包括：①开业登记。②变更登记。③停业、复业登记。④注销登记。⑤外出经营报验登记。⑥纳税人税种登记。⑦扣缴义务人扣缴税款登记等。

二、发票的种类与开具要求

（一）发票的种类

发票是指在购销商品、提供劳务或接受劳务、服务以及从事其他经营活动时，提供给对方的收付款的凭证。较为常见的发票有：

（1）增值税专用发票，包括增值税专用发票和机动车销售统一发票。增值税专用发票是增值税一般纳税人生产经营增值税应税项目使用的一种特殊发票，它不仅是一般的商事凭证，而且是计算抵扣税款的法定凭证。

（2）增值税普通发票，包括增值税普通发票（折叠票）、增值税普通发票（卷票）、增值税电子发票（如图3-2所示）。普通发票主要由增值税小规模纳税人使用，增值税一般纳税人在不能开具专用发票的情况下也可使用普通发票。

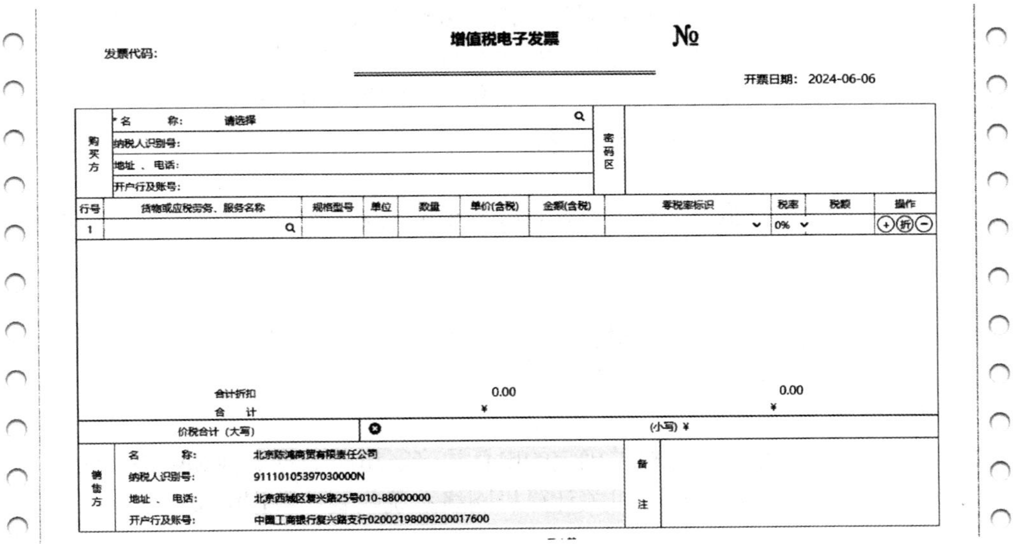
增值税电子发票　№
发票代码：
开票日期：2024-06-06
购买方　名称：请选择
纳税人识别号：
地址、电话：
开户行及账号：
密码区

行号	货物或应税劳务、服务名称	规格型号	单位	数量	单价(含税)	金额(含税)	零税率标识	税率	税额	操作
1								0%		

合计折扣　0.00　0.00
合　计　¥　¥
价税合计（大写）　（小写）¥
销售方　名称：北京陈鸿商贸有限责任公司
纳税人识别号：91110105397030000N
地址、电话：北京西城区复兴路25号010-88000000
开户行及账号：中国工商银行复兴路支行0200219800920017600
备注

图3-2　增值税电子发票样例

（3）专业发票。专业发票包括：国有金融、保险业务的存贷、汇兑、转账凭证，保险凭证；国有邮政、电信企业的邮票、邮单、话务、电报收据；国有铁路、国有航空企业和交通部门、国有公路、水上运输企业的客票、货票等。

（二）发票的开具要求

（1）单位和个人应在发生经营业务、确认营业收入时，开具发票。

（2）单位和个人开具发票时应按号码顺序填开，填写项目齐全、内容真实、字迹清楚、全部联次一次性复写或打印，内容完全一致，并在发票联和抵扣联加盖单位财务印章或者发票专用章。

（3）填写发票应当使用中文。民族自治地区可以同时使用当地通用的一种民族文字，外商投资企业和外资企业可以同时使用一种外国文字。

（4）使用电子计算机开具发票必须报主管税务机关批准，并使用税务机关统一监制的机打发票。

（5）开具发票时限、地点应符合规定。

（6）任何单位和个人都不得转借、转让、代开发票；未经税务机关批准，不得拆本使用发票，不得自行扩大专业发票使用范围。

【做一做】

增值税普通发票主要由（　　　）使用。

A.增值税小规模纳税人　　　　　B.增值税一般纳税人能开具专用发票的

C.消费税纳税人　　　　　　　　D.增值税一般纳税人不能开具专用发票的

【答案】A

三、纳税申报

纳税申报是指纳税人、扣缴义务人按照税法规定的期限和内容向税务机关提交有关纳税事项书面报告的法律行为，是纳税人履行纳税义务、承担法律责任的主要依据，是税务机关税收管理信息的主要来源和税务管理的一项重要制度。

纳税义务人必须在法律、行政法规规定或税务机关依照法律、行政法规的规定确定的申报期限内办理纳税申报。纳税人办理纳税申报时，应当如实填写纳税申报表，并报送有关证件和资料。享受减、免税待遇的，在减、免税期间也应办理纳税申报。

纳税人办理纳税申报主要采取的方式有：

1.自行申报

自行申报也称直接申报。纳税人自行直接到税务机关办理纳税申报。这是一种传统的申报方式。

2.邮寄申报

邮寄申报，即纳税人将纳税申报表及有关纳税资料以邮寄的方式送达税务机关。邮寄申报以寄出的邮戳日期为实际申报日期。

3.数据电文申报

数据电文申报，是指经税务机关确定的电话语音、电子数据交换和网络传输等电子方式进行纳税申报。申报日期以税务机关计算机网络系统收到该数据电文的时间为准。

4.其他方式

实行定期定额缴纳税款的纳税人，可以实行简易申报、简并征期等方式申报纳税。

四、税款征收

（一）税款征收方式

税款征收是税务机关依照税收法律、法规的规定，将纳税人应当缴纳的税款组织入库的一系列活动的总称。它是税收征收管理工作的中心环节，是全部税收征管工作的目的和归宿。税款征收的方式主要有9种：

1.查账征收

查账征收，是指由纳税人依据账簿记载，先自行计算缴纳，事后经税务机关查账核实，如有不符合税法规定的，则多退少补的一种税款征收方式。查账征收适用于经营规模较大、财务会计制度较为健全、能够认真履行纳税义务的单位和个人。

2.查定征收

查定征收，是指由税务机关根据纳税人的生产设备等状况在正常条件下的生产、销售情况，对其生产的应税产品查定产量和销售额，然后依照税法规定和税率征收的一种税款征收方式。查定征收适用于生产经营规模较小、产品零星、税源分散、会计核算不健全，但能控制原材料或进销货的小型厂矿和作坊。

3.查验征收

查验征收，是指由税务机关对纳税申报人的应税产品进行查验后征税，贴上完税证、查验证或盖查验戳，并据以征税的一种税款征收方式。查验征收适用于纳税人财务制度不健全，生产经营不固定，零星分散、流动性大的税源。

4.定期定额征收

定期定额征收，是指税务机关依照有关法律、法规的规定，按照一定的程序，核定纳税人在一定经营时期内的应纳税经营额及收益额，并以此为依据，确定其应纳税额（包括增值税税额、消费税税额、所得税税额等）的一种税款征收方式。这种方式适用于生产经营规模小，又确无建账能力，经主管税务机关审核，县级以上（含县级）税务机关批准可以不设置账簿或暂缓建账的小型纳税人。

5.核定征收

核定征收，是指纳税人的会计账簿不健全，资料残缺难以查账，或者因其他原因难以准确确定纳税人应纳税额时，由税务机关采用合理的方法依法核定纳税人应纳税款的一种征收方式。

6.代扣代缴

代扣代缴是负有扣缴税款义务的单位和个人，在向纳税人支付款项时，从所支付的款项中依法直接扣收税款并代为缴纳的一种税款征收方式。这种方式有利于对零星分散的税源实行控管。我国对纳税人课征的个人所得税采用代扣代缴方式征收。

7.代收代缴

代收代缴，是指负有收缴税款义务的单位和个人在向纳税人收取款项时依法收取税款的一种税款征收方式。由与纳税人有经济业务往来的单位和个人在向纳税人收取款项时，依照税法的规定收取税款，并按照规定的期限和缴库方法申报解缴税款。这种方式同样适用于对零星分散、不易控制的税源实行源泉控制。

8.委托代征税款

委托代征税款是指税务机关委托代征人以税务机关的名义征收税款，并将税款缴入国库的一种税款征收方式。这种方式主要适用于零星、分散和流动性较大的税款征收，如集贸市场税款的征收。

9.其他方式

税款征收的其他方式有邮寄申报、自计自填自缴、自报核缴、利用网络申报和用IC卡纳税等。

【做一做】

在税款征收方式中，查账征收方式一般适用于（　　　）。

A.经营规模大，账簿、凭证、财务会计制度比较健全，能够正确计算应纳税额的纳税人

B.零星、分散和流动性较大的税款征收

C.生产经营规模小，又确无建账能力的小型纳税人

D.生产规模较小、账册不健全、财务管理和会计核算水平较低的纳税人

【答案】A

（二）税收保全措施

1.税收保全措施的适用情形

税务机关有根据认为从事生产、经营的纳税人有逃避纳税义务行为的，可以在规定的纳税期限之前，责令其限期缴纳应纳税款；在限期内发现纳税人有明显的转移、隐匿其应纳税的商品、货物以及其他财产或者应纳税收入迹象的，税务机关可以责成纳税人提供纳税担保；如果纳税人不能提供纳税担保，经县以上税务局局长批准可以采取税收保全措施。

2.税收保全的措施

（1）书面通知纳税人开户银行或者其他金融机构冻结纳税人的金额相当于应纳税款的存款。

（2）扣押、查封纳税人的价值相当于应纳税款的商品、货物或者其他财产。"其他财产"是指纳税人的房地产、现金、有价证券等不动产和动产。

3.税收保全的解除

纳税人在税务机关采取税收保全措施后，按照税务机关规定的期限缴纳税款的，税务机关应当自收到税款或者银行转回的完税凭证之日起1日内解除税收保全。

4.不适用税收保全的财产

（1）个人及其所抚养家属维持生活必需的住房和用品，不在税收保全措施的范围之内。

（2）单价5 000元以下的其他生活用品。

（三）税收强制执行

1.税收强制执行的适用情形

从事生产、经营的纳税人未按照规定的期限缴纳或者解缴税款，纳税担保人未按照规定的期限缴纳所担保的税款，由税务机关责令限期缴纳，逾期仍未缴纳的，经县以上税务局（分局）局长批准，税务机关可以采取强制执行措施。

2.税收强制执行措施的形式

（1）强制扣款，即书面通知其开户银行或者其他金融机构从其存款中扣缴税款。

（2）拍卖变卖，即扣押、查封、依法拍卖或者变卖其价值相当于应纳税款的商品、货物或者其他财产，以拍卖或者变卖所得抵缴税款。

税务机关采取强制执行措施时，对纳税人、扣缴义务人、纳税担保人未缴纳的滞纳金同时强制执行。个人及其所扶养家属维持生活必需的住房和用品，不在强制执行措施的范围之内。

（四）税款的退还与追征

1.税款的退还

纳税人多缴纳的税款，税务机关发现后应当立即退还；纳税人自结算缴纳税款之日起3年内发现的，可以向税务机关要求退还多缴的税款并加算银行同期存款利息，税务机关及时查实后应当立即退还。纳税人在结算缴纳税款之日起3年后向税务机关提出退还多缴税款要求的，税务机关不予受理。

2.税款的追征

（1）因税务机关的责任，致使纳税人、扣缴义务人未缴或者少缴税款的，税务机关在

3年内可以要求纳税人、扣缴义务人补缴税款，但是不得加收滞纳金。

（2）因纳税人、扣缴义务人计算错误等失误，未缴或者少缴税款的，税务机关在3年内可以追征税款，并加收滞纳金；有特殊情况的（即数额在10万元以上的），追征期可以延长到5年。

（3）对因纳税人、扣缴义务人和其他当事人偷税、抗税、骗税等原因而造成未缴或者少缴的税款，或骗取的退税款，税务机关可以无限期追征。

五、税务代理

税务代理是指代理人接受纳税主体的委托，在法定的代理范围内依法代其办理相关税务事宜的行为。

税务代理具有公正性、自愿性、有偿性、独立性和确定性等特征。

税务代理人在其权限内，以纳税人（含扣缴义务人）的名义代为办理纳税申报，申办、变更、注销税务登记证，申请减免税，设置、保管账簿凭证，进行税务行政复议和诉讼等纳税事项的服务活动。

六、税务检查

税务检查是税务机关根据税收法律、行政法规的规定，对纳税人、扣缴义务人履行纳税义务、扣缴义务及其他有关税务事项进行审查、核实、监督等活动的总称。它是税收征收管理工作的一项重要内容，是确保国家财政收入和税收法律法规贯彻落实的重要手段。税务机关在行使税务检查权时，应当依照法定权限和程序进行。

七、税收法律责任

税收法律责任，是指税收法律关系的主体因违反税收法律所应承担的法律后果。税收法律责任可分为行政责任和刑事责任。

（一）税务违法行政处罚

行政处罚，是指国家行政机关及法定授权组织依法对违反法律规范，尚未构成犯罪的公民、法人和其他组织所给予的行政法律制裁。

税收违法的行政处罚形式主要有责令限期改正、罚款、没收财产、收缴未用发票和暂停供应发票、停止出口退税权等。

（二）税务违法刑事处罚

根据《税收征管法》和《刑法》的规定，涉及危害税收征管的税务违法刑事犯罪的种类主要有偷税罪、抗税罪、逃避追缴欠款罪、骗取出口退税罪和非法印制发票罪等。税收违法的刑事处罚形式主要有拘役、判处徒刑、罚金和没收财产等。

八、税务行政复议

税务行政复议，是指纳税人和其他税务当事人对税务机关的税务行政行为不服，依法向上级税务机关提出申诉，请求上一级税务机关对原具体行政行为的合理性、合法性作出审议；复议机关依法对原行政行为的合理性、合法性作出裁决的行政司法活动。

（一）复议范围

可以申请行政复议的行政行为有：（1）征税行为。（2）行政许可、行政审批行为。（3）发票管理行为，包括发售、收缴、代开发票等。（4）税收保全措施、强制执行措施。（5）行政处罚行为：罚款；没收财物和违法所得；停止出口退税权。（6）不依法履行下列职责的行为：颁发税务登记证；开具、出具完税凭证、外出经营活动税收管理证明；行政赔偿；行政奖励；其他不依法履行职责的行为。(7) 资格认定行为。(8) 不依法确认纳税担保行为。(9) 政府信息公开工作中的具体行政行为。(10) 纳税信用等级评定行为。(11) 通知出入境管理机关阻止出境行为。(12) 其他具体行政行为。

申请人对上述第 (1) 项规定的行为不服的，应当先向复议机关申请行政复议；对复议决定不服的，可以再向人民法院提起行政诉讼。

申请人对上述第 (1) 项规定以外的其他具体行为不服的，可以申请行政复议，也可以直接向人民法院提起行政诉讼。

（二）复议管辖

对各级税务局的具体行政行为不服的，向其上一级税务局申请行政复议。对国家税务总局的具体行政行为不服的，向国家税务总局申请行政复议。对行政复议决定不服，申请人可以向人民医院提起行政诉讼，也可以向国务院申请裁决。国务院的裁决为最终裁决。

（三）行政复议决定

1.行政复议决定的作出

行政复议机关应当自受理申请之日起60日内作出行政复议决定。情况复杂，不能在规定期限内作出行政复议决定的，经复议机关负责人批准，可以适当延长，并告知申请人和被申请人；但延长期限最多不超过30日。

2.行政复议决定的种类

（1）具体行政行为认定事实清楚，证据确凿，适用依据正确，程序合法，内容适当的，决定维持。

（2）被申请人不履行法定职责的，决定其在一定期限内履行。

（3）具体行政行为有下列情形之一的，复议机关应决定撤销、变更或者确认该具体行政行为违法：主要事实不清、证据不足的；适用依据错误的；违反法定程序的；超越职权或者滥用职权的；具体行政行为明显不当的。

（4）申请人在申请行政复议时可以一并提出行政赔偿请求，复议机关对符合国家赔偿法有关规定应当给予赔偿的，在决定撤销、变更具体行政行为或者确认具体行政行为违法时，应当同时决定对被申请人依法给予赔偿。

3.行政复议决定的效力

行政复议决定书一经送达，即发生法律效力。

【随堂测】

1.下列各项中，属于开具发票应遵循的要求的有（　　　）。

A.单位和个人应在发生经营业务、确认营业收入时，开具发票

B.填写发票应当使用中文。民族自治地区可以同时使用当地通用的一种民族文字，外商投资企业和外资企业可以同时使用一种外国文字

C.单位和个人开具发票时应按号码顺序填开，填写项目齐全、内容真实、字迹清楚、全部联次一次性复写或打印，内容完全一致，并在发票联和抵扣联加盖单位财务专用章或者发票专用章

D.使用电子计算机开具发票必须报主管税务机关批准，并使用税务机关统一监制的

机打发票

【答案】ABCD

2.下列各项中，属于纳税人办理纳税申报主要方式的有（　　）。

A.直接申报　　　　　B.数据电文申报　　　C.邮寄申报　　　　　D.简易申报

【答案】ABCD

3.下列各项中，属于税务违法刑事处罚的项目有（　　）。

A.偷税罪　　　　　　　　　　　B.抗税罪

C.逃避追缴欠款罪　　　　　　　D.没收非法所得

【答案】ABC

4.申请人对（　　）不服的，应当先向复议机关申请行政复议，对复议决定不服的，可以再向人民法院提起行政诉讼。

A.征税行为　　　　　　　　　　B.行政处罚行为

C.税收保全措施　　　　　　　　D.资格认定行为

【答案】A

本项目各任务
随堂测答案

【延伸阅读】

减税降费："放水养鱼"而非"杀鸡取卵"

【项目训练】

一、选择题

1.下列项目中，不属于流转税的是（　　）。

A.增值税　　　　　B.消费税　　　　　C.关税　　　　　D.印花税

2.某企业为增值税一般纳税人，2022年4月取得销售收入（含增值税）95 400元，购进原材料支付价款（含增值税）36 400元。根据增值税法律制度的规定，该企业2022年4月应缴纳的增值税税额为（　　）元。

A.10 975.22　　　　B.6 787.61　　　　C.5 400　　　　D.3 540

3.下列属于建筑服务业交增值税的项目是（　　）。

A.管道运输服务　　　　　　　　B.邮政普通服务

C.安装服务　　　　　　　　　　D.物流辅助服务

4.下列单位，属于消费税纳税人的是（　　）。

A.进口金银首饰的单位　　　　　B.从事白酒批发的单位

C.委托加工烟丝的单位　　　　　D.受托加工烟丝的单位

5.下列各项中，应同时征收增值税和消费税的是（　　）。

A.批发的白酒　　　　　　　　　B.零售环节销售的金银首饰

C.生产环节销售的家电　　　　　　　　D.进口的金银首饰

6.关于应税消费品的征税范围，下列说法错误的是（　　　）。

A.高档化妆品包括舞台、戏剧、影视化妆用的上妆油

B.成品油包括汽油、柴油、石脑油、溶剂油、航空煤油、润滑油、燃料油7个子目

C.小汽车包括乘用车、中轻型商务车

D.高尔夫球及球具包括高尔夫球、高尔夫球杆和高尔夫握把等

7.纳税人用委托加工收回的应税消费品连续生产应税消费品，在计算纳税时，（　　　）。

A.其委托加工应税消费品的已纳税款不得扣除

B.其委托加工应税消费品的已纳税款当期可全部扣除

C.对收回的委托加工应税消费品当期生产领用部分已纳税款予以扣除

D.其委托加工应税消费品的已纳税款当期可扣除一半

8.华南公司2022年度经营情况为：全年实现销售收入总额2 000万元，准予扣除的成本为1 600万元、费用为250万元、损失为20万元，公司全年共计缴纳增值税50万元、消费税50万元、城市维护建设税7万元、教育费附加3万元，则该年度应缴纳的企业所得税是（　　　）万元。

A.20　　　　　　　　　　　　　　　　B.17.5

C.22.5　　　　　　　　　　　　　　　D.5

9.某纳税人向非金融机构借款1 000万元，全年支付利息180万元，金融机构同类、同期贷款利率为13%，则企业允许税前扣除的利息支出为（　　　）万元。

A.180　　　　　　　　　　　　　　　　B.130

C.90　　　　　　　　　　　　　　　　D.65

10.某院校教授为某单位进行技术改造，所得到的报酬应按（　　　）项目缴纳个人所得税。

A.劳务报酬所得　　　　　　　　　　　B.工资薪金所得

C.偶然所得　　　　　　　　　　　　　D.奖金

11.企业在年度中间终止经营活动的，应当自实际经营终止之日起（　　　）日内，向税务机关办理当期企业所得税汇算清缴。

A.30　　　　　　　　　　　　　　　　B.15

C.60　　　　　　　　　　　　　　　　D.45

12.我国个人所得税中的工资薪金所得采取的税率形式属于（　　　）。

A.比例税率　　　　　　　　　　　　　B.超额累进税率

C.超率累进税率　　　　　　　　　　　D.全额累进税率

二、多项选择题

1.下列项目中，适用比例税率征税的有（　　　）。

A.工资、薪金所得　　　　　　　　　　B.个体工商户生产经营所得

C.劳务报酬所得　　　　　　　　　　　D.财产转让所得

2.下列各项中，属于增值税税率的有（　　　）。

A.13%　　　　　　　　　　　　　　　B.9%

C.6%　　　　　　　　　　　　　　　　　D.17%

3.下列所得在计算个人所得税时，不得减除费用的有（　　　）。

A.特许权使用费所得　　　　　　　　　B.利息、股息、红利所得

C.偶然所得　　　　　　　　　　　　　D.劳务报酬所得

4.在计算企业应纳税所得额时，下列支出不得扣除的有（　　　）。

A.已发生的经营亏损和投资损失　　　　B.合理支出的工资薪金

C.企业所得税税款　　　　　　　　　　D.罚金、罚款和被没收财产的损失

5.下列项目中，不得扣除的有（　　　）。

A.税收滞纳金　　　　　　　　　　　　B.银行按规定加收的罚息

C.被没收财产的损失　　　　　　　　　D.未经核定的准备金支出

6.根据现行税法，下列消费品的生产经营环节，既征收增值税又征收消费税的有（　　　）。

A.卷烟的批发环节　　　　　　　　　　B.酒类产品的批发环节

C.珍珠饰品的零售环节　　　　　　　　D.高档手表的生产环节

7.我国消费税分别采用的计征方法有（　　　）。

A.从价定率　　　　　　　　　　　　　B.从量定额

C.从价定额　　　　　　　　　　　　　D.从量定额和从价定率相结合

8.下列属于营业收入的项目有（　　　）。

A.接受捐赠收入　　　　　　　　　　　B.销售产品收入

C.销售材料收入　　　　　　　　　　　D.提供劳务收入

9.根据《企业所得税法》的规定，下列项目中，属于企业所得税纳税人的有（　　　）。

A.个人独资企业　　　　　　　　　　　B.外商独资企业

C.国有企业　　　　　　　　　　　　　D.合伙企业

10.下列各项中，按次征税的所得项目有（　　　）。

A.劳务报酬所得　　　　　　　　　　　B.工资、薪金所得

C.财产租赁所得　　　　　　　　　　　D.稿酬所得

三、计算题

1.某市罐头厂为增值税一般纳税人，2022年5月份的购销情况如下：

（1）填开增值税专用发票销售应税货物，不含税销售额为850 000元；

（2）填开普通发票销售应税货物，销售收入42 120元；

（3）购进生产用免税农产品，农产品收购发票注明买价580 000元；

（4）购进辅助材料128 000元，增值税专用发票注明税额16 640元，支付运输货物的运费1 000元，并取得运输企业开具的运输专用发票；

（5）该罐头厂用价值20 000元（不含增值税）的罐头换进某糖精厂一批糖精，换进糖精的价值是18 000元（不含增值税），双方均开具了增值税专用发票。

要求：计算本企业2022年5月的下列各项：

（1）本月销项税额；

（2）本月准予抵扣的进项税额；

（3）本月应缴纳的增值税。

2.某卷烟厂为增值税一般纳税人，2022年6月生产并销售某品牌卷烟300箱（每箱

50 000支），每标准条（200支）的调拨价为80元（不含增值税）；领用同样的卷烟50条用于业务招待。（已知卷烟每标准条调拨价70元以上的税率为56%，单位税率为0.003元/支）

要求：计算该卷烟厂应纳的消费税。

【项目评价】

本项目的学习效果评价体系由职业能力、通用能力和思政素养三部分构成，请根据学生对教学内容的掌握情况填写项目考核评价表（见表3-9）。

表3-9   项目考核评价表

内　　容			评　价		
学习目标		评价项目	3	2	1
职业能力	税收的基本知识	1.税收的分类与特征			
		2.税法的分类			
		3.税法的构成要素			
	主要税种	1.各税种的征税范围			
		2.各税种的税率			
		3.各税种应纳税额的计算			
	税收征管的内容	1.税务登记的种类			
		2.发票的开具要求			
		3.税款征收的方式			
通用能力	组织能力				
	沟通能力				
	解决问题的能力				
	自我提高的能力				
	创新能力				
思政素养	树立国家税收制度自信意识				
	领悟税收"取之于民、用之于民"的"以人民为中心"的核心理念				
	领悟税收引导绿色消费、协调共享的新发展理念				
	树立依法纳税、勇担责任的意识				
综合评价					

等级说明：3——能高质、高效地完成此学习目标的全部内容，并能解决遇到的特殊问题；2——能高质、高效地完成此学习目标的全部内容；1——能圆满完成此学习目标的全部内容，无须任何帮助和指导。

评价说明：优秀——达到3级水平；良好——达到2级水平；合格——全部任务都达到1级水平；不合格——不能达到1级水平。

项目四　协调发展的基准石——财政法律制度

学习目标

知识目标

1.了解预算法律制度的构成及法律责任；
2.了解政府采购法律制度的构成和原则；
3.了解国库集中收付制度的概念；
4.掌握国家预算的概念、构成以及预算收支的范围；
5.掌握预算管理的职权、预算组织的程序以及预决算的监督；
6.掌握政府采购的执行模式和方式；
7.掌握国库单一账户体系的构成及财政收支的方式。

能力目标

1.能根据预算管理的职权划分原则确定预算收支的范围和内容；
2.能根据政府采购不同方式的适用范围，结合案例熟练运用每种采购方式；
3.能根据国库集中收付制度正确使用国库单一账户。

思政目标

1.在党的二十大报告提出的"构建高水平社会主义市场经济体制"的思想引领下，认知财政法律制度改革对明确权责划分，协调政府、市场与社会的关系，保障我国百年目标的实现具有的重要意义；
2.树立财政岗位从业人员遵纪守法、廉洁自律、忠于职守的职业意识；
3.增强内省、慎独的财政职业素养并努力践行。

【内容结构导图】

本项目内容构成如图4-1所示。

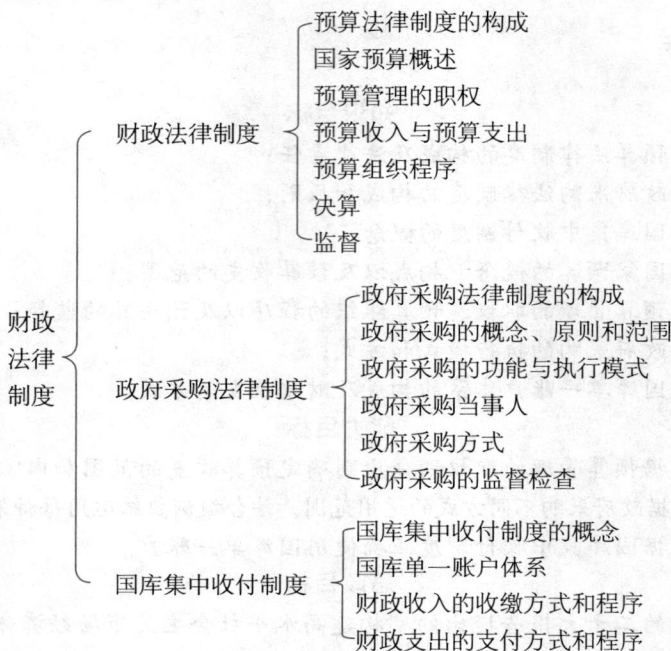

图4-1　本项目内容结构图

任务一　　　　　　　　　　　　财政法律制度

【任务描述】

预算法律制度是为了规范政府收支行为，强化预算约束，加强对预算的管理和监督，是财政领域的基本法律制度。预算法治是国家在民主基础上依法理财的需要，是提高预算民主化、强化预算监督的需要，也是国家宏观调控的重要手段。分小组讨论案例并学习教材理论知识，明确认知国家预算级次划分与构成，了解预算管理的职权，掌握预算的组织程序、决算和预决算的监督。

【案例导入】

所谓财政预算，就是一本国家的大账本，其内容与老百姓生活密切相关。正如一句俗话所言："吃不穷，穿不穷，算计不到才受穷。"财政部发布的数据显示，财政部发布2022年度财政收支情况，数据显示，2022年，全国一般公共预算收入203 703亿元，比上年增长0.6%，扣除留抵退税因素后增长9.1%；全国一般公共预算支出260 609亿元，比上年增长6.1%，民生等重点领域支出得到有力保障。"钱从哪里来，流到哪里去"是预算法的关键所在。你对国家预算的编制有什么看法？

请问：

（1）什么是预算？

（2）我国开展预算工作中应遵循哪些法律制度？

【案例解析】

预算法规定国家预算的编制要实行全口径预算管理，这意味着预算收入不仅包括税收和收费，还包括国有资本经营收入、政府性基金收入等。同时，支出也要涵盖广义政府的所有活动；要将地方政府债务纳入预算管理，避免地方政府债务游离于预算之外、脱离人大监督。此外，预算法要求不但政府预算要向社会公开，部门预算也要公开。

【任务分析】

预算法律制度是国家民主理财的重要规范制度，也是国家财政法律体系的核心法律制度。其中关于预算的管理职权、国家预算收入与预算支出的种类、预算的组织程序等内容将是本任务的学习重点和难点。通过本次任务的布置与完成，学生能够充分了解国家预算收入与预算支出种类，明确我国预算法律制度中对预算的管理职权、预算组织程序的具体规定，从而完成学习目标。

【知识准备】

一、预算法律制度构成

预算是国家对会计年度内的收入与支出的计划。

预算法律制度是指国家经过法定程序制定的，用以调整国家预算关系的法律、行政法规和相关规章制度。

我国预算法律制度由《中华人民共和国预算法》（简称《预算法》）、《中华人民共和国预算法实施条例》以及有关国家预算管理的其他法规制度构成。

【小知识】

预算法修改历程

《中华人民共和国预算法》在1994年3月22日第八届全国人大二次会议上通过，自1995年1月1日正式实施。2004年，我国启动预算法修订。2011年11月，国务院第181次常务会议讨论通过了预算法修正草案，并于12月提交全国人大常委会进行了初审。2012年6月对预算法进行了二审。2014年4月对预算法进行了三审。2014年8月31日，第十二届全国人大常委会第十次会议通过了《关于修改〈中华人民共和国预算法〉的决定》第一次修正，自2015年1月1日起施行。2018年12月29日，第十三届全国人民代表大会常务委员会第七次会议《关于修改〈中华人民共和国产品质量法〉等五部法律的决定》第二次修正，修订后的《中华人民共和国预算法》共分11章101条，包括总则、预算管理职权、预算收支范围、预算编制、预算审查和批准、预算执行、预算调整、决算、监督、法律责任和附则。

二、国家预算概述

国家预算也称政府预算，是政府的基本财政收支计划，即经法定程序批准的国家年度财政收支计划。国家预算要遵循公开性、可靠性、完整性、统一性和年度性的原则。

国家预算在财力保证、调节制约和反映监督等方面发挥着重要作用。

（一）国家预算级次的划分

我国国家预算共分为五级，具体包括：中央预算、省级（省、自治区、直辖市）预算、地市级（设区的市、自治州）预算、县市级（县、自治县、不设区的市、市辖区）预算和乡镇级（乡、民族乡、镇）预算（如图4-2所示）。

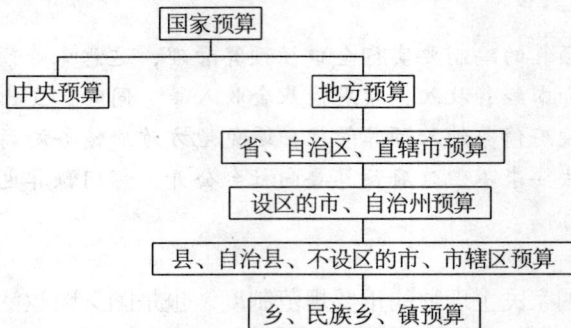

图4-2　国家预算的级次划分

【做一做】

我国国家预算体系中不包括（　　　）。

A.中央预算　　　　　　　　　　　B.省级（省、自治区、直辖市）预算

C.乡镇级（乡、民族乡、镇）预算　　D.县级以上地方政府的派出机关

【答案】D

（二）国家预算的构成

1.国家预算按照政府级次可分为中央预算和地方预算

中央预算是指中央政府预算，由中央部门（含直属单位）的预算组成，中央预算包括地方向中央上缴的收入数额和中央返还地方或者补助地方的数额。地方预算由各省、自治区、直辖市总预算组成，是国家预算的有机组成部分，是组织、管理国家预算的基本环节。地方各级总预算由本级预算和汇总的下一级总预算组成；下一级只有本级预算的，下一级总预算即指下一级的本级预算。

2.国家预算按照收支管理范围可分为总预算和部门单位预算

总预算是指政府的财政汇总预算，各级政府汇总本级和下级政府的年度收支所编成的预算，由财政部门负责编制。国家总预算由中央级预算和省、自治区、直辖市预算组成。部门单位预算是政府预算的基本组成部分，由各部门预算所属单位编制，反映政府各部门所有收入和支出情况的政府预算。

3.按照预算收支的内容可分为一般公共预算、政府性基金预算、国有资本经营预算、社会保险基金预算

一般公共预算、政府性基金预算、国有资本经营预算、社会保险基金预算应当保持完整、独立。政府性基金预算、国有资本经营预算、社会保险基金预算应当与一般公共预算相衔接。

（1）一般公共预算。

一般公共预算是对以税收为主体的财政收入，安排用于保障和改善民生、推动经济社

会发展、维护国家安全、维持国家机构正常运转等方面的收支预算。

（2）政府性基金预算。

政府性基金预算是对依照法律、行政法规的规定在一定期限内向特定对象征收、收取或者以其他方式筹集的资金，专项用于特定公共事业发展的收支预算。

（3）国有资本经营预算。

国有资本经营预算是对国有资本收益作出支出安排的收支预算。国有资本经营预算应当按照收支平衡的原则编制，不列赤字，并安排资金调入一般公共预算。

（4）社会保险基金预算。

社会保险基金预算是对社会保险缴款、一般公共预算安排和其他方式筹集的资金，专项用于社会保险的收支预算。社会保险基金预算应当按照统筹层次和社会保险项目分别编制，做到收支平衡。

【做一做】

按照预算收支的内容，国家预算可分为（　　　　）。

A.一般公共预算　　　　　　　　　　B.政府性基金预算

C.国有资本经营预算　　　　　　　　D.社会保险基金预算

【答案】ABCD

（三）预算的要求

（1）各级预算应当遵循统筹兼顾、勤俭节约、量力而行、讲求绩效和收支平衡的原则。各级政府应当建立跨年度预算平衡机制。

（2）经人民代表大会批准的预算，非经法定程序，不得调整。各级政府、各部门、各单位的支出必须以经批准的预算为依据，未列入预算的不得支出。

（3）经本级人民代表大会或者本级人民代表大会常务委员会批准的预算、预算调整、决算、预算执行情况的报告及报表，应当在批准后二十日内由本级政府财政部门向社会公开，并对本级政府财政转移支付安排、执行的情况以及举借债务的情况等重要事项作出说明。经本级政府财政部门批复的部门预算、决算及报表，应当在批复后二十日内由各部门向社会公开，并对部门预算、决算中机关运行经费的安排、使用情况等重要事项作出说明。各级政府、各部门、各单位应当将政府采购的情况及时向社会公开，涉及国家秘密的除外。

（4）国家实行中央和地方分税制。

（5）国家实行财政转移支付制度。财政转移支付应当规范、公平、公开，以推进地区间基本公共服务均等化为主要目标。

财政转移支付包括中央对地方的转移支付和地方上级政府对下级政府的转移支付，以为均衡地区间基本财力、由下级政府统筹安排使用的一般性转移支付为主体。按照法律、行政法规和国务院的规定可以设立专项转移支付，用于办理特定事项。建立健全专项转移支付定期评估和退出机制。市场竞争机制能够有效调节的事项不得设立专项转移支付。上级政府在安排专项转移支付时，不得要求下级政府承担配套资金。但是，按照国务院的规定应当由上下级政府共同承担的事项除外。

（6）各级预算的编制、执行应当建立健全相互制约、相互协调的机制。

【小知识】

一项都不能漏：预算要全面公开

每年4月，中央各部门都会在官方网站上晒出年度预算。中央部门预算公开始于2010年，此后逐渐走向深入。不过，公开是公开了，但不少公众拿到预算表时一头雾水，直呼看不懂。对此，新预算法作了多项有针对性的修改。时任全国人大常委会法工委经济法室主任王超英表示：第一，新预算法要求全面公开，既包括中央预算，也包括地方预算，预算、预算调整、决算都要公开，不但政府预算要公开，部门预算也要公开。第二，在全面公开的原则下，新预算法特别强调对政府预算中本级政府财政转移支付以及举借债务、部门预算中包括"三公经费"在内的机关运行经费、预算执行中的政府采购、审计部门对预算执行和其他财政收支的审计报告等重点内容的公开。第三，预算公开是有可操作性的公开。新预算法对预算公开的内容、时间、主体等都作出了明确、具体的规定，使公开更能落到实处。

三、预算管理的职权

预算管理的职权是指确定和支配国家预算的权力和对国家预算的编制、审查、批准、执行、调整、监督权力的总称。根据统一领导、分级管理、权责结合原则，《中华人民共和国预算法》明确规定了预算管理职权的划分。

（一）各级人民代表大会及其常务委员会在预算管理方面的职权

1.全国人民代表大会在预算管理方面的职权

全国人民代表大会审查中央和地方预算草案及中央和地方预算执行情况的报告；批准中央预算和中央预算执行情况的报告；改变或者撤销全国人民代表大会常务委员会关于预算、决算的不适当的决议。

全国人民代表大会常务委员会监督中央和地方预算的执行；审查和批准中央预算的调整方案；审查和批准中央决算；撤销国务院制定的同宪法、法律相抵触的关于预算、决算的行政法规、决定和命令；撤销省、自治区、直辖市人民代表大会及其常务委员会制定的同宪法、法律和行政法规相抵触的关于预算、决算的地方性法规和决议。

2.县级以上地方各级人民代表大会在预算管理方面的职权

县级以上地方各级人民代表大会审查本级总预算草案及本级总预算执行情况的报告；批准本级预算和本级预算执行情况的报告；改变或者撤销本级人民代表大会常务委员会关于预算、决算的不适当的决议；撤销本级政府关于预算、决算的不适当的决定和命令。

县级以上地方各级人民代表大会常务委员会监督本级总预算的执行；审查和批准本级预算的调整方案；审查和批准本级决算；撤销本级政府和下一级人民代表大会及其常务委员会关于预算、决算的不适当的决定、命令和决议。

3.乡、民族乡、镇的人民代表大会在预算管理方面的职权

乡、民族乡、镇的人民代表大会审查和批准本级预算和本级预算执行情况的报告；监督本级预算的执行；审查和批准本级预算的调整方案；审查和批准本级决算；撤销本级政府关于预算、决算的不适当的决定和命令。

（二）各级人民代表大会专门委员会在预算管理方面的职权

1.全国人民代表大会财政经济委员会在预算管理方面的职权

全国人民代表大会财政经济委员会对中央预算草案初步方案及上一年预算执行情况、

中央预算调整初步方案和中央决算草案进行初步审查，提出初步审查意见。

2.省、自治区、直辖市人民代表大会有关专门委员会在预算管理方面的职权

省、自治区、直辖市人民代表大会有关专门委员会对本级预算草案初步方案及上一年预算执行情况、本级预算调整初步方案和本级决算草案进行初步审查，提出初步审查意见。

3.设区的市、自治州人民代表大会有关专门委员会在预算管理方面的职权

设区的市、自治州人民代表大会有关专门委员会对本级预算草案初步方案及上一年预算执行情况、本级预算调整初步方案和本级决算草案进行初步审查，提出初步审查意见，未设立专门委员会的，由本级人民代表大会常务委员会有关工作机构研究提出意见。

县、自治县、不设区的市、市辖区人民代表大会常务委员会对本级预算草案初步方案及上一年预算执行情况进行初步审查，提出初步审查意见。县、自治县、不设区的市、市辖区人民代表大会常务委员会有关工作机构对本级预算调整初步方案和本级决算草案研究提出意见。

设区的市、自治州以上各级人民代表大会有关专门委员会进行初步审查、常务委员会有关工作机构研究提出意见时，应当邀请本级人民代表大会代表参加。

全国人民代表大会常务委员会和省、自治区、直辖市、设区的市、自治州人民代表大会常务委员会有关工作机构，依照本级人民代表大会常务委员会的决定，协助本级人民代表大会财政经济委员会或者有关专门委员会承担审查预算草案、预算调整方案、决算草案和监督预算执行等方面的具体工作。

（三）各级人民政府在预算管理方面的职权

1.国务院在预算管理方面的职权

国务院在预算管理方面的职权包括：编制中央预算、决算草案；向全国人民代表大会作关于中央和地方预算草案的报告；将省、自治区、直辖市政府报送备案的预算汇总后报全国人民代表大会常务委员会备案；组织中央和地方预算的执行；决定中央预算预备费的动用；编制中央预算调整方案；监督中央各部门和地方政府的预算执行；改变或者撤销中央各部门和地方政府关于预算、决算的不适当的决定、命令；向全国人民代表大会、全国人民代表大会常务委员会报告中央和地方预算的执行情况。

2.县级以上地方各级人民政府在预算管理方面的职权

县级以上地方各级人民政府在预算管理方面的职权包括：编制本级预算、决算草案；向本级人民代表大会作关于本级总预算草案的报告；将下一级政府报送备案的预算汇总后报本级人民代表大会常务委员会备案；组织本级总预算的执行；决定本级预算预备费的动用；编制本级预算的调整方案；监督本级各部门和下级政府的预算执行；改变或者撤销本级各部门和下级政府关于预算、决算的不适当的决定、命令；向本级人民代表大会、本级人民代表大会常务委员会报告本级总预算的执行情况。

3.乡、民族乡、镇人民政府在预算管理方面的职权

乡、民族乡、镇人民政府在预算管理方面的职权包括：编制本级预算、决算草案；向本级人民代表大会作关于本级预算草案的报告；组织本级预算的执行；决定本级预算预备费的动用；编制本级预算的调整方案；向本级人民代表大会报告本级预算的执行情况。

经省、自治区、直辖市政府批准，乡、民族乡、镇本级预算草案、预算调整方案、决

算草案，可以由上一级政府代编，并依照预算法的规定报乡、民族乡、镇的人民代表大会审查和批准。

（四）各级财政部门在预算管理方面的职权

（1）国务院财政部门在预算管理方面的职权

国务院财政部门具体编制中央预算、决算草案；具体组织中央和地方预算的执行；提出中央预算预备费动用方案；具体编制中央预算的调整方案；定期向国务院报告中央和地方预算的执行情况。

（2）地方各级政府财政部门在预算管理方面的职权

地方各级政府财政部门具体编制本级预算、决算草案；具体组织本级总预算的执行；提出本级预算预备费动用方案；具体编制本级预算的调整方案；定期向本级政府和上一级政府财政部门报告本级总预算的执行情况。

（五）各部门在预算管理方面的职权

各部门在预算管理方面的职权包括：编制本部门预算、决算草案；组织和监督本部门预算的执行；定期向本级政府财政部门报告预算的执行情况。

各单位编制本单位预算、决算草案；按照国家规定上缴预算收入，安排预算支出，并接受国家有关部门的监督。

【做一做】

下列（　　）属于全国人民代表大会的预算管理职权。

A.审查中央和地方预算草案及中央和地方预算执行情况的报告

B.组织中央和地方预算执行

C.批准中央预算和中央预算执行情况的报告

D.改变或者撤销全国人民代表大会常务委员会关于预算、决算的不适当的决议

【答案】ACD

【判一判】

经省、自治区、直辖市政府批准，乡、民族乡、镇本级预算草案、预算调整方案、决算草案，可以由上一级政府代编，并依照预算法的规定报乡、民族乡、镇的人民代表大会审查和批准。　　　　　　　　　　　　　　　　　　　　　　　　　　　　　（　　）

【答案】√

四、预算收入与预算支出

预算由预算收入和预算支出组成。政府的全部收入和支出都应当纳入预算。

（一）预算收入

预算收入是指在预算年度内按照法定形式和程序，有计划地筹集和取得的归国家支配的资金。

（1）一般公共预算收入按来源可分为税收收入、行政事业性收费收入、国有资源（资产）有偿使用收入、转移性收入和其他收入。

（2）预算收入按照归属可分为中央预算收入、地方预算收入、中央和地方预算共享收入。

（二）预算支出

预算支出是指在预算年度内，根据国家职能的需要，按照法定的形式和程序对预算收

入进行有计划的再分配。

（1）一般公共预算支出按照其功能分类，包括一般公共服务支出，外交、公共安全、国防支出，农业、环境保护支出，教育、科技、文化、卫生、体育支出，社会保障及就业支出和其他支出。

（2）一般公共预算支出按照其经济性质分类，包括工资福利支出、商品和服务支出、资本性支出和其他支出。

【小知识】

一分都不能少：政府所有收入都纳入预算

新预算法首次确立了全口径预算管理的原则，规定：政府的全部收入和支出都应当纳入预算。新预算法还规定，预算包括一般公共预算、政府性基金预算、国有资本经营预算、社会保险基金预算，同时明确了每一项预算的编制方法和原则，要求政府性基金预算、国有资本经营预算、社会保险基金预算应当与一般公共预算相衔接。

五、预算组织程序

预算组织程序是指国家在预算管理过程中依法定程序进行的各个工作环节所构成的有秩序活动的总体。它由预算的编制、审批、执行、调整四个环节组成。

（一）预算的编制

1.预算年度

我国的预算年度自公历1月1日起，至12月31日止。国务院应当及时下达关于编制下一年预算草案的通知。编制预算草案的具体事项由国务院财政部门部署。各级政府、各部门、各单位应当按照国务院规定的时间编制预算草案。

2.预算编制的方法

各级预算应当根据年度经济社会发展目标、国家宏观调控总体要求和跨年度预算平衡的需要，参考上一年预算执行情况、有关支出绩效评价结果和本年度收支预测，按照规定程序征求各方面意见后，进行编制。各级政府依据法定权限作出决定或者制定行政措施，凡涉及增加或者减少财政收入或者支出的，应当在预算批准前提出并在预算草案中作出相应安排。各部门、各单位应当按照国务院财政部门制定的政府收支分类科目、预算支出标准和要求，以及绩效目标管理等预算编制规定，根据其依法履行职能和事业发展的需要以及存量资产情况，编制本部门、本单位预算草案。

以上所称的政府收支分类科目，收入分为类、款、项、目；支出按其功能分为类、款、项，按其经济性质分为类、款。

中央一般公共预算中必需的部分资金，可以通过举借国内和国外债务等方式筹措，举借债务应当控制适当的规模，保持合理的结构。对中央一般公共预算中举借的债务实行余额管理，余额的规模不得超过全国人民代表大会批准的限额。国务院财政部门具体负责对中央政府债务的统一管理。

地方各级预算按照量入为出、收支平衡的原则编制，除预算法另有规定外，不列赤字。经国务院批准的省、自治区、直辖市的预算中必需的建设投资的部分资金，可以在国务院确定的限额内，通过发行地方政府债券举借债务的方式筹措。举借债务的规模，由国务院报全国人民代表大会或者全国人民代表大会常务委员会批准。省、自治区、直辖市依照国务院下达的限额举借的债务，列入本级预算调整方案，报本级人民代表大会常务委员会批准。举借的债务应当有偿还计划和稳定的偿还资金来源，只能用于公益性资本支出，不得用于经常性支出。除上述规定外，地方政府及其所属部门不得以任何方式举借债务。除法律另有规定外，地方政府及其所属部门不得为任何单位和个人的债务以任何方式提供担保。国务院建立地方政府债务风险评估和预警机制、应急处置机制以及责任追究制度。国务院财政部门对地方政府债务实施监督。

各级预算收入的编制，应当与经济社会发展水平相适应，与财政政策相衔接。各级政府、各部门、各单位应当依照预算法规定，将所有政府收入全部列入预算，不得隐瞒、少列。各级预算支出应当依照预算法规定，按其功能和经济性质分类编制。各级预算支出的编制，应当贯彻勤俭节约的原则，严格控制各部门、各单位的机关运行经费和楼堂馆所等基本建设支出。各级一般公共预算支出的编制，应当统筹兼顾，在保证基本公共服务合理需要的前提下，优先安排国家确定的重点支出。

一般性转移支付应当按照国务院规定的基本标准和计算方法编制。专项转移支付应当分地区、分项目编制。县级以上各级政府应当将对下级政府的转移支付预计数提前下达下级政府。地方各级政府应当将上级政府提前下达的转移支付预计数编入本级预算。中央预算和有关地方预算中应当安排必要的资金，用于扶助革命老区、民族地区、边疆地区、贫困地区发展经济社会建设事业。

各级一般公共预算应当按照本级一般公共预算支出额的百分之一至百分之三设置预备费，用于当年预算执行中的自然灾害等突发事件处理增加的支出及其他难以预见的开支。各级一般公共预算按照国务院的规定可以设置预算周转金，用于本级政府调剂预算年度内季节性收支差额。各级一般公共预算按照国务院的规定可以设置预算稳定调节基金，用于弥补以后年度预算资金的不足。

各级政府上一年预算的结转资金，应当在下一年用于结转项目的支出；连续两年未用完的结转资金，应当作为结余资金管理。各部门、各单位上一年预算的结转、结余资金按照国务院财政部门的规定办理。

【判一判】
经国务院批准的省、自治区、直辖市的预算中必需的建设投资的部分资金，可以在国务院确定的限额内，通过发行地方政府债券举借债务的方式筹措。　　　　　　　（　　）
【答案】√

（二）预算的审批
预算的审批包括审查、备案和批复三个环节。

1.预算审查
中央预算由全国人民代表大会审查和批准，地方各级预算由本级人民代表大会审查和批准。国务院财政部门应当在每年全国人民代表大会会议举行的四十五日前，将中央预算草案的初步方案提交全国人民代表大会财政经济委员会进行初步审查。省、自治区、直辖市政府财政部门应当在本级人民代表大会会议举行的三十日前，将本级预算草案的初步方案提交本级人民代表大会有关专门委员会进行初步审查。设区的市、自治州政府财政部门应当在本级人民代表大会会议举行的三十日前，将本级预算草案的初步方案提交本级人民代表大会有关专门委员会进行初步审查，或者送交本级人民代表大会常务委员会有关工作机构征求意见。县、自治县、不设区的市、市辖区政府应当在本级人民代表大会会议举行的三十日前，将本级预算草案的初步方案提交本级人民代表大会常务委员会进行初步审查。

县、自治县、不设区的市、市辖区、乡、民族乡、镇的人民代表大会举行会议审查预算草案前，应当采用多种形式，组织本级人民代表大会代表，听取选民和社会各界的意见。报送各级人民代表大会审查和批准的预算草案应当细化。本级一般公共预算支出，按其功能分类应当编列到项；按其经济性质分类，基本支出应当编列到款。本级政府性基金预算、国有资本经营预算、社会保险基金预算支出，按其功能分类应当编列到项。

国务院在全国人民代表大会举行会议时，向大会作关于中央和地方预算草案以及中央和地方预算执行情况的报告。地方各级政府在本级人民代表大会举行会议时，向大会作关于总预算草案和总预算执行情况的报告。

全国人民代表大会和地方各级人民代表大会对预算草案及其报告、预算执行情况的报告重点审查下列内容：

（1）上一年预算执行情况是否符合本级人民代表大会预算决议的要求。

（2）预算安排是否符合预算法的规定。

（3）预算安排是否贯彻国民经济和社会发展的方针政策，收支政策是否切实可行。

（4）重点支出和重大投资项目的预算安排是否适当。

（5）预算的编制是否完整，是否符合预算法的有关规定。

（6）对下级政府的转移性支出预算是否规范、适当。

（7）预算安排举借的债务是否合法、合理，是否有偿还计划和稳定的偿还资金来源。

（8）与预算有关重要事项的说明是否清晰。

全国人民代表大会财政经济委员会向全国人民代表大会主席团提出关于中央和地方预算草案及中央和地方预算执行情况的审查结果报告。

省、自治区、直辖市、设区的市、自治州人民代表大会有关专门委员会，县、自治县、不设区的市、市辖区人民代表大会常务委员会，向本级人民代表大会主席团提出关于总预算草案及上一年总预算执行情况的审查结果报告。审查结果报告应当包括下列内容：

（1）对上一年预算执行和落实本级人民代表大会预算决议的情况作出评价；

（2）对本年度预算草案是否符合预算法的规定、是否可行作出评价；

（3）对本级人民代表大会批准预算草案和预算报告提出建议；

（4）对执行年度预算、改进预算管理、提高预算绩效、加强预算监督等提出意见和建议。

2.预算备案

乡、民族乡、镇政府应当及时将经本级人民代表大会批准的本级预算报上一级政府备案。县级以上地方各级政府应当及时将经本级人民代表大会批准的本级预算及下一级政府报送备案的预算汇总，报上一级政府备案。县级以上地方各级政府将下一级政府依照上述规定报送备案的预算汇总后，报本级人民代表大会常务委员会备案。国务院将省、自治区、直辖市政府依照上述规定报送备案的预算汇总后，报全国人民代表大会常务委员会备案。

3.预算批复

国务院和县级以上地方各级政府对下一级政府依照预算法规定报送备案的预算，认为有同法律、行政法规相抵触或者有其他不适当之处，需要撤销批准预算的决议的，应当提请本级人民代表大会常务委员会审议决定。

各级预算经本级人民代表大会批准后，本级政府财政部门应当在二十日内向本级各部门批复预算。各部门应当在接到本级政府财政部门批复的本部门预算后十五日内向所属各单位批复预算。中央对地方的一般性转移支付应当在全国人民代表大会批准预算后三十日内正式下达。中央对地方的专项转移支付应当在全国人民代表大会批准预算后九十日内正式下达。省、自治区、直辖市政府接到中央一般性转移支付和专项转移支付后，应当在三十日内正式下达到本行政区域县级以上各级政府。县级以上地方各级预算安排对下级政府的一般性转移支付和专项转移支付，应当分别在本级人民代表大会批准预算后的三十日和六十日内正式下达。对自然灾害等突发事件处理的转移支付，应当及时下达预算；对据实结算等特殊项目的转移支付，可以分期下达预算，或者先预付后结算。县级以上各级政府财政部门应当将批复本级各部门的预算和批复下级政府的转移支付预算，抄送本级人民代表大会财政经济委员会、有关专门委员会和常务委员会有关工作机构。

（三）预算的执行

各级预算由本级政府组织执行，具体工作由本级政府财政部门负责。各部门、各单位是本部门、本单位的预算执行主体，负责本部门、本单位的预算执行，并对执行结果负责。

预算年度开始后，各级预算草案在本级人民代表大会批准前，可以安排下列支出：

（1）上一年度结转的支出。

（2）参照上一年同期的预算支出数额安排必须支付的本年度部门基本支出、项目支出，以及对下级政府的转移性支出。

（3）法律规定必须履行支付义务的支出，以及用于自然灾害等突发事件处理的支出。

根据上述规定安排支出的情况，应当在预算草案的报告中作出说明。预算经本级人民代表大会批准后，按照批准的预算执行。

预算收入征收部门和单位，必须依照法律、行政法规的规定，及时、足额征收应征的预算收入。不得违反法律、行政法规规定，多征、提前征收或者减征、免征、缓征应征的预算收入，不得截留、占用或者挪用预算收入。各级政府不得向预算收入征收部门和单位下达收入指标。

政府的全部收入应当上缴国家金库（以下简称国库），任何部门、单位和个人不得截留、占用、挪用或者拖欠。对于法律有明确规定或者经国务院批准的特定专用资金，可以依照国务院的规定设立财政专户。

县级以上各级预算必须设立国库；具备条件的乡、民族乡、镇也应当设立国库。中央国库业务由中国人民银行经理，地方国库业务依照国务院的有关规定办理。各级国库应当按照国家有关规定，及时准确地办理预算收入的收纳、划分、留解、退付和预算支出的拨付。各级国库库款的支配权属于本级政府财政部门。除法律、行政法规另有规定外，未经本级政府财政部门同意，任何部门、单位和个人都无权冻结、动用国库库款或者以其他方式支配已入国库的库款。各级政府应当加强对本级国库的管理和监督，按照国务院的规定完善国库现金管理，合理调节国库资金余额。

已经缴入国库的资金，依照法律、行政法规的规定或者国务院的决定需要退付的，各级政府财政部门或者其授权的机构应当及时办理退付。按照规定应当由财政支出安排的事项，不得用退库处理。

各级政府财政部门必须依照法律、行政法规和国务院财政部门的规定，及时、足额地拨付预算支出资金，加强对预算支出的管理和监督。各级政府、各部门、各单位的支出必须按照预算执行，不得虚假列支。各级政府、各部门、各单位应当对预算支出情况开展绩效评价。各级预算的收入和支出实行收付实现制。特定事项按照国务院的规定实行权责发生制的有关情况，应当向本级人民代表大会常务委员会报告。

国家实行国库集中收缴和集中支付制度，对政府全部收入和支出实行国库集中收付管理。各级政府应当加强对预算执行的领导，支持政府财政、税务、海关等预算收入的征收部门依法组织预算收入，支持政府财政部门严格管理预算支出。财政、税务、海关等部门在预算执行中，应当加强对预算执行的分析；发现问题时应当及时建议本级政府采取措施予以解决。各部门、各单位应当加强对预算收入和支出的管理，不得截留或者动用应当上缴的预算收入，不得擅自改变预算支出的用途。各级预算预备费的动用方案，由本级政府财政部门提出，报本级政府决定。各级预算周转金由本级政府财政部门管理，不得挪作他用。

各级一般公共预算年度执行中有超收收入的，只能用于冲减赤字或者补充预算稳定调节基金。各级一般公共预算的结余资金，应当补充预算稳定调节基金。省、自治区、直辖市一般公共预算年度执行中出现短收，通过调入预算稳定调节基金、减少支出等方式仍不能实现收支平衡的，省、自治区、直辖市政府报本级人民代表大会或者其常务委员会批准，可以增列赤字，报国务院财政部门备案，并应当在下一年度预算中予以弥补。

（四）预算的调整

经全国人民代表大会批准的中央预算和经地方各级人民代表大会批准的地方各级预算，在执行中出现下列情况之一的，应当进行预算调整：

（1）需要增加或者减少预算总支出的。

（2）需要调入预算稳定调节基金的。

（3）需要调减预算安排的重点支出数额的。

（4）需要增加举借债务数额的。

在预算执行中，各级政府一般不制定新的增加财政收入或者支出的政策和措施，也不制定减少财政收入的政策和措施；必须作出并需要进行预算调整的，应当在预算调整方案中作出安排。在预算执行中，各级政府对于必须进行的预算调整，应当编制预算调整方案。预算调整方案应当说明预算调整的理由、项目和数额。在预算执行中，由于发生自然灾害等突发事件，必须及时增加预算支出的，应当先动支预备费；预备费不足支出的，各级政府可以先安排支出，属于预算调整的，列入预算调整方案。

国务院财政部门应当在全国人民代表大会常务委员会举行会议审查和批准预算调整方案的三十日前，将预算调整初步方案送交全国人民代表大会财政经济委员会进行初步审查。

省、自治区、直辖市政府财政部门应当在本级人民代表大会常务委员会举行会议审查和批准预算调整方案的三十日前，将预算调整初步方案送交本级人民代表大会有关专门委员会进行初步审查。

　　设区的市、自治州政府财政部门应当在本级人民代表大会常务委员会举行会议审查和批准预算调整方案的三十日前，将预算调整初步方案送交本级人民代表大会有关专门委员会进行初步审查，或者送交本级人民代表大会常务委员会有关工作机构征求意见。

　　县、自治县、不设区的市、市辖区政府财政部门应当在本级人民代表大会常务委员会举行会议审查和批准预算调整方案的三十日前，将预算调整初步方案送交本级人民代表大会常务委员会有关工作机构征求意见。

　　中央预算的调整方案应当提请全国人民代表大会常务委员会审查和批准。县级以上地方各级预算的调整方案应当提请本级人民代表大会常务委员会审查和批准；乡、民族乡、镇预算的调整方案应当提请本级人民代表大会审查和批准。未经批准，不得调整预算。经批准的预算调整方案，各级政府应当严格执行。未经预算法规定的程序，各级政府不得作出预算调整的决定。对违反上述规定作出的决定，本级人民代表大会、本级人民代表大会常务委员会或者上级政府应当责令其改变或者撤销。

　　在预算执行中，地方各级政府因上级政府增加不需要本级政府提供配套资金的专项转移支付而引起的预算支出变化，不属于预算调整。接受增加专项转移支付的县级以上地方各级政府应当向本级人民代表大会常务委员会报告有关情况；接受增加专项转移支付的乡、民族乡、镇政府应当向本级人民代表大会报告有关情况。

　　各部门、各单位的预算支出应当按照预算科目执行。严格控制不同预算科目、预算级次或者项目间的预算资金的调剂，确需调剂使用的，按照国务院财政部门的规定办理。地方各级预算的调整方案经批准后，由本级政府报上一级政府备案。

　　【做一做】

　　关于预算调整原因的叙述中，正确的有（　　　　）。

　　A.需要增加或者减少预算总支出的

　　B.需要调入预算稳定调节基金的

　　C.需要调减预算安排的重点支出数额的

　　D.需要增加举借债务数额的

　　【答案】ABCD

六、决算

　　决算是指根据年度预算执行结果编制的会计报告。决算是对预算执行结果的总结，是国家管理预算活动的最后一道程序。决算主要包括决算草案的编制、审批和批复。

　　（一）决算草案的编制

　　决算草案由各级政府、各部门、各单位，在每一预算年度终了后按照国务院规定的时间编制。编制决算草案，必须符合法律、行政法规，做到收支真实、数额准确、内容完整、报送及时。决算草案应当与预算相对应，按预算数、调整预算数、决算数分别列出。一般公共预算支出应当按其功能分类编列到项，按其经济性质分类编列到款。

　　（二）决算草案的审批

　　国务院财政部门编制中央决算草案，经国务院审计部门审计后，报国务院审定，由国务院提请全国人民代表大会常务委员会审查和批准；县级以上地方各级政府财政部门编制本级决算草案，经本级政府审计部门审计后，报本级政府审定，由本级政府提请本级人民代表大会常务委员会审查和批准；乡、民族乡、镇政府编制本级决算草案，提请本级人民代表大会审查和批准。

国务院财政部门应当在全国人民代表大会常务委员会举行会议审查和批准中央决算草案的三十日前，将上一年度中央决算草案提交全国人民代表大会财政经济委员会进行初步审查；省、自治区、直辖市政府财政部门应当在本级人民代表大会常务委员会举行会议审查和批准本级决算草案的三十日前，将上一年度本级决算草案提交本级人民代表大会有关专门委员会进行初步审查；设区的市、自治州政府财政部门应当在本级人民代表大会常务委员会举行会议审查和批准本级决算草案的三十日前，将上一年度本级决算草案提交本级人民代表大会有关专门委员会进行初步审查，或者送交本级人民代表大会常务委员会有关工作机构征求意见；县、自治县、不设区的市、市辖区政府财政部门应当在本级人民代表大会常务委员会举行会议审查和批准本级决算草案的三十日前，将上一年度本级决算草案送交本级人民代表大会常务委员会有关工作机构征求意见。

全国人民代表大会财政经济委员会和省、自治区、直辖市、设区的市、自治州人民代表大会有关专门委员会，向本级人民代表大会常务委员会提出关于本级决算草案的审查结果报告。

县级以上各级人民代表大会常务委员会和乡、民族乡、镇人民代表大会对本级决算草案，重点审查下列内容：（1）预算收入情况；（2）支出政策实施情况和重点支出、重大投资项目资金的使用及绩效情况；（3）结转资金的使用情况；（4）资金结余情况；（5）本级预算调整及执行情况；（6）财政转移支付安排执行情况；（7）经批准举借债务的规模、结构、使用、偿还等情况；（8）本级预算周转金规模和使用情况；（9）本级预备费使用情况；（10）超收收入安排情况，预算稳定调节基金的规模和使用情况；（11）本级人民代表大会批准的预算决议落实情况；（12）其他与决算有关的重要情况。县级以上各级人民代表大会常务委员会应当结合本级政府提出的上一年度预算执行和其他财政收支的审计工作报告，对本级决算草案进行审查。

（三）决算草案的批复

各级决算经批准后，财政部门应当在二十日内向本级各部门批复决算。各部门应当在接到本级政府财政部门批复的本部门决算后十五日内向所属单位批复决算。地方各级政府应当将经批准的决算及下一级政府上报备案的决算汇总，报上一级政府备案。县级以上各级政府应当将下一级政府报送备案的决算汇总后，报本级人民代表大会常务委员会备案。

国务院和县级以上地方各级政府对下一级政府按照规定报送备案的决算，认为有同法律、行政法规相抵触或者有其他不适当之处，需要撤销批准该项决算的决议的，应当提请本级人民代表大会常务委员会审议决定；经审议决定撤销的，该下级人民代表大会常务委员会应当责成本级政府依照预算法规定重新编制决算草案，提请本级人民代表大会常务委员会审查和批准。

【判一判】

国务院财政部门编制中央决算草案后，提请全国人民代表大会常务委员会审查和批准。　　　　　　　　　　　　　　　　　　　　　　　　　　　　（　）

【答案】×

七、对预决算的监督

对预算与决算活动的监督，可以分为国家权力机关的监督、各级政府的监督以及公民、法人或者其他组织的监督。

（一）国家权力机关的监督

全国人民代表大会及其常务委员会对中央和地方预算、决算进行监督；县级以上地方各级人民代表大会及其常务委员会对本级和下级预算、决算进行监督；乡、民族乡、镇人民代表大会对本级预算、决算进行监督。

各级人民代表大会和县级以上各级人民代表大会常务委员会有权就预算、决算中的重大事项或者特定问题组织调查，有关的政府、部门、单位和个人应当如实反映情况和提供必要的材料。

各级人民代表大会和县级以上各级人民代表大会常务委员会举行会议时，人民代表大会代表或者常务委员会组成人员，依照法律规定程序就预算、决算中的有关问题提出询问或者质询，受询问或者受质询的有关政府或者财政部门必须及时给予答复。

（二）各级政府的监督

国务院和县级以上地方各级政府应当在每年六月至九月期间向本级人民代表大会常务委员会报告预算执行情况。各级政府监督下级政府的预算执行；下级政府应当定期向上一级政府报告预算执行情况。

各级政府财政部门负责监督检查本级各部门及其所属各单位预算管理有关工作，并向本级政府和上一级政府财政部门报告预算执行情况。

县级以上政府审计部门依法对预算执行、决算实行审计监督。对预算执行和其他财政收支的审计工作报告应当向社会公开。

政府各部门负责监督检查所属各单位的预算执行，及时向本级政府财政部门反映本部门预算执行情况，依法纠正违反预算的行为。

（三）公民、法人或者其他组织的监督

公民、法人或者其他组织发现有违反预算法的行为，可以依法向有关国家机关进行检举、控告。接受检举、控告的国家机关应当依法进行处理，并为检举人、控告人保密。任何单位或者个人不得压制和打击报复检举人、控告人。

【做一做】

下列有关预决算管理的监督表述中正确的有（　　　）。

A.全国人民代表大会及其常务委员会对中央和地方预算、决算进行监督

B.县级以上地方各级人民代表大会及其常务委员会对本级和下级预算、决算进行监督

C.乡、民族乡、镇人民代表大会对本级预算、决算进行监督

D.县级以上政府审计部门依法对预算执行、决算实行审计监督

【答案】ABCD

八、法律责任

依据新的预算法规定，各级政府及有关部门、单位及其相关工作人员均承担一定的法律责任，具体规定如下：

（1）各级政府及有关部门有下列行为之一的，责令改正，对负有直接责任的主管人员和其他直接责任人员追究行政责任：

①未依照本法规定，编制、报送预算草案、预算调整方案、决算草案和部门预算、决算以及批复预算、决算的；

②违反本法规定，进行预算调整的；

③未依照本法规定对有关预算事项进行公开和说明的；

④违反规定设立政府性基金项目和其他财政收入项目的；

⑤违反法律、法规规定使用预算预备费、预算周转金、预算稳定调节基金、超收收入的；

⑥违反本法规定开设财政专户的。

（2）各级政府及有关部门、单位有下列行为之一的，责令改正，对负有直接责任的主管人员和其他直接责任人员依法给予降级、撤职、开除的处分：

①未将所有政府收入和支出列入预算或者虚列收入和支出的；

②违反法律、行政法规的规定，多征、提前征收或者减征、免征、缓征应征预算收入的；

③截留、占用、挪用或者拖欠应当上缴国库的预算收入的；

④违反本法规定，改变预算支出用途的；

⑤擅自改变上级政府专项转移支付资金用途的；

⑥违反本法规定拨付预算支出资金，办理预算收入收纳、划分、留解、退付，或者违反本法规定冻结、动用国库库款或者以其他方式支配已入国库库款的。

（3）各级政府、各部门、各单位违反本法规定举借债务或者为他人债务提供担保，或者挪用重点支出资金，或者在预算之外及超预算标准建设楼堂馆所的，责令改正，对负有直接责任的主管人员和其他直接责任人员给予撤职、开除的处分。

（4）各级政府有关部门、单位及其工作人员有下列行为之一的，责令改正，追回骗取、使用的资金，有违法所得的没收违法所得，对单位给予警告或者通报批评；对负有直接责任的主管人员和其他直接责任人员依法给予处分：

①违反法律、法规的规定，改变预算收入上缴方式的；

②以虚报、冒领等手段骗取预算资金的；

③违反规定扩大开支范围、提高开支标准的；

④其他违反财政管理规定的行为。

以上所列违法行为，其他法律对其处理、处罚另有规定的，依照其规定。违反本法规定，构成犯罪的，依法追究刑事责任。

【随堂测】

1.第十二届全国人民代表大会常务委员会第十次会议通过了《关于修改〈中华人民共和国预算法〉的决定》，自（　　）起施行。

A.2014 年 1 月 1 日 　　　　　　　　B.2014 年 7 月 1 日

C.2014 年 12 月 31 日 　　　　　　　D.2015 年 1 月 1 日

【答案】D

2.我国预算体系包括（　　）。

A.中央预算 　　　　　　　　　　　　B.省级（省、自治区、直辖市）预算

C.乡镇级（乡、民族乡、镇）预算 　　D.县级以上地方政府的派出机关

【答案】ABC

3.下列各项中，属于全国人民代表大会常务委员会的预算管理职权的有（ ）。

A.监督中央和地方预算的执行

B.审查和批准中央预算的调整方案

C.撤销国务院制定的同宪法、法律相抵触的关于预算、决算的行政法规、决定和命令

D.撤销省、自治区、直辖市人民代表大会及其常务委员会制定的同宪法、法律和行政法规相抵触的关于预算、决算的地方性法规和决议

【答案】ABCD

4.我国《预算法》规定的一般公共预算收入包括（ ）。

A.税收收入　　　　　　　　　　B.行政事业性收费收入

C.转移性收入　　　　　　　　　　D.其他收入

【答案】ABCD

5.《预算法》规定，中央预算的调整方案必须提请（ ）审查和批准。

A.全国人民代表大会　　　　　　　B.全国人民代表大会常务委员会

C.国务院　　　　　　　　　　　　D.财政部

【答案】B

6.我国预算包括（ ）。

A.一般公共预算　　　　　　　　　B.政府性基金预算

C.转移支付预算　　　　　　　　　D.社会保险基金预算

【答案】ABD

7.下列表述正确的有（ ）。

A.财政转移支付以推进地区间基本公共服务均等化为主要目标

B.财政转移支付包括中央对地方的转移支付和地方上级政府对下级政府的转移支付

C.按照法律、行政法规和国务院的规定可以设立专项转移支付，用于办理特定事项

D.上级政府在安排专项转移支付时，不得要求下级政府承担配套资金

【答案】ABCD

8.对本级各部门、各单位和下级政府的预算执行、决算实施审计监督的部门是（ ）。

A.各级政府财政部门　　　　　　　B.上一级政府

C.各级政府审计部门　　　　　　　D.上一级政府财政部门

【答案】C

9.根据我国《预算法》的规定，不属于国务院财政部门预算职权的是（ ）。

A.具体编制中央预算、决算草案　　B.具体组织中央和地方预算的执行

C.审查和批准中央预算的调整方案　D.具体编制中央预算的调整方案

【答案】C

10.县级以上各级人民代表大会常务委员会和乡、民族乡、镇人民代表大会对本级决算草案，重点审查的内容包括（ ）。

A.预算收入情况　　　　　　　　　B.资金结余情况

C.结转资金的使用情况　　　　　　D.其他与决算有关的重要情况

【答案】ABCD

【延伸阅读】

新《预算法》对地方政府债务管理作出明确规定

任务二　　政府采购法律制度

【任务描述】

政府采购法律制度是调整政府采购关系的各种法律规范的总称。一般意义上的政府采购，是指公共部门和单位，以购买、租赁、委托、雇用等方式，获取货物、工程和服务的行为。分小组讨论案例并学习教材理论知识，通过小组探究和学习，能够明确认知政府采购法律制度的具体规定。

【案例导入】

某市事业单位拟采购30台电脑和2套正版办公软件，合同估算价为16万元，全部使用财政性资金，在该市政府集中采购目录中包括"办公设备"一项，其限额标准为"单项或批量金额在10万元人民币以上"。该项目采用公开招标方式采购，并在该省人民政府财政部门指定的政府采购信息媒体发布了招标公告，公布投标人资格条件。根据项目估算价16万元，按0.5%计算，招标文件售价为80元。

请问：

（1）该事业单位本次采购是否属于政府采购？

（2）该事业单位本次采购是否符合政府采购的相关规定？

【案例解析】

（1）《中华人民共和国政府采购法》所称的政府采购是指各级国家机关、事业单位和团体组织，使用财政性资金采购依法制定的集中采购目录以内的或者采购限额标准以上的货物、工程和服务的行为。仅当采购主体为国家机关、事业单位或社会团体，采购资金为财政性资金，同时采购项目列入了政府集中采购目录且在限额标准以上时才能界定为政府采购项目。所以从采购主体、采购资金和集中采购目录及限额标准三个方面进行判断，本次采购属于政府采购。

（2）该项目属于政府采购项目，并采用公开招标方式，所以必须在财政部门指定的政府采购信息发布媒体上发布招标公告。若与该省人民政府财政部门指定的政府采购信息媒体（如《中国财经报》、中国政府采购网、《中国政府采购》）一致，则符合规定，否则应予以纠正。

《政府采购货物和服务招标投标管理办法》第二十四条规定，招标文件售价应当按照弥补制作、邮寄成本的原则确定，不得以营利为目的，不得以招标采购金额作为确定招标文件售价的依据。本案例中，根据估算价16万元，确定招标文件售价为80元，不符合规定。

【任务分析】

本次任务的学习将涉及政府采购的含义、原则、功能，政府采购的执行模式，政府采购当事人，政府采购方式，政府采购的监督检查等内容。

【知识准备】

一、政府采购法律制度的构成

政府采购法律制度是调整政府采购关系的法律规范的总称。

我国的政府采购法律制度由《中华人民共和国政府采购法》（以下简称《政府采购法》）、《中华人民共和国政府采购法实施条例》等行政法规、国务院各部门特别是财政部颁布的一系列部门规章以及地方性法规和政府规章组成。

（一）《政府采购法》

2002年6月29日，《政府采购法》经第九届全国人民代表大会常务委员会第二十八次会议审议通过，自2003年1月1日起施行，是我国政府采购的主要法律依据。2014年8月31日，第十二届全国人民代表大会常务委员会第十次会议《关于修改〈中华人民共和国保险法〉等五部法律的决定》对《政府采购法》进行了修正，并自公布之日起施行。

（二）政府采购部门规章

国务院各部门颁布的一系列有关政府采购的部门规章包括《中华人民共和国政府采购法实施条例》《政府采购信息公告管理办法》《中央单位政府采购管理实施办法》《政府采购货物和服务招标投标管理办法》等，其中《中华人民共和国政府采购法实施条例》于2014年12月31日经国务院第75次常务会议通过，自2015年3月1日起施行。

（三）政府采购地方性法规和政府规章

政府采购地方性法规是指省、自治区、直辖市的人民代表大会及其常务委员会在不与法律、行政法规相抵触的情况下制定的规范性文件，如《北京市政府采购办法》《上海市政府采购管理办法》《辽宁省政府采购管理规定》等。

二、政府采购的概念、原则和范围

（一）政府采购的概念和原则

政府采购是指各级国家机关、事业单位和团体组织，使用财政性资金采购依法制定的集中采购目录以内的或者采购限额标准以上的货物、工程和服务的行为。

《政府采购法》规定，政府采购应当遵循公开透明原则、公平竞争原则、公正原则和诚实信用原则。

1.公开透明原则

公开透明原则是指有关采购的法律、政策、程序和采购活动对社会公开，所有相关信息都必须公之于众。

2.公平竞争原则

公平竞争原则是指政府采购的竞争是有序竞争，要求政府采购活动在确保公平的前提下充分引入竞争机制。因此，公平竞争原则可以进一步划分为竞争性原则和公平性原则。

竞争性原则，就是通过引入竞争机制，最大限度地利用供应商之间的激烈竞争，促使政府采购形成对买方有利的竞争局面，从而使政府采购主体采购到质优价廉的商品和服务，以实现政府采购的目标。政府采购竞争的主要方式是招标投标。

政府采购的公平性原则主要有两方面的内容：一是机会均等，即政府采购应允许所有有兴趣参加投标的供应商参与竞争，政府采购主体不能无故将希望参加政府采购的供应商排斥在外；二是待遇平等，即政府采购应对所有的参加者一视同仁，给予其同等的待遇。

3.公正原则

公正原则主要指采购人、采购代理机构相对于作为投标人、潜在投标人的多个供应商而言，政府采购主管部门相对于作为被监督人的多个当事人而言，应站在中立、公允、超然的立场上，对于每位相对人都要"一碗水端平"，不偏不倚、平等对待、一视同仁，而不能厚此薄彼，因其身份不同而实行差别对待，政府采购要按照事先约定的条件和程序进行。

4.诚实信用原则

坚持诚实信用原则能够增强公众对采购过程的信任。

一方面，要求采购主体在项目发标、信息公布、评标、审标过程中要真实，不得有所隐瞒；另一方面，要求供应商在提供物品、服务时达到投标时作出的承诺，树立相应的责任意识。

【做一做】

下列体现政府采购中"公开透明原则"的有（　　）。

A.政府采购当事人在政府采购活动中，本着诚实、守信的态度履行各自的权利和义务

B.政府采购要按照事先约定的条件和程序进行，对所有供应商一视同仁

C.政府采购的招标信息要公开

D.政府采购的中标结果要公开

【答案】CD

（二）政府采购的范围

1.政府采购的主体范围

政府采购的主体范围包括各级国家机关、事业单位和团体组织。国有企业、私营企业、集体企业都不属于政府采购的主体范围。

2.政府采购的资金范围

政府采购资金为财政性资金。按照财政部的现行规定，财政性资金是指预算内资金、预算外资金，以及与财政资金相配套的单位自筹资金的总和。

3.政府集中采购目录和政府采购限额标准

（1）政府采购实行集中采购和分散采购相结合的方式。集中采购的范围由省级以上人民政府公布的集中采购目录确定。

（2）属于中央预算的政府采购项目，其集中采购目录和政府采购限额标准由国务院确定并公布。

（3）属于地方预算的政府采购项目，其集中采购目录和政府采购限额由省、自治区、直辖市人民政府或者其授权的机构确定并公布。

纳入集中采购目录的政府采购项目，应当实行集中采购。没有纳入政府采购目录的，

但是在采购限额标准以上的也需要集中采购。

4.政府采购的对象范围

政府采购的对象包括货物、工程和服务。货物，是指各种形态和种类的物品，包括原材料、燃料、设备、产品等。工程，是指建设工程，包括建筑物和构筑物的新建、改建、扩建、装修、拆除、修缮等。服务，是指除货物和工程以外的其他政府采购对象。

政府采购应当采购本国货物、工程和服务。但有下列情形之一的除外：

(1) 需要采购的货物、工程或者服务在中国境内无法获取或者无法以合理的商业条件获取的；

(2) 为在中国境外使用而进行采购的；

(3) 其他法律、行政法规另有规定的。

【做一做】

下列选项中，不适用《政府采购法》的有（   ）。

A.某外商独资企业采购原材料

B.某国有独资公司采购生产设备

C.某体育局用体育经费拨款购买体育设施

D.某建筑公司承揽了国家的某项重点工程新建项目而采购建筑材料

【答案】ABD

三、政府采购的功能与执行模式

(一) 政府采购的功能

政府采购具有以下功能：

1.节约财政支出，提高采购资金的使用效益

实行统一集中的政府采购使采购规模得到扩大，有助于形成政府采购买方市场。与此同时，政府采购充分引入竞争机制并建立对供应商的激励约束机制，这些都使得政府采购主体能够以较低廉的价格购买到高质量的货物、工程和服务，从而起到节约财政支出、提高采购资金使用效益的作用。

2.强化宏观调控

政府采购作为财政支出的重要组成部分，是实现财政支出政策的重要工具。政府在采购市场中处于有利地位，可以通过调整采购规模、采购时间、采购项目、采购规则等方式来实现特定的宏观调控目标。《政府采购法》明确规定，政府采购应当有助于实现国家的经济和社会发展政策目标，包括保护环境、扶持不发达地区和少数民族地区、促进中小企业发展等。

3.活跃市场经济

政府采购必须遵循公开、公平、公正、诚实信用的原则，在竞标过程中执行严密、透明的"优胜劣汰"机制，所有这些都会调动供应商参与政府采购的积极性，并能够促使供应商不断提高产品质量、降低生产成本或改善售后服务，以使自己能够赢得政府订单。供应商竞争能力的提高又能够带动整个国内市场经济的繁荣。从国际竞争的角度看，政府采购有助于供应商迈出国门、走向国际市场，提高我国产品在国际市场上的竞争力，并早日进入国际政府采购市场。

4.推进反腐倡廉

政府采购作为一项制度安排，可以从两方面推进政府的反腐倡廉工作。首先，政府采购中的采购人、采购代理机构和供应商三者之间在各自内在利益驱动下所形成的相互监督机制，可以促进反腐倡廉；其次，实行政府采购制度的同时也建立了一套外在的监督机制，如法律监督，政府采购主管部门的监督，各级纪检、监察、审计等部门的监督等，这些监督都最大限度地增加了政府采购的透明度，尽可能避免腐败现象的发生。

5.保护民族产业

政府采购是世界各国为保护民族产业所普遍采用的有效手段。根据我国《政府采购法》的规定，除极少数法定情形外，政府采购应当采购本国货物、工程和服务。这一规定就体现了国货优先原则，即政府采购体现保护民族产业的功能。

（二）政府采购的执行模式

政府采购的执行模式有集中采购和分散采购两种。

采购人采购纳入集中采购目录的政府采购项目，应当实行集中采购。

1.集中采购

集中采购，是指由政府设立的职能机构统一为其他政府机构提供采购服务的一种采购组织实施形式。集中采购必须委托采购代理机构采购。设区的市、自治州以上人民政府根据本级政府采购项目组织集中采购的需要设立集中采购机构。

集中采购的优点是：能够取得规模效益，降低采购成本，争取价格优势和优质服务，保证采购质量，贯彻落实政府采购的政策导向，便于实施统一的管理和监督。集中采购的缺点是：周期长、程序复杂，难以满足用户多样化的需求，特别是无法满足紧急情况的采购需要。

2.分散采购

分散采购是由各预算单位自行采购的模式。采购未纳入集中采购目录的政府采购项目，可以自行采购，也可以委托集中采购代理机构在委托范围内代理采购。

分散采购的优点是：有利于满足采购及时性和多样性的需求，手续简单。分散采购的缺点是：失去了规模效益，加大了采购成本，导致资产闲置及资金浪费，不利于国家宏观调控，容易滋生腐败。

【判一判】

政府采购必须委托集中采购代理机构采购。　　　　　　　　　　　　（　　）

【答案】×

四、政府采购当事人

政府采购当事人是指在政府采购活动中享有权利和承担义务的各类主体，包括采购人、供应商和采购代理机构等。

（一）采购人

1.采购人的概念

采购人是政府采购中货物、工程和服务的直接需求者。采购人是指依法进行政府采购的国家机关、事业单位和团体组织。

2.采购人的权利

采购人的权利主要包括：

（1）自行选择采购代理机构的权利。

（2）要求采购代理机构遵守委托协议约定的权利。

（3）审查政府采购供应商的资格的权利。

（4）依法确定中标供应商的权利。

（5）签订采购合同并参与对供应商履约验收的权利。

（6）特殊情况下提出特殊要求的权利。例如，对于纳入集中采购目录属于本部门、本系统有特殊要求的项目，应当实行部门集中采购；属于本单位有特殊要求的项目，经省级以上人民政府批准，可以自行采购。

（7）其他合法权利。

3.采购人的义务

采购人的义务主要包括：

（1）遵守政府采购的各项法律、法规和规章制度。

（2）接受和配合政府采购监督管理部门的监督检查，同时接受和配合审计机关的审计监督以及监察机关的监察。

（3）尊重供应商的正当合法权益。

（4）遵守采购代理机构的工作秩序。

（5）在规定时间内与中标供应商签订政府采购合同。

（6）在指定媒体及时向社会发布政府采购信息、招标结果。

（7）依法答复供应商的询问和质疑。

（8）妥善保存反映每项采购活动的采购文件。

（9）其他法定义务。

【做一做】

下列各项中，属于政府采购采购人应承担的义务的有（   ）。

A.在指定媒体及时向社会发布政府采购信息、招标结果

B.依法答复供应商的询问和质疑

C.妥善保存反映每项采购活动的采购文件

D.接受和配合政府采购监督管理部门的监督检查

【答案】ABCD

（二）供应商

供应商是指向采购人提供货物、工程或者服务的法人、其他组织或者自然人。

《政府采购法》规定，供应商参加政府采购活动应当具备以下条件：

（1）具有独立承担民事责任的能力。

（2）具有良好的商业信誉和健全的财务会计制度。

（3）具有履行合同所必需的设备和专业技术能力。

（4）有依法缴纳税收和社会保障资金的良好记录。

（5）参加政府采购活动前三年内，在经营活动中没有重大违法记录。

（6）法律、行政法规规定的其他条件。

（三）采购代理机构

采购代理机构是指具备一定条件，经政府有关部门批准而依法拥有政府采购代理资格

的社会中介机构。

采购代理机构分为一般采购代理机构和集中采购机构。一般采购代理机构的资格由国务院有关部门或省级人民政府有关部门认定，主要负责分散采购的代理业务。集中采购机构是进行政府集中采购的法定代理机构，由设区的市、自治州以上人民政府根据本级政府采购项目组织集中采购的需要设立。

【做一做】

政府采购当事人的范围不包括（　　）。

A.采购人　　　　　　　　　　　　B.供应商

C.政府采购监督管理机构　　　　　D.采购代理机构

【答案】C

五、政府采购方式

政府采购可以采用公开招标、邀请招标、竞争性谈判、单一来源采购、询价以及国务院政府采购监督管理部门认定的其他采购方式。其中，公开招标应作为政府采购的主要采购方式。

（一）公开招标采购

公开招标指采购人或者代理采购机构以招标公告的方式邀请不特定的供应商参加投标的方式。采用公开招标方式采购的，自招标文件发出之日起至投标人提交投标文件截止之日，不得少于二十日。货物或者服务采购项目达到公开招标数额标准的，必须采用公开招标方式。采购人不得将应当以公开招标方式采购的货物或者服务化整为零或者以其他任何方式规避公开招标采购。政府采购公开招标流程，如图4-3所示。

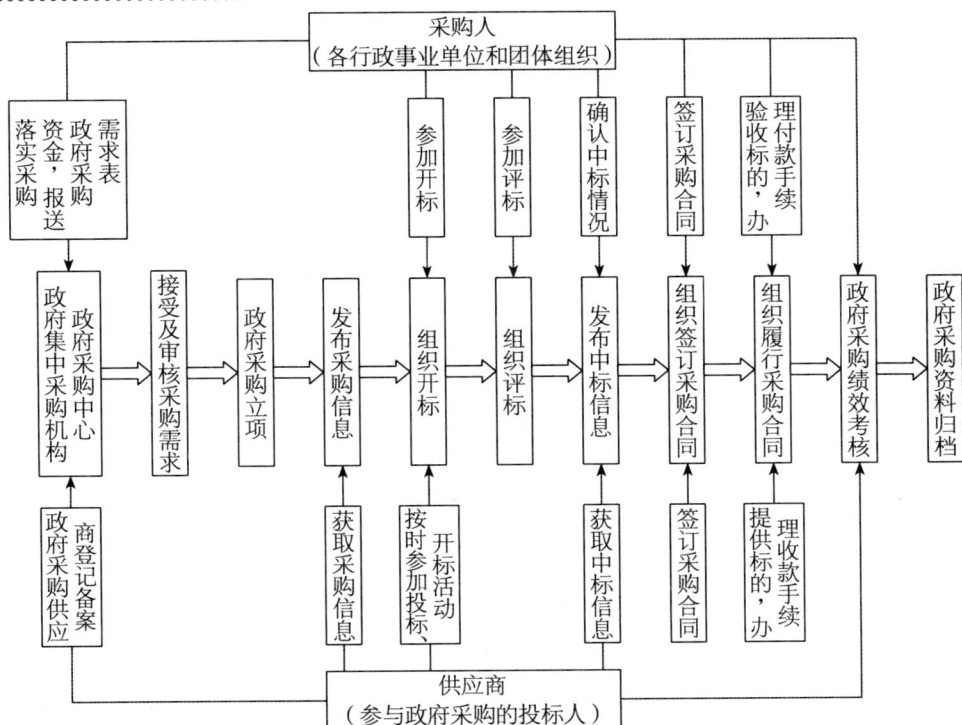

图4-3　政府采购公开招标流程

（二）邀请招标采购

邀请招标是指采购人或者其委托的政府采购代理机构以投标邀请书的方式邀请三家或三家以上特定的供应商参与投标的采购方式。

符合下列情形之一的货物或者服务，可以依照法律采用邀请招标方式采购：

（1）具有特殊性，只能从有限范围的供应商处采购的。

（2）采用公开招标方式的费用占政府采购项目总价值的比例过大的。

（三）竞争性谈判采购

竞争性谈判是指采购人或其委托的政府采购代理机构与多家供应商进行谈判，经分析比较后从中确定中标供应商的采购方式。

符合下列情形之一的货物或者服务，可以依照法律采用竞争性谈判方式采购：

（1）招标后没有供应商投标或者没有合格标的或者重新招标未能成立的。

（2）技术复杂或者性质特殊，不能确定详细规格或者具体要求的。

（3）采用招标所需时间不能满足用户紧急需要的。

（4）不能事先计算出价格总额的。

（四）单一来源采购

单一来源采购是指采购人采购不具备竞争条件的物品，只能从唯一的供应商处取得采购货物或服务的情况下，直接向该供应商协商采购的采购方式。

符合下列情形之一的货物或者服务，可以依法采用单一来源方式采购：

（1）只能从唯一供应商处采购的。

（2）发生了不可预见的紧急情况不能从其他供应商处采购的。

（3）必须保证原有采购项目一致性或者服务配套的要求，需要继续从原供应商处添购，且添购资金总额不超过原合同采购金额10%的。

（五）询价采购

询价采购是指只考虑价格因素，要求采购人向3家以上潜在的供应商发出询价单，对一次性报出的价格进行比较，最后按照符合采购需求、质量和服务相等且报价最低的原则，确定成交供应商的方式。

适用范围：货物规格、标准单一，现货货源充足而且价格变动幅度比较小的采购项目。

六、政府采购的监督检查

政府采购活动应受到政府采购监督管理部门和政府其他相关部门的监督检查，以及集中采购机构和采购人的内部监督。此外，任何单位和个人都有权控告、检举政府采购活动中的违法行为。

（一）政府采购监督管理部门的监督

政府采购监督管理部门应当加强对政府采购活动及集中采购机构的监督检查。

（二）集中采购机构的内部监督

集中采购机构应当建立健全内部监督管理制度。采购活动的决策和执行程序应当明确，并相互监督、相互制约。

（三）采购人的内部监督

采购人必须按照《政府采购法》规定的方式和采购程序进行采购。政府采购项目的采购标准和采购结果应当公开。

（四）政府其他有关部门的监督

依照法律、行政法规的规定对政府采购负有行政监督职责的政府部门，应当按照其职责分工，加强对政府采购活动的监督。

（五）政府采购活动的社会监督

任何单位和个人对政府采购活动中的违法行为，有权控告和检举，有关部门、机关依照各自职责及时处理。

【判一判】

监察机关应当加强对参与政府采购活动的国家机关、国家公务员和国家行政机关任命的其他人员实施审计监督。 （　　）

【答案】×

【随堂测】

1.中央预算的政府采购项目，其集中采购目录由（　　）确定并公布。

A.财政部　　　　　　　　　　　B.国务院

C.全国人民代表大会　　　　　　D.全国人民代表大会常务委员会

【答案】B

2.我国政府采购的原则包括（　　）。

A.公正原则　　　B.公平竞争原则　　　C.公开透明原则　　　D.诚实信用原则

【答案】ABCD

3.下列关于实行分散采购的优点，说法正确的有（　　）。

A.灵活性强　　　B.降低采购成本　　　C.取得规模效益　　　D.满足采购及时性

【答案】AD

4.根据《政府采购法》的规定，对于具有特殊性、只能从有限范围的供应商处采购的货物，其适用的政府采购方式是（　　）。

A.公开招标方式　　　B.邀请招标方式　　　C.竞争性谈判方式　　　D.单一来源方式

【答案】B

【延伸阅读】

上海规定有行贿记录企业3年内不能参加政府采购

任务三　　国库集中收付制度

【任务描述】

国库集中收付制度是政府预算执行的重要环节。建立国库集中收付制度是国库制度改革的核心内容，能够有效地提高财政资金收付管理的规范性、安全性、有效性和透明度。分小组讨论案例并学习教材理论知识，明确认知国库集中收付制度的具体规定。

【案例导入】

某事业单位执行国库集中收付制度。2022年发生如下经济业务事项：

（1）工资由财政直接支付，收到代理银行转来的"财政直接支付入账通知书"及工资发放明细表，款项已由代理银行支付到个人工资账户，发放工资80万元。

（2）对于单件物品或单项服务购买额不足15万元人民币的购买支出等，采用财政授权支付方式支付，收到代理银行转来的"财政授权支付到账通知书"，注明的授权支付额度为12万元。

（3）购买随买随用的办公用品，填制"财政授权支付凭证"送代理银行，购买办公用品1万元。

（4）为开展业务活动购买材料4.5万元，填制"财政授权支付凭证"送代理银行，款项支付完毕，材料已入账，并已全部用于业务活动。

（5）采购一台管理用设备，按照合同规定，购买价格为50万元，由财政直接支付。收到代理银行转来的"财政直接支付入账通知书"及有关凭证，设备已验收入库。

请问：

（1）执行国库集中收付制度的单位，经过申请可设立哪些账户？

（2）财政直接支付与财政授权支付的使用范围是否合法？

【案例解析】

（1）执行国库集中收付制度的单位，经过申请可以设立预算单位零余额账户和特设专户。预算单位零余额账户可以办理转账、提取现金等结算业务，可以向本单位按账户管理规定保留的相应账户划拨工会经费、住房公积金及提取补贴以及财政部门批准的特殊款项。特设专户用于记录、核算和反映预算单位的特殊专项支出活动，并用于与国库单一账户清算。

（2）本案例中财政直接支付与财政授权支付都是符合规定的。根据规定，实行财政直接支付的支出包括工资支出、购买支出以及转移支付等。实行财政授权支付的支出包括未实行财政直接支付的购买支出和零星支出。

【任务分析】

国库集中收付制度包括国库集中支付制度和收入收缴管理制度。其中，国库单一账户体系、财政收入收缴方式和程序及财政支出支付方式和程序是本任务的重点。因此，通过本任务的布置和学习，同学们应该了解国库单一账户体系，明确认知财政收入收缴方式和程序，掌握财政支出支付方式和程序。

【知识准备】

国库集中收付制度，是市场经济国家适应市场经济体制要求、加强财政支出管理的通行做法，是解决财政性资金分散支付所存在弊端的国际通行方式，国际上通常称之为国库单一账户或国库集中收付制度。这是政府对财政性资金从分配到资金入库、资金拨付、资金使用、资金清算，直至资金到达商品供应商和劳务提供者账户的资金运行全过程的管理与监控制度。

一、国库集中收付制度的概念

国库集中收付制度一般也称为国库单一账户制度，包括国库集中支付制度和国库集中收入收缴管理制度，是指由财政部门代表政府设置国库单一账户体系，所有财政性资金均纳入国库单一账户体系收缴、支付和管理的制度。

二、国库单一账户体系

国库单一账户体系是指以财政国库存款账户为核心的各类财政性资金账户的集合。所有财政性资金的收入、支出、存储及资金清算活动均在该账户体系中进行。

（一）国库单一账户体系的构成

国库单一账户体系包括：国库单一账户、财政零余额账户、预算外财政资金专户和特设专户。

（1）国库单一账户是指财政部门在中国人民银行开设的国库单一账户。

（2）财政零余额账户是指财政部门按资金使用性质在商业银行开设的零余额账户。

（3）预算单位零余额账户是指财政部门在商业银行为预算单位开设的零余额账户。

（4）预算外资金财政专户是指财政部门在商业银行开设的预算外资金财政专户。

（5）特设专户是指经国务院和省级人民政府批准或授权财政部门批准开设的特殊专户。

（二）各账户的功能

1.国库单一账户

国库单一账户用于记录、核算和反映纳入预算管理的财政收入和支出活动，并用于与财政部门在商业银行开设的零余额账户进行清算实现支付。代理银行应当按日将支付的财政预算内资金和纳入预算管理的政府性基金与国库单一账户进行清算。国库单一账户在财政总预算会计中使用，行政单位和事业单位会计中不设该账户。

2.财政零余额账户

财政零余额账户用于财政直接支付和与国库单一账户清算。该账户每日发生的支付，于当日营业终了前与国库单一账户清算；营业中单笔支付额在 5 000 万元人民币以上（含 5 000 万元人民币）的，应当及时与国库单一账户清算。财政零余额账户在国库会计中使用。

3.预算单位零余额账户

预算单位零余额账户用于财政授权支付和清算。该账户每日发生时支付，于当日营业终了前由代理银行在财政部门批准的用款额度内与国库单一账户清算；营业中单笔支付额在 5 000 万元人民币以上（含 5 000 万元人民币）的，应当及时与国库单一账户清算。预算单位零余额账户可以办理转账、提取现金等结算业务，可以向本单位按账户管理规定保留的相应账户划拨工会经费、住房公积金及提取补贴，以及经财政部门批准的特殊款项，不得违反规定向本单位其他账户和上级主管单位、所属下级单位账户划拨资金。预算单位零余额账户在行政单位和事业单位会计中使用。

4.预算外资金财政专户

预算外资金财政专户用于记录、核算和反映预算外资金的收入支出活动，并用于预算外资金日常收支清算。预算外资金财政专户在财政部门设立和使用。

5.特设专户

特设专户用于记录、核算和反映预算单位的特殊专项支出活动，并与国库单一账户清算。特设专户在按规定申请设置了特设专户的预算单位使用。

【做一做】

根据国库集中收付制度的规定，用于财政直接支付的账户是（　　）。

A.预算单位的零余额账户　　　　　　　B.财政部门的零余额账户

C.预算外资金财政专户　　　　　　　　D.特设专户

【答案】B

三、财政收入收缴的方式和程序

（一）收缴方式

财政收入收缴方式包括直接缴库和集中汇缴。

1.直接缴库

由预算单位或缴款人按规定，直接将应缴收入缴入国库单一账户或者预算外资金财政专户。

2.集中汇缴

由征收机关按有关法律规定，将所收的应缴收入汇总缴入国库单一账户或预算外资金财政专户。

（二）收缴程序

1.直接缴库程序

直接缴库的税收收入，由纳税人通过开户银行将税款缴入国库单一账户。

2.集中汇缴程序

小额零散税收和法律另有规定的应缴收入（非税收入中的现金缴款），由征收机关在收缴收入的当日汇总缴入国库单一账户。

四、财政支出支付方式和程序

（一）支付方式

财政支出支付的方式包括财政直接支付和财政授权支付。

1.财政直接支付

财政直接支付由财政部门向中国人民银行和代理银行签发支付指令，代理银行根据支付指令通过国库单一账户体系将资金直接支付到收款人或用款单位账户。

实行财政直接支付的支出包括：

（1）工资支出、购买支出以及中央对地方的专项转移支付，拨付企业大型工程项目或大型设备采购的资金等。

（2）转移支出，中央对地方的一般性转移支付中的税收返还、原体制补助、过渡期转移支付、结算补助等支出，对企业的补贴和未指明购买内容的某些专项支出等。

2.财政授权支付

预算单位按照财政部门的授权，自行向代理银行签发支付指令，代理银行根据支付指令，在财政部门批准的预算单位的用款额度内，通过国库单一账户体系将资金支付到收款人账户。

实行财政授权支付的支出包括：未实行财政直接支付的购买支出和零星支出等。未实行财政直接支付的购买支出是指单件物品或单项服务购买额不足10万元人民币的购买支出；年度财政投资不足50万元人民币的工程采购支出；特别紧急的支出和经财政部门批准的其他支出。

（二）支付程序

1.财政直接支付程序

（1）一级预算单位申请。

（2）财政部门国库支付执行机构审核并开具支付令。

（3）代理银行划拨资金。

（4）资金清算。

（5）出具入账通知书。

（6）会计处理。

2.财政授权支付程序

（1）预算单位申请月度用款限额。

（2）财政部门通知支付代理银行。

（3）代理银行在额度内办理支付。

（4）代理银行办理资金清算。

（5）预算单位在额度内使用资金。

【判一判】

财政授权支付程序适用于年度财政资金不足50万元人民币的工程采购支出。（　　）

【答案】√

【随堂测】

1.财政资金支出按照不同的支付主体分别实行财政直接支付和财政授权支付。实行财政直接支付的支出不包括（　　）。

A.工资支出　　　　　B.工程采购支出　　　C.服务采购支出　　　D.零星支出

【答案】D

2.下列关于财政支出的支付方式说法中正确的有（　　）。

A.财政支出支付方式包括直接支付和授权支付

B.不足10万元人民币的工资支出适用财政授权支付

C.特别紧急的支出适用财政授权支付

D.年度财政投资不足50万元人民币的工程采购支出适用财政授权支付

【答案】ACD

3.根据国库集中收付制度，所有财政性资金都纳入国库管理，收入直接缴入国库单一账户，支出由国库单一账户直接支付到商品和劳务供应者或用款单位。（　　）

【答案】×

4.甲单位是实行国库集中支付的事业单位。2022年5月，审计机构对甲单位2021年度财政资金使用情况进行检查，对以下情况提出疑问：

（1）2021年3月，甲单位将其代收的纳入预算管理的行政事业性收费存入本单位在商业银行开设的基本户；5月，甲单位将部分行政事业性收费缴入国库，剩余部分直接用于购买本单位办公设备。

（2）2021年6月，甲单位通过本单位零余额账户借款20万元给所属下级单位。

（3）2021年7月至8月，甲单位对办公楼进行内部装修，按照规定应采用财政直接支付方式支付工程款，甲单位申请通过财政零余额账户支付施工方工程款项150万元。

（4）2021年12月，甲单位使用财政性资金购买了一台大型专用设备，通过本单位零余额账户向本单位基本户转账50万元，再通过基本户向供应商支付设备款。

（5）2021年11月，甲单位通过本单位零余额账户提取现金支付日常办公用品零星支出2万元。

根据以上情况，请回答以下问题：

（1）下列各项中，属于国库集中支付方式的有（　　）。

A.财政直接支付　　　　　　　　　　B.财政转移支付

C.财政授权支付　　　　　　　　　　D.财政专项支付

【答案】AC

（2）国库单一账户体系中的下列各银行账户中，属于财政直接支付和与国库单一账户支出清算应使用的账户为（　　）。

A.财政部门按资金使用性质在商业银行开设的零余额账户

B.财政部门在商业银行开设的预算外资金财政专户

C.财政部门在中国人民银行开设的国库单一账户

D.财政部门在商业银行为预算单位开设的零余额账户

【答案】A

（3）根据国库集中收付制度有关规定，下列关于行政事业性收费管理的表述中，正确的是（　　）。

A.预算单位代收的纳入预算管理的行政事业性收费可以无限期存放在单位基本户

B.预算单位代收的纳入预算管理的行政事业性收费可以存放于基本户，直接用于支付单位的日常性开支

C.预算单位代收的纳入预算管理的行政事业性收费可根据单位的需要部分缴库

D.预算单位代收的纳入预算管理的行政事业性收费按规定的时限全额缴库

【答案】D

（4）下列各项关于甲单位实行财政直接支付方式的表述中，正确的有（　　）。

A.财政直接支付中应由中国人民银行向代理银行签发支付指令

B.甲单位进行财政直接支付时，应首先按照批复的部门预算和资金使用计划向财政国库支付执行机构提出支付申请

C.财政直接支付中财政部门应根据支付指令通过国库单一账户体系将资金直接支付到甲单位账户

D.财政直接支付中代理银行应根据财政部门支付指令通过国库单一账户体系将资金直接支付到甲单位账户

【答案】BD

（5）本例中，下列各项关于甲单位使用零余额账户的情形中，正确的是（　　）。

A.通过本单位零余额账户提取现金支付日常办公用品零星支出

B.通过财政零余额账户支付办公楼装修工程款

C.通过本单位零余额账户借款给下级单位

D.通过本单位零余额账户向本单位基本户转账50万元，再通过单位基本户向供应商支付设备款

【答案】AB

本项目各任务
随堂测答案

【延伸阅读】

政府购买服务"试卷"怎么答

【项目训练】

一、选择题

1.在财政法律体系中处于核心地位的是（　　　）。

A.金融法律制度　　　　　　　　　B.预算法律制度

C.税收法律制度　　　　　　　　　D.政府采购法律制度

2.乡级政府编制的决策草案，由（　　　）审批。

A.国务院　　　　　　　　　　　　B.县级以上人民政府

C.本级人大　　　　　　　　　　　D.县级人大

3.下列关于预算的审批，说法错误的是（　　　）。

A.中央预算由全国人民代表大会审查和批准

B.地方各级政府预算由本级人民代表大会审查和批准

C.中央预算和地方各级政府预算均由全国人民代表大会审查和批准

D.各级政府预算批准后，必须依法自下而上地向相应的国家机关备案

4.中央预算由（　　　）负责审查和批准。

A.全国人民代表大会常务委员会　　B.全国人民代表大会

C.国务院　　　　　　　　　　　　D.财政部

5.各部门、各单位的预算支出，必须按照本级政府财政部门批复的预算科目和数额执行，不得挪用；确需作出调整的，必须经（　　　）同意。

A.人大常委会　　　　　　　　　　B.国务院

C.本级政府财政部门　　　　　　　D.本级政府

6.根据我国《预算法》的规定，不属于国务院财政部门预算职权的是（　　　）。

A.具体编制中央预算、决算草案

B.具体组织中央和地方预算的执行

C.审查和批准中央预算的调整方案

D.具体编制中央预算的调整方案

7.各级预算执行的具体工作由（　　）负责。

A.本级人民代表大会　　　　　　　　B.本级人民政府

C.预算编制部门　　　　　　　　　　D.本级人民政府财政部门

8.对本级各部门、各单位和下级政府的预算执行、决算实施审计监督的部门是（　　）。

A.各级政府财政部门　　　　　　　　B.各级政府

C.各级政府审计部门　　　　　　　　D.上一级政府财政部门

9.政府采购被誉为"阳光下的交易"，体现了（　　）。

A.公开透明原则　　B.公平竞争原则　　C.公正原则　　　　D.诚实信用原则

10.政府集中采购目录和采购限额标准由（　　）确定并公布。

A.县级人民政府　　　　　　　　　　B.省级以上人民政府

C.乡、民族乡、镇政府　　　　　　　D.市级人民政府

11.使用财政性资金采购依法制定的集中采购目录以内的或者限额标准以上的货物、工程和服务的单位中，不适用政府采购法的主体是（　　）。

A.国有企业　　　　B.国家机关　　　　C.事业单位　　　　D.社会团体

12.下列资金中，不属于政府采购资金范围的是（　　）。

A.财政预算资金　　　　　　　　　　B.预算外资金

C.单位自筹资金　　　　　　　　　　D.政策性国有企业之外的企业自有资金

13.除极少数法定情形外，政府采购应当采购本国货物、工程和服务，这一规定体现了政府采购的（　　）功能。

A.活跃市场经济　　B.保护民族产业　　C.反腐倡廉　　　　D.强化宏观调控

14.《政府采购法》规定，我国的政府采购采取（　　）的制度。

A.集中采购　　　　　　　　　　　　B.分散采购

C.集中采购与分散采购相结合　　　　D.分次采购

15.用于记录、核算和反映纳入预算管理的财政收入和支出的账户是（　　）。

A.国库单一账户　　　　　　　　　　B.财政零余额账户

C.预算外资金账户　　　　　　　　　D.特设专户

16.按照有关规定，（　　）是对国库单一账户和代理银行进行管理和监督的机构。

A.中国人民银行　　B.财政部门　　　　C.商业银行　　　　D.纪检部门

17.财政收入收缴方式中，由征收机关（有关法定单位）按有关法律法规的规定，将所收的应缴收入汇总缴入国库单一账户或预算外资金财政专户的方式是（　　）。

A.分次汇缴　　　　B.直接缴库　　　　C.集中汇缴　　　　D.汇总缴纳

18.预算单位支用授权额度时，填制财政部门统一制定的"财政授权支付凭证"送代理银行，代理银行据此通过（　　）办理资金支付。

A.特设专户　　　　　　　　　　　　B.预算外资金专户

C.财政零余额账户　　　　　　　　　D.预算单位零余额账户

19.财政直接支付各单位的预算内资金就是通过（　　）进行核算支付的。

A.单位零余额账户　　　　　　　　　　B.国库单一账户

C.特设专户　　　　　　　　　　　　　D.财政零余额账户

20.预算单位实行财政直接支付的财政性资金包括（　　　）。

A.工资支出

B.单项服务购买额为8万元人民币的购买支出

C.年度财政投资额为40万元人民币的工程采购支出

D.特别紧急的支出

21.我国《预算法》规定的预算支出形式包括（　　　）。

A.经济建设支出

B.教育、科学、文化、卫生、体育等事业发展支出

C.国家管理费用支出

D.国防支出

22.下列关于国家预算构成的说法，正确的是（　　　）。

A.中央预算由中央各部门预算和地方各级预算组成

B.地方各级总预算由本级预算和汇总的下一级总预算组成

C.中央政府预算指的就是中央预算

D.各部门预算由所属各单位预算组成

23.全国人民代表大会的职权有（　　　）。

A.批准中央预算和中央预算执行情况的报告

B.审查中央预算草案

C.审查地方预算草案

D.审查中央预算和地方预算执行情况的报告

24.各级政府编制年度预算草案的依据有（　　　）。

A.法律、法规

B.国民经济和社会发展计划、财政中长期计划以及有关财政经济政策

C.本级政府的预算管理职权和财政管理体制确定的预算收支范围

D.上一年度预算执行情况和本年度预算收支变化因素

25.下列有关预算的审批和执行表述正确的是（　　　）。

A.中央预算由全国人民代表大会审查和批准

B.地方各级政府预算由本级人民代表大会审查和批准

C.各级预算由本级政府组织执行，具体工作由本级政府财政部门负责

D.各级政府预算经过本级人民代表大会的批准之后，本级政府财政部门应当及时向
　本级政府各部门批复预算

26.下列关于地方预算的表述中，正确的有（　　　）。

A.地方预算由各省、自治区、直辖市和总预算组成

B.包括下级政府向上级政府上解的收入数额

C.包括上级政府对下级政府返还或者给予补助的数额

D.地方预算不包括政党组织的预算

27.下列关于乡、民族乡、镇政府的预算管理职权表述正确的是（　　　）。

A.编制本级预算的调整方案

B.编制本级预算、决算草案

C.向本级人民代表大会作关于本级预算草案的报告

D.组织本级预算的执行

28.政府采购应当遵循的原则包括（　　　）。

A.公正　　　　　　　B.诚实信用　　　　　C.公开透明　　　　　D.公平竞争

29.政府采购当事人中的采购人可以是（　　　）。

A.国家机关　　　　　B.个人　　　　　　　C.事业单位　　　　　D.社会团体

30.政府采购可以采用的采购方式有（　　　）。

A.询价　　　　　　　B.邀请招标　　　　　C.公开招标　　　　　D.单一来源

31.关于国库集中收付制度，下列说法正确的是（　　　）。

A.所有的财政性资金均纳入国库单一账户体系收缴、支付和管理

B.财政部门代表政府设置国库单一账户体系

C.能有效地防止利用财政资金谋取私利等腐败现象的发生

D.大大提高了财政资金收付管理的规范性和安全性

32.财政收入收缴方式主要有（　　　）。

A.集中汇缴　　　　　B.直接缴库　　　　　C.分散汇缴　　　　　D.代扣代缴

33.下列账户中，属于国库单一账户体系的是（　　　）。

A.预算外资金专户　　　　　　　　　　　B.特设专户

C.国库单一账户　　　　　　　　　　　　D.财政零余额账户

34.预算单位适用财政直接支付的财政性资金包括（　　　）。

A.工资　　　　　　　　　　　　　　　　B.工程采购支出

C.物品采购支出　　　　　　　　　　　　D.服务采购支出

35.财政授权支付程序适用于（　　　）。

A.单件物品或单项服务购买额不足10万元人民币的购买支出

B.单件物品或单项服务购买额不足50万元人民币的购买支出

C.年度财政投资不足50万元的工程采购支出

D.特别紧急的支出

二、判断题

1.我国实行一级政府一级预算。　　　　　　　　　　　　　　　　　　　（　　　）

2.无论乡、民族乡、镇是否具有设立预算的条件，都一定要设立预算。　（　　　）

3.我国国家预算体系中不包括县市级以下的预算。　　　　　　　　　　（　　　）

4.我国的预算分为中央预算和地方预算，而中央预算是由各地方预算组成的。

（　　　）

5.全国人民代表大会常务委员会无权撤销省、自治区、直辖市人民代表大会及其常务委员会制定的同宪法、法律和行政法规相抵触的关于预算、决算的地方性法规和决议。

（　　　）

6.补贴收入是国家预算收入的最主要的部分。　　　　　　　　　　　　（　　　）

7.我国预算采取的是公历年制，预算年度自公历1月1日起，至12月31日止。（　　　）

8.中央预算和地方各级预算均由全国人民代表大会审查和批准。　　　　（　　）

9.各级政府预算经本级人大批准后，应当直接向相应的国家机关备案。　（　　）

10.政府集中采购目录和采购限额标准由县级以上人民政府确定并公布。　（　　）

11.采购人不得将应当以公开招标方式采购的货物或者服务化整为零或者以其他任何方式来规避公开招标采购。　　　　（　　）

12.邀请招标应作为政府采购的主要采购方式。　　　　（　　）

13.单一来源采购，是指采购人向唯一供应商进行采购的方式。　　　　（　　）

14.国库集中收付制度，是指以国库单一账户体系为基础，将所有财政性资金都纳入国库单一账户体系管理，收入直接缴入国库和财政专用账户，支出通过国库单一账户体系支付到商品和劳务供应者或用款单位的一项国库管理制度。　　　　（　　）

15.国库单一账户是在中国人民银行开设的国库存款账户，它与财政零余额账户、单位预算内零余额账户和特设专用账户进行清算，实现财政国库集中支付。　　　　（　　）

三、案例分析题

1.明确划分国家各级权力机关、各级政府、各级财政部门以及各部门各单位在预算活动中的职权，是保证依法管理预算的前提条件，也是将各级预算编制、预算审批、预算执行、预算调整和预算决算的各环节纳入法治化、规范化轨道的必要措施。《预算法》明确地规定了各级人民代表大会及其常务委员会、各级政府、各级财政部门和各部门、各单位的预算职权。

请根据以上资料，回答下列关于预算职权的有关问题：

（1）根据《预算法》的规定，下列各项中，属于划分预算职权原则的是（　　）。

A.各级独立　　　　B.统一领导　　　　C.权责结合　　　　D.分级管理

（2）根据《预算法》的规定，属于县级以上地方各级人民代表大会的职权的是（　　）。

A.批准本级预算和本级预算执行情况的报告

B.审查本级总预算草案及本级总预算执行情况的报告

C.撤销本级政府关于预算、决算的不适当的决定和命令

D.改变或者撤销本级人民代表大会常务委员会关于预算、决算的不适当的决议

（3）根据《预算法》的规定，属于乡、民族乡、镇人民代表大会的职权的是（　　）。

A.撤销本级政府关于预算、决算的不适当的决定和命令

B.审查和批准本级预算的调整方案和本级决算

C.审查和批准本级预算和本级预算执行情况的报告

D.监督本级预算的执行

（4）根据《预算法》的规定，下列各项中，不属于国务院财政部门职权的是（　　）。

A.具体编制地方预算的调整方案　　　　B.具体组织中央和地方预算的执行

C.具体编制中央预算、决算草案　　　　D.提出中央预备费动用方案

（5）根据《预算法》的规定，下列各项中，属于各部门预算职权的是（　　）。

A.编制本部门预算草案

B.组织和监督本部门预算的执行

C.编制部门决算草案

D.定期向本级政府财政部门报告预算的执行情况

2.甲单位是实行国库集中支付的事业单位。2022年2月，甲单位根据预算安排拟采购一台纳入政府采购集中采购目录的实验设备A。由于急需设备A，甲单位决定选择邀请招标方式自行采购。甲单位向3家供应商发出投标邀请书，最终选择了供应商乙单位，并与其签订了合同，但未将中标情况通知其他投标人。2022年12月，一家未中标供应商丙单位向甲单位所在地政府采购监管部门丁单位投诉，认为甲单位没有及时将中标结果通知所有未中标的投标人。监管部门对甲单位进行调查，发现甲单位未按照规定保管该项采购活动的采购文件，而且丙单位所反映情况属实。监管部门对甲单位进行了相应处罚。

根据以上情况，回答如下问题：

（1）下列各项中，属于政府采购主体的是（　　）。

A.社会团体　　　　　B.行政单位　　　　　C.国有企业　　　　　D.事业单位

（2）下列各项中，属于本例中甲单位采购设备A应实行的方式是（　　）。

A.联合其他采购人自行团购　　　　　B.由主管部门代为采购

C.采购人自行采购　　　　　D.委托集中采购机构代理采购

（3）下列各单位中，属于政府采购当事人的是（　　）。

A.甲单位　　　　　B.丙单位　　　　　C.乙单位　　　　　D.丁单位

（4）下列各项中，属于甲单位作为政府采购采购人应享有的权利是（　　）。

A.审查政府采购供应商的资格的权利

B.依法确定中标供应商的权利

C.自行选择采购代理机构的权利

D.拒绝政府采购监督管理部门监督检查的权利

（5）下列各项中，属于甲单位作为政府采购采购人应承担的义务是（　　）。

A.尊重供应商的正当合法权益

B.在指定媒体及时向社会发布政府采购信息、招标结果

C.妥善保存反映每项采购活动的采购文件

D.在规定时间内与中标供应商签订政府采购合同

【项目评价】

本项目的学习效果评价体系由职业能力、通用能力和思政素养三部分组成。

通过对本项目的学习，要求学生对预算组织程序的四个环节、政府采购五种方式以及国库单一账户体系的内容，进行自我测评。根据测评结果，找出学习中存在的不足，通过不断加强课后练习，及时加以改进和提高，填写表4-1。

表4-1　　　　　　　　　　　项目考核评价表

内　容				评　价		
学习目标				3	2	1
职业能力	熟悉预算法律制度的构成，掌握预算组织程序的四个环节，准确理解政府采购法律制度的具体内容，对财政收入收缴方式和程序及财政支出的两种支付方式有清晰的区分和应用					
	1.掌握预算组织程序的四个环节的具体内容，能够准确把握每个环节的含义和基本要求					
	2.掌握政府采购五种采购方式的适用条件，结合具体实务案例熟练地运用每种采购方式					
	3.熟悉国库单一账户体系的内容，熟练掌握财政直接支付和财政授权支付的适用范围					
通用能力	组织能力					
	沟通能力					
	解决问题的能力					
	自我提高的能力					
思政素养	领悟国家财政法律制度明确责权划分、协调发展、保障国家百年目标实现的意识					
	树立遵纪守法、廉洁自律的职业意识					
	涵养财经从业人员忠于职守、内省慎独的职业素养					
综合评价						

等级说明：3——能高质、高效地完成此学习目标的全部内容，并能解决遇到的特殊问题；2——能高质、高效地完成此学习目标的全部内容；1——能圆满完成此学习目标的全部内容，无须任何帮助和指导。

评价说明：优秀——达到3级水平；良好——达到2级水平；合格——全部任务都达到1级水平；不合格——不能达到1级水平。

项目五 会计人员的预警线——会计职业道德

学习目标

知识目标

1.熟悉会计职业道德的含义；

2.了解会计职业道德的功能与作用；

3.掌握加强会计职业道德教育的途径；

4.熟悉会计职业道德规范的具体内容。

能力目标

1.熟悉会计职业道德规范的具体内容，能够准确把握每条规范的含义和基本要求，从而把理论的要求内化为自觉的行为，自发地提高会计人员道德修养水平；

2.会运用善恶标准对自己和他人的会计职业行为进行道德评价，从而进一步规范会计人员的职业行为，充分认识会计职业道德建设的意义，做会计职业道德建设的促进者。

思政目标

1.领悟党的二十大报告提出的"明大德、守公德、严私德""弘扬诚信文化，健全诚信建设长效机制"的倡议，明确会计从业人员守"德"的重要意义；

2.形成主动积极将个人内在的道德品质外化为专业工作的职业素养；

3.增强爱岗敬业、诚实守信、廉洁自律、客观公正、坚持准则、勤学苦练、奉献社会的职业道德意识，努力成为行业好的建设者和接班人。

【内容结构导图】

本项目内容构成如图5-1所示。

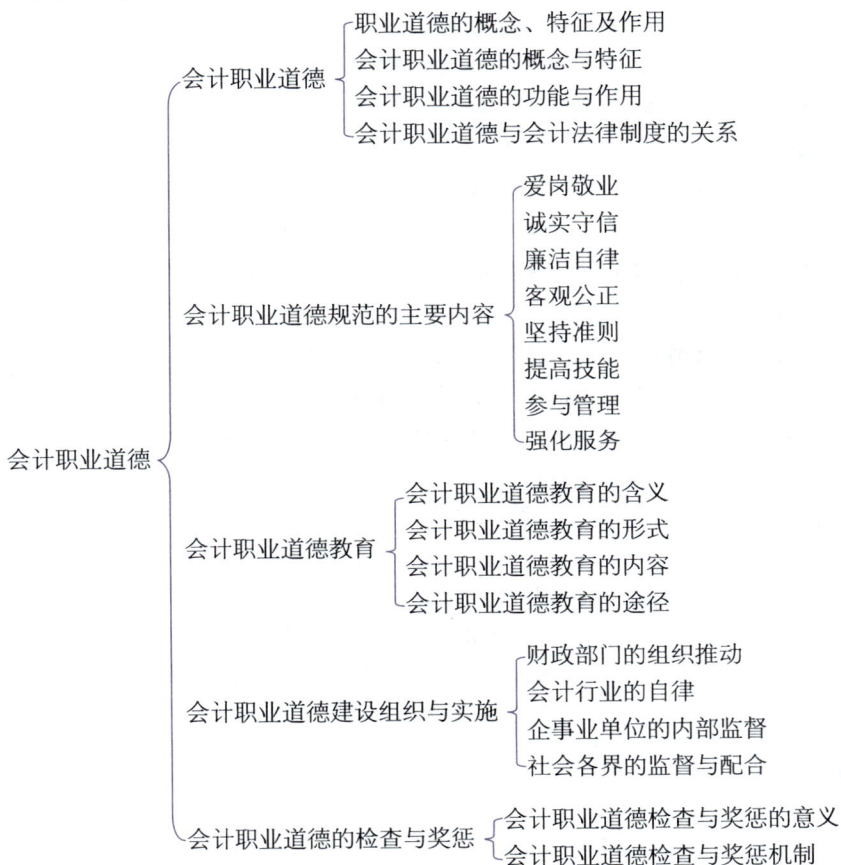

会计职业道德
- 会计职业道德
  - 职业道德的概念、特征及作用
  - 会计职业道德的概念与特征
  - 会计职业道德的功能与作用
  - 会计职业道德与会计法律制度的关系
- 会计职业道德规范的主要内容
  - 爱岗敬业
  - 诚实守信
  - 廉洁自律
  - 客观公正
  - 坚持准则
  - 提高技能
  - 参与管理
  - 强化服务
- 会计职业道德教育
  - 会计职业道德教育的含义
  - 会计职业道德教育的形式
  - 会计职业道德教育的内容
  - 会计职业道德教育的途径
- 会计职业道德建设组织与实施
  - 财政部门的组织推动
  - 会计行业的自律
  - 企事业单位的内部监督
  - 社会各界的监督与配合
- 会计职业道德的检查与奖惩
  - 会计职业道德检查与奖惩的意义
  - 会计职业道德检查与奖惩机制

图5-1　本项目内容结构图

任务一　　　　会计职业道德

【任务描述】

分小组讨论案例并学习教材理论知识，通过小组探究和学习，了解职业道德的特征与作用，熟悉会计职业道德的概念与特征、功能与作用，理解会计职业道德与会计法律制度的关系。

【案例导入】

一位自称是某运输公司司机的顾客，走进一家汽车维修店对店主张老板说："你给我多写点零件、多开点费用，我回公司报销后，有你一份好处。""不行！"张老板拒绝了他的要求。顾客纠缠说："我的生意不算小，会常来的，你肯定能赚很多钱！"张老板郑重地告诉他，这事无论如何也不会做。顾客气急败坏地嚷道："谁都会这么干的，我看你是太傻了。"张老板火了，他请那位顾客马上离开。这时，那位顾客露出了微笑，并满怀敬意地握住张老板的手说："我就是那家运输公司的老板。我一直在寻找一个固定的、信得过的维修店，今天我找到了，就是你的店了！"

请问：张老板为什么要拒绝顾客的要求？这件事体现了他什么样的职业道德品质？顾客将张老板的店作为将来定点维修店，说明了什么？

【案例解析】

张老板拒绝顾客的要求，是因为诚实守信是做人、做事的基本准则，是职业道德的基本要求之一。这体现了张老板具有诚实守信的职业道德品质。他明知这样做可以给自己带来好处，但这是违反诚信职业道德规范的，他就坚决拒绝了。这表明他是一个原则性很强的人。

顾客将张老板的店作为定点维修店，说明诚实守信品质的重要性。因为一个人或者企业的信誉是其立足之本，是无形的资产，是各行各业的生存之道。只有做到了诚实守信，才能确立其在消费者心目中的形象，才能在长久而激烈的市场竞争中站稳脚跟，最终赢得市场。

【任务分析】

通过网络、报刊、书籍、观察日常生活等途径搜集职业道德榜样及其事迹，先在小组内交流，每名同学都谈一谈自己的心得体会，然后每组推荐1名同学在全班进行交流。通过任务的完成达到了解职业道德对职业学校学生的人生意义，明确会计职业道德教育对会计专业学生的意义，形成正确的会计职业道德观念。

【知识准备】

一、职业道德的概念、特征及作用

（一）职业道德的概念

职业道德是指在一定职业活动中应遵循的、体现一定职业特征的、调整一定职业关系的职业行为准则和规范。不同的职业、不同的岗位，有不同的道德要求和不同的行为准则。在实际工作中，我们应当遵循的这些具有职业特征的道德要求和行为准则，就是职业道德。

【小知识】

我国《新时代公民道德建设实施纲要》提出了职业道德的主要内容：爱岗敬业、诚实守信、办事公道、热情服务、奉献社会。其中，爱岗敬业是职业道德的基础，是职业道德所倡导的首要规范。诚实守信是职业道德的最基本准则，也是职业道德的精髓。奉献社会是职业道德的出发点和归宿。

（二）职业道德的特征

职业道德渗透到职业活动的方方面面，具有明显的职业性（行业性）、实践性、继承性和多样性等特征。职业道德采用制度、条例、守则、公约、承诺、誓言以及标语口号等形式，与职业纪律紧密结合，要求从业者接受和实行，并且形成一种职业习惯。因此，它又具有明确的规范性。

【小思考】

"职业道德是一纸空文，社会上很多违背职业道德的人生意很火，所以谁遵守谁吃亏。"你如何看待以上观点？

（三）职业道德的作用

1.职业道德会促进职业活动有序进行

职业道德是我们所从事的行业对社会所承担的道德责任和义务，是我们职业成功的保证。思想支配行动，职业道德水平决定着人们的职业行为。从这个意义上说，职业道德是职业的灵魂。职业道德规范从业人员的行为，调节从业人员内部及从业人员与服务对象的关系，促进人际关系的和谐，从而促进职业活动有序进行。

2.职业道德对社会道德风尚会产生积极的影响

职业道德有效保证产品和服务的高质量，维护和提高企业的信誉，促进行业的发展。职业道德水平提高，对整个社会道德水平的提高具有重要作用。

【小思考】

中国青春宝集团有限公司董事长、正大青春宝药业有限公司总裁冯根生出身于医药世家，14岁时进入著名的国药号"江南药王"胡庆余堂做学徒。在做学徒的三年多时间里，冯根生经常能够在扫地的时候捡到钱，每次他都把钱交给师傅。十几年以后，他才知道原来是师傅用这种方式在考验他。一共考验了15次，每次都是满分。15次以后，师傅就说了，这个小孩很诚实，他捡来的钱都不要，还会去偷吗？

冯根生的行为体现了什么样的品质？这样的道德品质对人的成长有什么作用？

二、会计职业道德的概念与特征

（一）会计职业道德的概念

会计职业道德，是指在会计职业活动中应当遵循的、体现会计职业特征的、调整会计职业关系的职业行为准则和规范。

会计职业道德规范的对象，既有单位会计人员，也有注册会计师。会计职业道德的含义应从以下几个方面来把握：

1.会计职业道德是调整会计职业活动中各种利益关系的手段

会计工作的性质决定了在会计职业活动中要处理方方面面的经济关系，包括单位与单位、单位与国家、单位与投资者、单位与债权人、单位与职工、单位内部各部门之间及单位与社会公众之间等经济关系。当各经济主体的利益与国家利益、社会公众利益发生冲突的时候，会计职业道德不允许通过损害国家和社会公众利益而获取违法利益，但允许个人和各经济主体获取合法的自身利益。会计职业道德可以配合国家法律制度，调整职业关系中的经济利益关系，维护正常的经济秩序。

2.会计职业道德具有相对稳定性

会计是一种专业技术性很强的职业。会计人员在从事会计职业的过程中，必须遵循其内在的客观经济规律和要求。由于人们面对的是共同的客观经济规律，因此，会计职业道德在社会经济关系的变迁中，始终保持自己的相对稳定性。比如，诚实守信、客观公正等是对会计人员的普遍要求。没有任何一个社会制度能够容忍虚假会计信息，也没有任何一个经济主体会允许会计人员私自向外界提供或者泄露单位的商业秘密。

3.会计职业道德具有广泛的社会性

会计职业道德的社会性是由会计职业活动所生成的产品决定的。会计不仅要为政府机构、企业管理层、金融机构等提供符合质量要求的会计信息，而且要为投资者、债权人及社会公众服务，因其服务对象涉及面很广，提供的会计信息是公众产品，所以会计职业道德的优劣将影响国家和社会公众利益。会计信息质量直接影响着社会经济的发展和社会经济秩序的健康运行，会计职业道德必然受社会关注，具有广泛的社会性。

（二）会计职业道德的特征

会计职业道德除了具有职业道德的一般特征外，与其他职业道德相比还具有如下特征：

1.会计职业道德具有一定的强制性

在我国，会计职业道德的许多内容都直接纳入会计法律制度当中，使得它具有一定的强制性。如我国的《会计法》《会计基础工作规范》等都规定了会计职业道德的内容和要求。会计职业道德的这种独特的强制性，是由会计工作在市场经济活动中的特殊地位决定的。

2.会计职业道德较多关注社会公众利益

会计职业的一个显著特征是会计职业活动与社会公众利益联系密切。在发生道德冲突时，要求会计人员坚持准则，把社会公众利益放在第一位。

三、会计职业道德的功能与作用

（一）会计职业道德的功能

会计职业道德的功能主要有：指导功能、评价功能、教化功能。

1.指导功能

指导功能，即指导会计人员行为的功能。会计职业道德规范作为一种指引或者劝诫，表达了社会对会计人员行为的期望和要求，如爱岗敬业、诚实守信、廉洁自律、客观公正等。这种期望和要求如果被会计人员所认同就会转变为会计人员自觉的行为；即使不被会计人员所认同，由于道德舆论的强大压力，也往往会被会计人员接受和遵循。会计职业道德通过对会计的行为动机提出相应的要求，引导、规范、约束会计人员树立正确的职业观念，遵循职业道德要求，从而达到规范会计行为的目的。

2.评价功能

评价功能，即对会计人员的行为，根据一定的道德标准进行评价。这一功能又可分解为褒扬的功能和谴责的功能。前者通过引起主体的自豪感和光荣感，对主体的动机和行为起鼓舞、激励的作用；后者通过引起主体的羞愧、内疚等情感，对主体的动机和行为起抑制和纠错的作用。通过开展会计职业道德的评价，倡导、赞扬、鼓励自觉遵守会计职业道德规范的行为，贬抑、鞭挞、谴责、查处会计造假等不良行为，对会计人员起着引导或者威慑的作用，有助于督促会计人员在行为上遵守职业道德规范。

3.教化功能

道德具有引导人的行为的功能，这种引导的特点是，劝善戒恶，并辅之以社会舆论的赞扬或者谴责，进而作用于人的道德良心和道德情感。这对于会计人员的思想、感情和行为，有一种潜移默化的塑造作用，不但能够影响会计人员当下的动机和行为，而且能够改造会计人员的道德品质，提高会计人员的道德境界。

（二）会计职业道德的作用

会计职业道德的作用，主要体现在以下四方面：

1.会计职业道德是规范会计行为的基础

会计职业道德的具体规范引导、约束会计人员树立正确的职业观念，建立良好的职业品行，从而达到规范会计行为的目的。

2.会计职业道德是实现会计目标的重要保证

会计目标就是为服务对象提供真实、可靠的会计信息。会计目标能否顺利实现，既取决于会计人员的专业技术水平，也取决于会计人员能否严格履行职业行为准则。因此，依靠会计职业道德规范约束会计人员的职业行为，是实现会计目标的重要保证。

3.会计职业道德是对会计法律制度的重要补充

会计行为的规范化不仅要以会计法律、法规作保证，还要依赖会计人员的道德信念、道德品质来实现。会计职业道德是会计法律制度所不能替代的，是对会计法律制度的重要补充。

4.会计职业道德是提高会计人员职业素养的内在要求

社会的进步和发展，对会计执业者的素质要求越来越高，倡导会计执业者进一步加强自我修养，提高专业胜任能力，有利于促进会计执业者整体素质的不断提高。

【做一做】

下列关于会计职业道德调整对象的表述中，正确的是（　　　）。

A.调整会计职业关系

B.调整会计职业中的经济利益关系

C.调整会计职业内部从业人员之间的关系

D.调整与会计活动有关的所有关系

【答案】B

四、会计职业道德与会计法律制度的关系

（一）会计职业道德与会计法律制度的联系

会计职业道德与会计法律制度有着共同的目标和相同的调整对象，承担着同样的职责，二者联系密切。主要表现在：

1.两者在作用上相互补充、相互协调

在规范会计行为中，人们不可能完全依赖会计法律制度的强制功能而排斥会计职业道德的教化功能，会计行为不可能都由会计法律制度进行规范，不需要或者不宜由会计法律制度进行规范的行为，可通过会计职业道德规范来约束；同时，那些基本的会计行为必须运用会计法律制度强制执行规定。总之，会计职业道德是会计法律制度正常运行的社会基础和思想基础，会计法律制度是促进会计职业道德规范形成和得到遵守的重要保障。

2.两者在内容上相互借鉴、相互吸收

会计法律制度中包含会计职业道德规范的内容，同时，会计职业道德规范中也包含会计法律制度的某些条款。最初的会计职业道德规范就是对会计职业行为约定俗成的基本要求，后来制定的会计法律制度吸收了这些基本要求，便形成了会计法律制度。

（二）会计职业道德与会计法律制度的区别

1.两者的性质不同

会计法律制度体现统治阶级的愿望和意志，通过国家机器强制执行，具有很强的他律性。在同一社会里，只允许存在一种会计法律制度。会计职业道德主要依靠会计从业人员的自觉性，并依靠社会舆论和良心来实现，基本上是非强制执行的，具有很强的自律性。在同一社会里，会计职业道德不是唯一的。

2.两者的作用范围不同

会计法律制度侧重于调整会计人员的外在行为和结果，具有较强的客观性。会计职业道德不仅要求调整会计人员的外在行为，还要调整会计人员内在的精神世界，具有较强的主观性。会计法律制度是对会计从业人员行为的最低限度的要求，会计职业道德调节的范围比会计法律制度更广泛。违反会计职业道德的行为，不一定违反会计法律制度。

3.两者的表现形式不同

会计法律制度是通过一定的程序由国家立法部门或者行政管理部门制定的，其表现形式是具体的、明确的、正式形成文字的成文规定。而会计职业道德出自会计人员的职业生活和职业实践，其表现形式既有明确的成文规定，也有不成文的规范，它存在于人们的意识和信念之中。即使是那些成文的会计职业道德，与会计法律制度相比，在表现形式上也缺乏具体性和准确性，通常只是指出会计人员应当做或者不应当做某种行为的一般原则和要求。

4.两者的实施保障机制不同

会计法律制度由国家强制力保障实施；会计职业道德既有国家法律的相应要求，又需要会计人员自觉地遵守。

5.两者的评价标准不同

会计法律制度是以会计法律法规为依据，以会计人员享有的权利和应尽的义务为标准来判定其行为是否违法；而会计职业道德则以善恶为标准来判定会计人员的行为是否违背道德规范。

【做一做】

关于会计职业道德和会计法律制度两者关系的观点中，错误的是（   ）。

A.两者在实施过程中相互作用、相互补充

B.会计法律制度是会计职业道德的最低要求

C.违反会计法律制度一定违反会计职业道德

D.违反会计职业道德一定违反会计法律制度

【答案】D

【随堂测】

1.会计职业道德是指在会计职业活动中应当遵循的、体现（   ）特征的和调整会计职业关系的职业行为准则和规范。

A.会计工作   B.会计职业   C.会计活动   D.会计人员

【答案】B

2.会计职业道德与会计法律制度存在着很大的区别，下列表述错误的有（   ）。

A.会计职业道德不仅要求调整会计人员的外在行为，还要求调整会计人员内在的精神世界

B.会计职业道德主要依靠会计人员的自觉性

C.会计法律制度既有成文的规定，也有不成文的规范

D.会计职业道德侧重于调整会计人员的外在行为和结果的合法化

【答案】CD

【延伸阅读】

"道德银行"引发的争论

任务二　会计职业道德规范的主要内容

【任务描述】

分小组讨论案例并学习教材理论知识，通过小组探究和学习，熟悉会计职业道德规范的具体内容，掌握每条规范的含义和基本要求。

【案例导入】

时任国务院总理朱镕基先后三次为我国新成立的会计学院题写校训：不做假账。2001年4月16日，朱镕基在视察上海国家会计学院时，为该校题写的校训是：不做假账。同年10月29日，朱镕基视察北京国家会计学院后，题字是"诚信为本，操守为重，坚持准则，不做假账"。第三个获此殊荣的是厦门国家会计学院。2002年11月19日，朱镕基在第16届世界会计师大会闭幕式上演讲时指出："在现代市场经济中，会计师的执业准则和职业道德极为重要。诚信是市场经济的基石，也是会计执业机构和会计人员安身立命之本。"

请问：

（1）会计职业道德规范的主要内容是什么？

（2）"诚实守信""坚持准则"的基本要求是什么？

（3）为什么说"诚信是市场经济的基石，也是会计执业机构和会计人员安身立命之本"？

【案例解析】

（1）会计职业道德规范的主要内容：爱岗敬业、诚实守信、廉洁自律、客观公正、坚持准则、提高技能、参与管理、强化服务。

（2）"诚实守信"的基本要求：做老实人，说老实话，办老实事，不弄虚作假；实事求是，如实反映；保守秘密，不为利益所诱惑；执业谨慎，信誉至上。

"坚持准则"的基本要求：熟悉准则；遵循准则办事；坚持准则，敢于同违反会计法律法规和财务制度的现象作斗争。

（3）市场经济是信用经济、契约经济，注重的就是诚实守信。可以说，诚信是维护市场经济步入良性发展轨道的前提和基础，是市场经济社会赖以生存的基石。没有信用，就没有秩序，市场经济就不能健康发展。正是因为会计工作在经济建设中的特殊地位和作用，会计诚信更加重要，也更加必要。会计人员诚实守信的道德观念如何，将直接影响会计信息的真实性和完整性。朱镕基同志讲话既是对《会计法》等法律要求的高度概括，抓住了会计工作存在的主要问题，又是会计人员应当遵循的基本原则和道德规范。

【任务分析】

将学生分成若干小组，在学习会计职业道德规范的基础上，搜集相关资料，就会计职业道德规范的某方面内容，撰写演讲稿在小组内进行演讲。通过学习探究活动，熟知会计职业道德每条规范的含义和基本要求，并内化为指导自我行为的规范。

【知识准备】

一、爱岗敬业

（一）爱岗敬业的含义

爱岗敬业是爱岗与敬业的总称。爱岗就是会计人员应该热爱自己的本职工作，安心于本职岗位，忠于职守。敬业就是会计人员要用恭敬严肃的态度对待自己的职业，即对自己的工作要专心认真、负责任。爱岗和敬业互为前提，相互支持、相辅相成。"爱岗"是"敬业"的基石，"敬业"是"爱岗"的升华。

爱岗敬业是指忠于职守的事业精神，这是会计职业道德的基础。是否爱岗敬业是判断每个从业者是否有职业道德的首要标志。

（二）爱岗敬业的基本要求

1.正确认识会计职业，树立职业荣誉感

会计人员只有正确地认识会计本质，明确会计在经济管理工作中的地位和重要性，树立职业荣誉感，才有可能去爱岗敬业。这是做到爱岗敬业的前提，也是首要要求。

2.热爱会计工作，敬重会计职业

一般来说，只要人们是根据自己的爱好、兴趣和特长来选择职业，通常都对所选职业充满情感，喜爱这一职业。但是，任何社会、任何时候都难以绝对保证人们所选择的职业是自己满意的。因而，在所从事的职业与自己的兴趣、爱好不一致时，基于对职业重要性的认识，就会逐渐培养起对职业的感情。如果做了会计，就应该热爱会计工作，敬重会计职业。

我国各行各业的无数职业道德标兵的先进事迹告诉人们，热爱自己的工作，敬重自己的岗位，是做好本职工作的前提。会计人员只要树立了"干一行爱一行"的思想，就会发现会计职业中的乐趣；只有树立"干一行爱一行"的思想，才会刻苦钻研会计业务技能，才会努力学习会计业务知识。有了对本职工作的热爱，就会激发一种敬业精神，自觉自愿地执行职业道德的各种规范，不断改进自己的工作，在平凡的岗位上作出不平凡的业绩。

3.安心工作，任劳任怨

安心本职工作，就是以从事会计工作为"乐"。只有安心本职工作，才能潜下心来对会计工作中不断出现的新问题去探索和研究。任劳任怨，要求会计人员具有不怕吃苦的精神和不计较个人得失的思想境界。会计职业道德要求会计人员既任劳也任怨。

4.严肃认真，一丝不苟

从业者对自己本职工作的热爱，必定会体现在对工作所必需的职业技能的态度上，体现在对自己工作成果的追求上，这就是对工作严肃认真、一丝不苟，对技术精益求精。会计工作是一项严肃细致的工作，没有严肃认真的工作态度和一丝不苟的工作作风，就容易出现偏差。对一些损失浪费、违法乱纪的行为和一切不合法、不合理的业务开支，要严肃认真地对待，把好费用支出关。严肃认真、一丝不苟的职业作风贯穿于会计工作的始终，不仅要求数字计算准确，手续清楚完备，而且绝不能有"都是熟人不会错"的麻痹思想和"马马虎虎"的工作作风。

5.忠于职守，尽职尽责

忠于职守表现为三个方面，即忠实于国家、忠实于服务主体、忠实于社会公众。忠于职守要求在各种复杂的情况下，能够抵制各种诱惑，忠实地履行岗位职责。尽职尽责表现为会计人员对自己应承担的责任和义务所表现出的一种责任感和义务感。会计人员在进行会计事项的处理中，当国家利益或者集体利益与职工个人利益发生冲突时，会计人员应该承担起维护国家利益或者集体利益的责任。

【小思考】

美国石油大王洛克菲勒曾在信中告诫儿子："如果你视工作为一种快乐，人生就是天堂；如果你视工作为一种义务，人生就是地狱。"

你赞同洛克菲勒的"天堂"和"地狱"之说吗？你怎么看待工作？

二、诚实守信

（一）诚实守信的含义

诚实，是指言行跟内心思想一致，不弄虚作假，不欺上瞒下，做老实人，说老实话，办老实事。守信，就是遵守自己所作出的承诺。讲信用、重信用、信守诺言、保守秘密。诚实与守信具有内在的因果联系，一般来说，诚实即为守信，守信就是诚实。有诚无信，道德品质得不到推广和延伸；有信无诚，信就失去了根基，德就失去了依托。因此，诚实必须守信。

诚实守信是做人的基本准则，也是会计职业道德的精髓。中国现代会计学之父潘序伦先生认为："立信，乃会计之本，没有信用，也就没有会计。"诚实守信要求会计人员在职业活动中讲求信用，保守秘密，对实际发生的经济业务进行真实、完整的会计核算。

【小知识】

中国现代会计学之父潘序伦先生创办的立信会计学院的校训是：信以立志、信以守身、信以处事、信以待人、毋忘"立信"、当必有成。

（二）诚实守信的基本要求

1.做老实人，说老实话，办老实事，不弄虚作假

做老实人，要求会计人员言行一致，表里如一，光明正大。说老实话，要求会计人员说话诚实，是一说一，是二说二。办老实事，要求会计人员工作踏踏实实，不弄虚作假，不欺上瞒下。

2.保密守信，不为利益所诱惑

所谓保密守信，就是指会计人员在履行自己的职责时，应树立保密观念，做到保守商

业秘密，对机密资料不外传、不外泄，守口如瓶。

秘密主要有国家秘密、商业秘密和个人隐私三类。会计人员保守的主要是单位的商业秘密。在市场经济中，商业秘密可以带来经济利益，有些甚至关系到单位的生死存亡。会计人员因职业特点经常接触到单位和客户的商业秘密，如单位的财务状况、经营成果、成本资料及重要单据、经济合同等。因而，会计人员应依法保守单位秘密，这是会计人员应尽的义务，也是诚实守信的具体体现。

泄密，不仅是一种不道德的行为，也是违法行为。我国有关法律制度对会计人员保守秘密作了相关的规定。如《注册会计师法》第十九条规定，"注册会计师对在执行业务中知悉的商业秘密，负有保密义务"；财政部印发的《会计基础工作规范》第二十三条规定，"会计人员应当保守本单位的商业秘密。除法律规定和单位领导人同意外，不能私自向外界提供或者泄露单位的会计信息。"

会计人员要做到保密守信，就应该注意不在工作岗位以外的场所谈论、评价企业的经营状况和财务数据。此外，在日常生活中也应保持必要的警惕，防止无意泄密。俗话说：说者无意，听者有心。人们在日常交流中经常会对熟知的事情脱口而出，而没有想到后果。为了防止这种情况的发生，会计人员要了解自己所知的信息中，哪些是商业秘密，哪些是无关紧要的事项，以防止无意泄密的情况发生。并且，会计人员要抵制各种各样的利益诱惑，绝对不能用商业秘密作为谋利的手段。

3.执业谨慎，信誉至上

诚实守信，要求会计人员在执业中始终保持应有的谨慎态度，对客户和社会公众尽职尽责，形成"守信光荣，失信可耻"的氛围，以维护职业信誉。首先，会计人员在选择客户时应当谨慎，不要一味地为追求营业收入，迎合客户的不正当要求，接受违背职业道德的附加条件。其次，要注意评估自身的业务能力，正确判断自身的知识、经验和专业能力能否胜任所承担的委托业务。再次，要严格按照审计准则和执业规范、程序实施审计，对审计中发现的违反国家统一的会计制度及国家相关法律制度的经济业务事项，应当按照规定在审计报告中予以充分反映。最后，在接受委托业务后，应积极完成所委托的业务，认真履行合同，维护委托人的合法权益，不得擅自终止合同、解除委托，不得超出委托人委托范围从事活动，以免当事人的利益受到损害。

【小思考】

针对"安然事件"，谈谈你对诚实守信会计职业道德规范的理解。

三、廉洁自律

（一）廉洁自律的含义

廉洁就是不贪污钱财，不收受贿赂，保持清白。自律是指自律主体按照一定的标准，自己约束自己、自己控制自己的言行和思想的过程。廉洁是自律的基础，自律是廉洁的保证。自律性不强就很难做到廉洁，不廉洁就谈不上自律。

廉洁自律是会计职业道德的前提，也是会计职业道德的内在要求。会计人员整天与钱财打交道，只有首先做到自身廉洁，严格约束自己，才能要求别人廉洁，才能理直气壮地阻止或者防止别人侵占集体利益，正确行使反映和监督的会计职责，保证各项经济活动正常进行。

（二）廉洁自律的基本要求

1.树立正确的人生观和价值观

人生观是指人们对人生的目的和意义的总的观点和看法。价值观是指人们对于价值的根本观点和看法，它是世界观的一个重要组成部分。会计人员要树立科学的人生观和价值观，自觉抵制享乐主义、个人主义和拜金主义等错误的思想，这是在会计工作中做到廉洁自律的思想基础。

2.公私分明，不贪不占

公私分明是指严格划分公与私的界线，公是公，私是私。如果公私分明，就能够廉洁奉公，一尘不染。如果公私不分，就会出现以权谋私的腐败现象，甚至出现违法违纪行为。

廉洁自律的天敌就是"贪""欲"。在会计工作中，由于大量的钱财要经过会计人员之手，所以，很容易诱发会计人员的"贪""欲"。一些会计人员贪图金钱和物质上的享受，利用职务之便，自觉或者不自觉地行"贪"。有的被动受贿，有的主动索贿，有的贪污、挪用公款，有的监守自盗，有的集体贪污。究其根本原因，是这些会计人员忽视了世界观的自我改造，放松了道德的自我修养，弱化了职业道德的自律。

3.遵纪守法，一身正气

会计人员不仅要遵纪守法，而且要敢于运用法律所赋予的权力，与违法乱纪行为作斗争。

【小思考】

"清心寡欲克己奉公，戒奢崇检自警自醒。"

"廉洁是为人之本，廉洁乃做人之基，廉洁是修身之道，廉洁乃正身之旗。"

……

你还能举出哪些廉洁自律的格言？

四、客观公正

（一）客观公正的含义

客观是指按事物的本来面目去反映，不掺杂个人的主观意愿，也不为他人意见所左右。公正就是平等、公平、正直，没有偏失。客观是公正的基础，公正是客观的反映。

客观公正是会计职业道德所追求的理想目标，是会计职业道德的灵魂。对于会计职业和会计工作而言，客观主要包括以下两层含义：一是真实性，即以客观事实为依据，真实地记录和反映实际经济业务事项；二是可靠性，即会计核算要准确，记录要可靠，凭证要合法。公正主要包括以下三层含义：一是国家的会计准则、制度要公正；二是执行会计准则、制度的人，即单位的管理层和会计人员应公正地开展会计核算和会计监督工作；三是注册会计师在进行审计鉴证业务时，应以超然独立的姿态，进行公平公正的判断和评价，出具客观、适当的审计意见。

（二）客观公正的基本要求

1.依法办事

依法办事是会计工作保证客观公正的前提。会计人员记账、算账、报账和进行财产清查，需要熟悉并依据《会计法》、企业会计准则、企业会计制度等法律、法规和制度进行业务处理；注册会计师开展审计业务时，应依据《会计法》《注册会计师法》《中国注册会计师审计准则》等法律法规的规定实施审计活动。总之，只有熟练掌握并严格遵守会计法律法规，才能客观公正地处理会计业务。

2.实事求是

在实际生活中，要做到"客观公正"，最根本的是要有"实事求是"的科学态度。没有实事求是的严谨态度，主观、片面地看问题，就无法根据客观情况来公正地处理问题。

客观公正应贯穿于会计活动的整个过程：一是会计核算的过程要客观公正，即会计人员在具体业务处理时，或者进行职业判断时，应保持客观公正的态度，实事求是、不偏不倚。二是最终处理结果要公正，即会计人员对经济业务的处理结果是公正的。

3.如实反映

会计人员在处理经济业务时必须以实际发生的交易或事项为依据，如实反映企业的财务状况、经营成果和现金流量情况。会计人员应该具备正直诚实的品质，不偏不倚地对待有关利益各方。

【小思考】

将来你走上工作岗位，会怎样过好"权势关"和"人情关"？

五、坚持准则

（一）坚持准则的含义

坚持准则是指会计人员在处理业务过程中，要严格按照会计法律制度办事，不为主观或者他人意志左右。这里所说的"准则"，不仅指会计准则，而且包括会计法律、法规、国家统一的会计制度以及与会计工作相关的法律制度。

坚持准则是会计职业道德的核心，是会计人员履行会计职责的标准和依据。

会计人员在进行核算和监督的过程中，只有坚持准则，才能以准则作为自己的行动指南；在发生道德冲突时，应坚持准则，以维护国家利益、社会公众利益和正常的经济秩序。注册会计师在进行审计业务时，应严格按照审计准则的有关要求和国家统一会计制度的规定，出具客观公正的审计报告。

（二）坚持准则的基本要求

1.熟悉准则

熟悉准则是指会计人员应了解和掌握《会计法》和国家统一的会计制度及与会计相关的法律制度，这是遵循准则、坚持准则的前提。只有熟悉准则，才能按准则办事，才能遵纪守法，才能保证会计信息的真实性、完整性。

2.遵循准则

遵循准则即执行准则。会计人员在会计核算和监督时要自觉地严格遵守各项准则、自律在先，同时要求他人遵守准则，将单位具体的经济业务事项和经济行为与国家统一的会计制度相对照，作出是否合法合规的判断，对不合法的经济业务不予受理。在实际工作中，由于科技的发展和社会环境的变化，会计业务日趋复杂，因而准则规范的内容也会不断变化和完善。这就要求会计人员要经常学习，准确地理解和执行准则。

3.敢于同违法行为作斗争

会计人员在履行职责时，如果发生道德冲突，应坚持准则，敢于同违反会计法律法规和财务制度的现象作斗争，确保会计信息的真实性和完整性。

在实践中，如果会计人员坚持准则，往往会受到单位负责人和其他方面的阻挠、刁难甚至打击报复。《会计法》规定，单位负责人对本单位的会计工作和会计资料的真实性、完整性负责。这就强化了单位负责人对单位会计工作的法律责任，改善了会计人员的工作环境。

【小思考】

"坚持准则指的就是坚持会计准则。"这种说法是否正确？

六、提高技能

（一）提高技能的含义

提高技能是指会计人员通过学习、培训和实践等途径，持续提高会计职业技能，以达到和维持足够的专业胜任能力的活动。会计职业技能包括会计理论水平、会计实务操作能力、职业判断能力、自动更新知识能力、提供会计信息的能力、沟通交流能力以及职业经验等。

作为一名会计工作者必须不断地提高其职业技能，这既是会计人员的义务，也是在职业活动中做到客观公正、坚持准则的基础，是参与管理的前提。

（二）提高技能的基本要求

1.具有不断提高会计专业技能的意识和愿望

随着市场经济的发展、全球经济一体化以及科学技术发展的日新月异，会计在经济发展中的作用越来越明显，对会计人员的要求也越来越高，会计人才的竞争也越来越激烈。会计人员只有具备不断提高会计专业技能的意识和愿望，才能不断进取，才会主动地求知、求学，勤学苦练，精益求精，使自身的专业技能不断提高，使自己的知识不断更新，从而掌握过硬的本领，在会计人才的竞争中立于不败之地。

2.具有勤学苦练的精神和科学的学习方法

专业技能的提高和学习不可能是一劳永逸的事，必须持之以恒，不间断地学习、充实和提高。只有具有锲而不舍的"勤学"精神，才能不断提高自己的业务水平、理论水平、操作技能和职业判断能力，以适应不断变化的新形势和新情况的需要。同时，还要掌握科学的学习方法，在学中思，在思中学，通过积极参加社会实践活动，在实践中提高职业技能，真正做到学以致用。

【做一做】

不符合会计职业道德"提高技能"要求的是（　　）。

A.出纳人员向银行工作人员请教辨别假钞的技术

B.会计人员向计算机专家学习会计电算化操作方法

C.会计主管与其他单位财务人员交流隐瞒业务收入的做法

D.总会计师通过自学提高会计专业判断、财务分析和政策水平

【答案】C

七、参与管理

（一）参与管理的含义

参与管理，简单地讲就是间接参加管理活动，为管理者当参谋，为管理活动服务。参与管理要求会计人员积极主动地向单位领导反映本单位的财务、经营状况及存在的问题，主动提出合理化建议，积极参与市场调研和预测，参与决策方案的制订和选择，参与决策的执行、检查和监督，为领导者的经营管理和决策活动当好助手和参谋。

（二）参与管理的基本要求

1.努力钻研业务，熟悉财经法规和相关制度，提高业务技能，为参与管理打下坚实的基础

娴熟的业务、精湛的技能是会计人员参与管理的前提。会计人员只有努力钻研业务，不断提高业务技能，深刻领会财经法规和相关制度，才能有效地参与管理；会计人员只有业务娴熟，并具有精湛的技能，才能更好地参与管理，为改善经营管理，提高经济效益服务。

2.熟悉服务对象的经营活动和业务流程，使管理活动更具针对性和有效性

会计人员应当熟悉本单位的生产经营、业务流程和管理情况，掌握单位的生产经营能力、技术设备条件、产品市场及资源状况等情况。只有如此，才能充分利用会计工作的优势，为改善单位内部管理、提高经济效益服务。

【做一做】

下列各项中，符合会计职业道德"参与管理"的行为有（　　）。

A.参加公司重大投资项目的可行性研究和投资效益论证

B.对公司财务会计报告进行综合分析并提交风险预警报告

C.分析现金流量状况，查找存在的问题，提出改进措施

D.分析坏账形成原因，提出加强授信管理、加快货款回收的建议

【答案】ABCD

八、强化服务

（一）强化服务的含义

强化服务就是要求会计人员具有文明的服务态度、强烈的服务意识和优良的服务质量。在工作中，会计人员不仅要有热情、耐心、诚恳的工作态度，待人平等礼貌，而且遇到问题要以商量的口吻，充分尊重服务对象和其他部门的意见。做到大事讲原则，小事讲风格，沟通讲策略，用语讲准确，建议看场合。

强化服务的结果，就是奉献社会。强化服务、奉献社会是会计职业道德的归宿点。

（二）强化服务的基本要求

1.强化服务意识

会计人员要树立强烈的服务意识，要摆正自己的工作位置，管钱管账是自己的工作职责，参与管理是自己的义务。切不可养成"官大办的快，官小办的慢，无官拖着办""利多马上办，利少慢慢办，无利事不办"的工作作风。

2.提高服务质量

提高服务质量是强化服务的关键。单位会计人员的服务质量表现在：是否真实地记录单位的经济活动，向有关方面提供可靠的会计信息；是否积极主动地向单位领导反映经营活动情况和存在的问题，提出合理化建议，协助领导决策，参与经营管理活动。注册会计师的服务质量表现在，是否以客观、公正的态度正确评价委托单位的财务状况、经营成果，出具恰当的审计报告，为社会公众及信息使用者提供优质的服务。

【做一做】

会计职业道德是会计人员在会计工作中应当遵守的纪律和标准。属于会计人员职业道德规范的内容有（　　）。

A.谦虚谨慎　　　　B.开拓进取　　　　C.客观公正　　　　D.爱岗敬业

【答案】CD

【随堂测】

1.（　　）是做人的基本准则，是人们古往今来在交往中产生出的最根本的道德规范，也是会计职业道德的精髓。

A.爱岗敬业　　　　B.诚实守信　　　　C.坚持准则　　　　D.奉献社会

【答案】B

2.会计从业人员是否具有职业道德的首要标准是（　　）。

A.爱岗敬业　　　　B.竞业禁止　　　　C.诚实守信　　　　D.客观公正

【答案】A

3.会计工作特点决定，（　　）是会计职业道德的前提，也是会计职业道德的内在要求。

A.提高技能　　　　B.坚持准则　　　　C.客观公正　　　　D.廉洁自律

【答案】D

4.职业道德的归宿点是（　　）。

A.秉公执法　　　　B.服务社会　　　　C.奉献社会　　　　D.有法可依

【答案】C

【延伸阅读】

安然事件

任务三　　会计职业道德教育

【任务描述】

分小组讨论案例并学习教材理论知识，通过小组探究和学习，了解会计职业道德教育的含义，熟悉会计职业道德教育的形式、内容，掌握加强会计职业道德教育的途径。

【案例导入】

王某，23岁，大学专科毕业后分配到某市国有银行国债服务一部，担任柜台出纳兼任金库保管员。2022年5月11日，王某偷偷从金库中取出2000年国库券30万元，4个月后，王某见无人知晓，胆子开始大了起来，又取出50万元，通过证券公司融资回购方法，拆借人民币89.91万元，用来炒股，没想到赔了钱。王某在无力返还单位债券的情况下，索性于2022年12月14日和15日，将金库里剩余的14.03万元国库券和股市上所有的73.7万元人民币取出后潜逃，用化名在该市一处民房租住隐匿。至案发前，王某共贪污2000

年国库券94.03万元，折合人民币118.51万元。案发后，当地人民检察院立案侦查，王某迫于各种压力，于2023年1月8日投案自首，检察院依法提起公诉。

请问：

（1）上述案例中犯罪嫌疑人王某年轻、有学历，在比较重要的岗位工作，但胆大妄为，从学校刚刚走上工作岗位就犯罪。这说明了什么？

（2）结合上述案例，简述会计职业道德教育的意义。

（3）简述会计职业道德教育的具体内容。

【案例解析】

（1）这说明该会计人员在学校缺乏会计职业道德教育，没有丝毫会计职业道德观念和法制观念，内心深处没有构筑道德的防线，或者说道德防线十分脆弱，不堪一击。从会计职业道德规范的角度分析，该会计人员违背了"爱岗敬业""诚实守信""廉洁自律"等会计职业道德规范。此外，此案也说明了建立单位内部控制制度的重要性。

（2）会计职业道德教育有利于提高会计职业道德水平；会计职业道德教育有利于培养会计人员会计职业道德情感；会计职业道德教育有利于树立会计职业道德信念。

（3）会计职业道德教育的具体内容包括：会计职业道德观念教育；会计职业道德规范教育；会计职业道德警示教育；其他与会计职业道德相关的教育。

【任务分析】

实现对学生的会计职业道德教育，必须采取多种方式和途径，通过学习能让学生掌握会计职业道德教育的含义和形式、会计职业道德教育的内容和途径，成为合格的会计专业人才。这对会计专业的学生是十分必要的。

【知识准备】

一、会计职业道德教育的含义

会计职业道德教育是指根据会计工作的特点，有目的、有组织、有计划地对会计人员施加系统的会计职业道德影响，促使会计人员形成会计职业道德品质，履行会计职业道德义务的活动。

会计职业道德教育通过一定的教育方式和方法，把会计职业道德观念灌输到会计人员的头脑中，逐渐培养其职业道德情感，引导会计人员加强自我修养，将法制的外在约束和道德的内在约束相结合，共筑法律和道德的防线。

二、会计职业道德教育的形式

会计职业道德教育的形式包括接受教育（外在教育）和自我修养（内在教育）。

（一）接受教育

接受教育即外在教育。它是指通过学校或者单位对会计人员进行以职业责任、职业义务为核心内容的正面灌输，以规范其职业行为的教育。

1.理论教育与实际教育相结合

在职业活动中，对会计人员进行系统的会计职业道德基本知识和基本理论的教育，使他们树立正确的会计职业道德观，掌握相关的职业道德知识，辨别是非，明确方向，再结合实际工作，形成高尚的社会主义会计职业道德品质，以达到学以致用的目的。

2.典型示范与正面组织相结合

从提高认识、明确责任的高度入手，以会计领域先进模范人物的感人事迹作为教材，会计人员可以从中受到感染和熏陶，得到深刻的启迪和教育。

（二）自我修养

自我修养即内在教育。它是指人们依照职业道德原则进行的自我教育、自我改造、自我锻炼、自我提高的活动。会计职业道德修养要求会计人员学习职业道德的知识，培养自己的职业情感，在履行义务时，克服困难障碍，磨炼职业道德意志，树立坚定的职业道德信念。职业道德修养的最终目的，在于把职业道德原则和规范逐步转化为自己的职业道德品质，从而将职业实践中对职业道德的意识情感和信念上升为职业道德习惯，使其贯穿于职业活动的始终。会计职业道德品质的形成过程，最终在会计人员自我修养中得到升华。

1.形成正确的会计职业道德认知

会计职业道德认知，主要是指对会计职业道德的行为、准则及其意义的理解和掌握。它包含两个方面：第一，对会计职业道德规范和概念的掌握；第二，对会计职业道德判断能力的提高。会计人员提高对会计职业道德的认知，是进行会计职业道德修养的起点。没有一定的会计职业道德认知，就不可能形成会计职业道德的行为和习惯，会计职业道德修养也将无法自觉地进行下去。

2.培养高尚的会计职业道德情感

会计职业道德情感，是指会计人员基于一定的道德认知，在处理职业活动中的各种道德关系和道德行为时所产生的情绪体验。我们平时所说的职业自豪感、荣誉感、责任感、幸福感等，都是职业道德情感。缺乏高尚的职业道德情感，就不可能形成优良的职业道德品质。

3.树立坚定的会计职业道德信念

会计职业道德信念，是指会计人员对会计职业的道德义务具有的强烈责任感和对会计职业的理想目标的坚定信仰。由于道德信念往往以动机的形式使人的道德行为表现为坚定性和一贯性，成为道德品质形成的关键性因素，因此它是职业道德修养的核心内容。会计职业道德信念的树立，离不开会计人员在职业实践中深刻的道德认知、炽热的道德情感，这是形成会计职业道德信念的基础和保障。

4.养成良好的会计职业道德行为

会计职业道德行为，是指会计人员在会计职业道德规范的调节下所采取的行为，当这些行为反复持久、习以为常以后，就会形成职业习惯。职业习惯要通过职业道德修养才能养成。因此，会计人员在职业道德修养中，要特别注意自己养成良好的职业习惯。

【做一做】

会计职业道德修养的目的和归宿是（　　　）。

A.自我完善　　　　B.积善修德　　　　C.社会实践　　　　D.闭门思过

【答案】C

三、会计职业道德教育的内容

（一）会计职业道德观念教育

普及会计职业道德基础知识，是会计职业道德教育的基础，也是最为重要的一环。要广泛宣传会计职业道德基本常识，使广大会计人员懂得什么是会计职业道德，对社会经济秩序、会计信息质量有何重要影响；懂得一旦违反会计职业道德，除了受到良心和道义上的谴责外，还会受到行业惩戒和惩罚。把会计职业道德教育同社会教育、学校教育、家庭教育结合起来，采取广播电视、报刊等媒介普及会计职业道德知识，形成会计人员遵守职业道德光荣、不遵守职业道德可耻的社会氛围，树立会计人员的职业道德观念。

（二）会计职业道德规范教育

会计职业道德规范教育是指对会计人员开展以会计职业道德规范为内容的教育。会计职业道德规范的主要内容是爱岗敬业、诚实守信、廉洁自律、客观公正、坚持准则、提高技能、参与管理和强化服务等。这是会计职业道德教育的核心内容，涵盖的内容非常广泛，应贯穿于会计职业道德教育的始终。

【小思考】

"市场经济鼓励人才流动，所以提倡爱岗敬业已不合时宜。"这种观点是否正确？为什么？

（三）会计职业道德警示教育

会计职业道德警示教育是指通过开展对会计行为典型违法案例的讨论，给会计人员以启发和警示。根据不同的教育对象，选择一些典型违法案例和违反会计职业道德的典型案例，开展广泛深入的讨论，从而提高会计人员的法律意识和会计职业道德观念，提高会计人员辨别是非的能力。

（四）其他与会计职业道德相关的教育

1.形势教育

教育的重点是要贯彻"以德治国"重要思想和"诚信为本，操守为重，坚持准则，不做假账"的指示精神，进一步全面、系统地加强会计职业道德培训，提高广大会计人员的政治水平和思想道德意识。

2.品德教育

教育的重点是引导会计人员自觉地用会计职业道德规范指导和约束自身的行为，提高职业道德自律能力，最终形成良好的、稳定的道德品行。

3.法制教育

教育的重点是引导会计人员掌握现行的会计法律、法规及国家统一的会计制度，运用法律手段处理会计事务。

【做一做】

（ ）是会计职业道德教育的核心内容。

A.会计职业道德观念教育　　　　　　B.会计职业道德规范教育

C.会计职业道德警示教育　　　　　　D.其他与会计职业道德相关的教育

【答案】B

四、会计职业道德教育的途径

（一）接受教育的途径

接受教育的途径主要包括以下两个方面：

1.岗前职业道德教育

岗前职业道德教育是指对将要从事会计职业的人们进行的道德教育，主要途径是会计专业学历教育。教育的侧重点应放在职业观念、职业情感及职业规范等方面。《公民道德建设实施纲要》中指出："学校是进行系统道德教育的重要阵地。各级各类学校必须认真贯彻党的教育方针，全面推进素质教育。"在我国，大中专院校是培养会计人才的重要场所，也是对潜在会计人员进行系统会计职业道德教育的重要阵地。高等院校应把教书与育人紧密结合起来，不仅传授会计专业知识和业务技能，同时应把会计职业道德教育渗透到学校教育的各个环节之中，使学生在校期间就开始学习和了解会计职业道德理论、规范，培养他们的会计情感和会计职业道德观念，增强社会责任感。会计职业道德教育必须从会计学历教育抓起。

2.岗位职业道德继续教育

这是对已进入会计职业的会计人员进行的继续教育。《会计法》规定："会计人员应当遵守职业道德，提高业务素质。对会计人员的教育和培训工作应当加强。"会计职业道德教育贯穿于整个会计人员继续教育的始终。在职业道德的继续教育中应体现出社会经济的发展变化对道德的要求，也就是说在不同的阶段，道德教育的侧重点应有所不同。就现阶段而言，会计人员继续教育中的会计职业道德教育目标是适应新的市场经济形势的发展变化，在不断更新、补充、拓展会计人员业务能力的同时，使其政治素质、职业道德水平不断提高。

（二）自我修养的途径

自我修养的途径主要包括以下三个方面：

1.慎独慎欲

慎独，就是一个人在单独处事、无人监督的情况下，仍能自觉地按照道德准则去办事。慎独的前提是坚定的职业信念和职业良心。会计职业道德修养的最高境界在于做到慎独。会计职业道德修养讲慎独，就是要求每个会计人员都严格要求自己，在履行职责时自律谨慎，不管财经法规、制度是否有漏洞，也不管是否有人监督，领导管理是否严格，都应按照职业道德的要求去办。慎独是检验会计人员道德水平高低的试金石。

慎欲，指用正当的手段获得物质利益。会计人员应该做到慎欲，把国家、社会公众和集体利益放在首位，在追求自身利益时，不损害国家和他人利益。

【小知识】

"慎独"是我国古代儒家创造出来的具有我国民族特色的自我修身方法，最先见于《礼记·大学》和《礼记·中庸》。

《礼记·大学》之"慎独"，原文如下：

所谓诚其意者，毋自欺也。如恶恶臭，如好好色，此之谓自谦。故君子必慎其独也。

《礼记·中庸》之"慎独"，原文如下：

道也者，不可须臾离也，可离，非道也。是故君子戒慎乎其所不睹，恐惧乎其所不闻。莫见乎隐，莫显乎微，故君子慎其独也。

2.慎省慎微

慎省，就是认真反省。会计人员要不断反思自己的言行，反省自己的缺点，严于自我剖析，敢于进行是非观、价值观的自我斗争，逐步树立起正确的道德观念，提高自己的精神境界。会计人员要反思自己处理的每一笔业务是否符合国家政策，是否有利于生产经营，是否勤俭节约，是否真实、准确等，只有这样，才会养成细致的工作作风、良好的职业习惯，同时，也会不断增强职业责任感。

慎微，就是指在微处、小处自律，从微处、小处着眼，严格要求自己。慎微要求从小事着手，从一点一滴的小事做起，日积月累，就能获得良好的信誉。

【小思考】

"合抱之木，生于毫末；九层之台，起于累土；千里之行，始于足下。"

"冰冻三尺，非一日之寒；为山九仞，岂一日之功。"

这些箴言揭示了什么道理？

3.自警自励

自警，就是要随时警醒、告诫自己，要警钟长鸣，防止各种不良思想对自己的侵蚀。

自励，就是要以崇高的会计职业道德理想、信念激励自己、教育自己。经常用会计职业道德规范这把标尺，认真度量自己在职业实践中的一切言行，树立正确的会计职业道德观。

【做一做】

会计人员职业道德品质的高低主要依赖于（　　）。

A.理论灌输　　　　B.自我教育　　　　C.环境影响　　　　D.同事关系

【答案】B

【随堂测】

1.下列选项中，作为会计职业道德教育的核心内容，并贯穿于会计职业道德教育始终的是（　　）。

A.会计职业道德观念教育　　　　B.会计职业道德规范教育

C.会计职业道德警示教育　　　　D.其他相关教育

【答案】B

2.会计职业道德教育，在会计人员继续教育中应从（　　）方面入手。

A.形势教育　　　　B.品德教育　　　　C.法制教育　　　　D.道德基本教育

【答案】ABC

3.下列属于会计职业道德自我修养的途径有（　　）。

A.慎省慎微　　　　　　　　B.自警自励

C.要互相监督、指导　　　　D.要提倡"慎独"精神

【答案】ABD

【延伸阅读】

蓝田事件对会计职业道德的启示

任务四　　会计职业道德建设组织与实施

【任务描述】

分小组讨论案例并学习教材理论知识，通过小组探究和学习，了解会计职业道德建设的组织与实施要求。

【案例导入】

山东省济南市财政局与济南市电视台合作录制了一套名为《罪与罚》的电视系列节目，要求自2000年7月1日起在全市财政干部中进行宣传教育，并通过各级财政部门与会计行业组织、各企事业单位协调配合，以各种形式组织全市会计人员观看。片中对有关会计人员的职务犯罪与处罚进行了生动形象的解读与分析，触目惊心的犯罪事实给广大会计人员以深刻的警示。该节目同时在多个电视台多次播出，营造了良好的会计职业道德建设的社会氛围。

请问：

（1）财政局的做法正确吗？

（2）财政部门应该怎样组织推动会计职业道德的建设？

【案例解析】

（1）正确。

（2）各级财政部门应当担负起组织和推动本地区会计职业道德建设的责任，把会计职业道德建设与会计法制建设紧密结合起来。

【任务分析】

全面加强会计职业道德建设，提高会计人员道德素质，养成良好职业道德素养，对学习会计专业的学生非常重要。本任务重在引导学生明确会计职业道德的建设需要道德环境的营造，需要多管齐下。

【知识准备】

一、财政部门的组织推动

各级财政部门应当担负起组织和推动本地区会计职业道德建设的责任，把会计职业道德建设与会计法制建设紧密结合起来。

（一）采用多种形式开展会计职业道德宣传教育

会计职业道德建设是会计管理工作的重要组成部分，应当列入财政部门管理会计工作的重要议事日程。各级财政部门应充分认识到新形势下加强会计职业道德建设的艰巨性、长期性和紧迫性，担负起组织和推动本地区会计职业道德建设的责任。要充分结合本地区的实际情况，加大宣传力度，制订切实可行的宣传方案，采取灵活多样的宣传形式，如举办会计职业道德演讲、论坛、竞赛、有奖征文等活动，积极发挥思想文化阵地在职业道德建设中的作用，牢牢把握正确的理论导向，唱响主旋律，营造会计职业道德建设的良好氛围。

（二）把会计职业道德建设与会计法制建设紧密结合起来

各级财政部门在认真宣传贯彻《会计法》的同时，要加大执法力度，严厉打击违法会计行为，维护正常经济秩序，为会计职业道德建设提供强有力的法律支持和政策保障。

二、会计行业的自律

会计职业组织起着联系会员与政府的桥梁作用，应充分发挥中国会计学会、注册会计师协会等会计职业组织的作用，改革和完善会计职业组织自律机制，有效发挥自律机制在会计职业道德建设中的促进作用。

三、企事业单位的内部监督

会计人员职业道德表现好与差，其所在单位是最直接的受益者或者受害者。《会计法》规定，单位负责人对本单位的会计工作和会计资料的真实性、完整性负责。因此，单位负责人必须重视和加强本单位会计人员的职业道德建设，在任用会计人员时，应当审查其职业记录和诚信结果，选择业务素质高、职业道德好、无不良记录的会计人员从事会计工作；在日常工作中，应注意开展对会计人员的道德和纪律教育，并加强检查，督促会计人员诚实守信，坚持原则；在制度建设上，形成内部约束机制，防范舞弊和经营风险，支持并督促会计人员遵循会计职业道德，依法开展会计工作。

四、社会各界的监督与配合

加强会计职业道德建设，既是提高广大会计人员素质的一项基础性工作，又是一项复杂的社会系统工程；不仅是某一个单位、某一个部门的任务，也是各地区、各部门、各单位的共同责任。

（一）各有关部门和机构要重视会计职业道德建设

各有关部门和机构要根据会计职业道德规范要求，结合本系统、本行业（单位）特点，有针对性地制定具体职业道德规范，开展多种形式的宣传教育，抓好督促落实。

（二）各新闻媒体要加强社会舆论监督，形成良好的社会氛围

良好会计职业道德风尚的树立，离不开社会舆论的支持和监督。要以新闻媒体为阵地，广泛开展会计职业道德的宣传教育，加强舆论监督，要在全社会会计人员中倡导诚信为荣、失信为耻的职业道德意识，引导会计人员加强职业修养。通过会计职业道德建设中正反典型的宣传，弘扬正气，遏制舞弊，形成良好的会计职业道德环境和氛围。

【做一做】

搞好会计职业道德建设的关键在于（　　）。

A.加强和改善会计职业道德建设的组织和领导

B.制定完善的会计法律体系

C.对违反会计职业道德的行为进行严厉制裁

D.社会舆论监督，形成良好的社会氛围

【答案】A

【随堂测】

1.在我国，组织和推动会计职业道德建设，并对相关工作依法行政的机构是（　　）。

A.市场监督管理部门　　　　　　　　　B.财政部门

C.会计行业组织　　　　　　　　　　　D.其他机构

【答案】B

2.对会计职业道德进行自律管理与约束的机构是（　　　　）。

A.财政部门　　　　　　　　　　　　　B.市场监督管理部门

C.会计职业组织　　　　　　　　　　　D.其他组织

【答案】C

任务五　　会计职业道德的检查与奖惩

【任务描述】

分小组讨论案例并学习教材理论知识，通过小组探究和学习，了解会计职业道德检查与奖惩的意义和机制。

【案例导入】

晓东电子公司会计李霞因工作努力，钻研业务，积极提出合理化建议，多次被公司评为先进会计工作者。李霞的男友在一家私有电子企业任总经理，在其男友的多次请求下，李霞将在工作中接触到的公司新产品研发计划及相关会计资料复印件提供给其男友，给公司带来一定的损失。公司认为李霞不宜继续从事会计工作。

请问：

（1）李霞违反了哪些会计职业道德要求？

（2）哪些单位可以对李霞违反会计职业道德行为进行处理？

【案例解析】

（1）李霞违反了"诚实守信""廉洁自律"的会计职业道德要求。李霞把在工作中接触到的公司新产品研发计划及相关会计资料复印件，提供给在一家私有电子企业任总经理的男友，这是她因情感和利益诱惑等因素，违背了"诚实守信""廉洁自律"的会计职业道德要求，泄露了公司商业秘密，给公司带来了一定的损失。

（2）财政部门、会计职业组织、本单位均可以对李霞违反会计职业道德行为进行处理。

【任务分析】

为了充分发挥会计职业道德的作用，应在建立会计职业道德规范和加强职业道德教育的基础上，强化对会计人员职业道德的检查与奖惩，建立会计职业道德的检查与奖惩机制。将学生分为若干小组，以小组为单位通过各种媒介搜集近年来会计职业道德建设中的重大案件，选取典型案件并将其制作成课件，采用课件展示的方式在班级进行交流。通过小组对案例的讨论、探究和学习，实现对学生职业道德的培养。

【知识准备】

一、会计职业道德的检查与奖惩的意义

（一）会计职业道德的检查与奖惩具有促使会计人员遵守职业道德规范的作用

奖惩机制把会计职业道德要求与个人利益结合起来，对会计人员起着引导或者威慑的作用，有利于督促会计人员遵守职业道德。

（二）会计职业道德的检查与奖惩具有裁决与教育作用

作为会计人员，哪些会计行为是对的，哪些会计行为是不对的，均可通过会计职业道德的检查与奖惩作出裁决。同时，通过会计职业道德的检查与奖惩，使广大会计人员生动而直接地感受道德的价值分量，其教育的作用是不可低估的。

（三）会计职业道德的检查与奖惩有利于形成抑恶扬善的社会环境

通过倡导、赞扬、鼓励自觉遵守会计职业道德规范的行为，贬抑、鞭挞、谴责查处会计造假等不良行为，有助于人们分清是非，形成良好的社会风气，从而进一步促进会计职业道德的发展。

【小思考】

"奖惩机制是抑恶扬善的唯一的杠杆"，这个观点是否正确？

二、会计职业道德检查与奖惩机制

（一）财政部门的监督检查

1.会计职业道德检查与《会计法》执法检查相结合

财政部门作为《会计法》的执法主体，可以依法对社会各单位执行会计法律制度情况及会计信息质量进行检查。通过检查，一方面督促各单位严格执行会计法律法规，另一方面对各单位会计人员遵守会计职业道德的情况进行检验。对于检查中发现的违反《会计法》的行为，会计人员不仅要承担《会计法》规定的法律责任，受到行政处罚或者刑事处罚，同时必须接受相应的道德制裁，可以采取在会计行业范围内通报批评、责令其参加一定学时的继续教育课程、在行业内部的公开刊物上予以曝光等。

2.会计职业道德检查与会计专业技术资格考评、聘用相结合

我国会计专业技术资格分为初级资格、中级资格和高级资格三个级别。初级资格、中级资格通过全国会计专业技术资格考试取得。根据财政部、原人事部联合印发的《会计专业技术资格考试暂行规定》及其实施办法的规定，报考初级资格、中级资格的会计人员，应"坚持原则，具备良好的职业道德品质"等。会计专业技术资格考试管理机构在组织报名时，应对参加报名的会计人员的职业道德情况进行检查。对有不遵循会计职业道德记录的，应取消其报名资格。目前，高级会计师资格采取考试和评审相结合的方式，会计职业道德不仅是考试的重要内容，也是评审标准的一项重要内容。各单位在聘用会计人员时，除考察其专业胜任能力外，更应将遵守职业道德的情况作为一项重要的考核内容。将会计职业道德奖惩与会计专业技术资格的考、评、聘联系起来，必将使广大会计人员像重视自己专业技术职称一样重视自己的职业道德形象，在日常的学习工作中不断提高自身的职业道德修养。

3.会计职业道德检查与会计人员表彰奖励制度相结合

实行会计职业道德建设与会计人员表彰奖励制度相结合。《会计法》规定："对认真执行本法，忠于职守，坚持原则，作出显著成绩的会计人员，给予精神的或者物质的奖励。"因此，对于那些自觉遵守会计职业道德规范的优秀会计人员，也应当给予精神上的或者物质上的奖励。对于符合会计职业道德规范的行为予以奖赏、表彰，可以使受奖者感到对遵守道德规范的回报和社会肯定，从而促使其强化道德行为。同时，可以使受奖者周围的人得到鞭策和鼓励，使他们学有榜样、赶有目标，形成比、学、赶、帮、超的良好氛围。

（二）会计职业组织的自律管理与约束

目前，我国通过会计行业组织强化自律管理和行业惩戒已取得了一定进展。中国会计学会制定了《中国会计学会个人会员分级管理办法（试行）》，加强对会员的服务和管理，包括对会员学术规范、职业操守的管理和培训，不断提升中国会计学会会员的职业道德水平。中国注册会计师协会作为注册会计师行业自律组织，为提高我国注册会计师职业道德水平作出了积极努力，先后发布了《中国注册会计师职业道德基本准则》、《中国注册会计师职业道德规范指导意见》以及《注册会计师、注册资产评估师行业诚信建设实施纲要》等，并研究建立调查委员会、技术鉴定委员会、惩戒委员会等行业自律性决策组织。由于我国会计职业组织建立比较晚，自律性监管还比较薄弱，因此，应进一步加强会计职业组织对职业道德规范的实施与惩戒。

（三）激励机制的建立

实行会计职业道德建设与会计人员激励制度相结合。《会计法》规定："对认真执行本法，忠于职守，坚持原则，作出显著成绩的会计人员，给予精神的或者物质的奖励。"因此，对于那些自觉遵守会计职业道德规范的优秀会计人员，应当给予精神的或者物质的奖励。对于符合会计职业道德规范的行为予以奖赏、表彰，可以使受奖者感到对遵守道德规范的回报和社会肯定，从而促使其强化道德行为。同时可以使受奖者周围的人得到鞭策和鼓励，使他们学有榜样、赶有目标，形成学、赶、帮、超的良好氛围。

【做一做】

下列单位或者部门中，可以对违反职业道德的会计人员进行处罚的有（　　　　）。

A.财政部门 　　　　　　　　　　　　B.业务主管部门

C.行业自律组织 　　　　　　　　　　D.所在单位

【答案】ABCD

【随堂测】

1.对会计职业道德进行监督检查的部门主要是（　　　　）。

A.会计行业组织 　　　　　　　　　　B.财政部门

C.市场监督管理部门 　　　　　　　　D.纪律检查和监察部门

【答案】B

2.财政部门对会计职业道德监督检查的途径有（　　　　）。

A.《会计法》执法检查与会计职业道德检查相结合

B.会计人员表彰奖励制度与会计职业道德检查相结合

C.会计专业技术资格考评与会计职业道德检查相结合

D.会计专业技术资格聘用与会计职业道德检查相结合

【答案】ABCD

本项目各任务
随堂测答案

【延伸阅读】

折翼造假路

【项目训练】

1.下列各项中，属于《公民道德建设实施纲要》中提出的职业道德主要内容的有（　　）。

A.诚信为本、依法治国、民主理财、科学决策、奉献社会

B.爱岗敬业、诚实守信、办事公道、服务群众、奉献社会

C.文明礼貌、助人为乐、爱护公物、保护环境、遵纪守法

D.爱岗敬业、诚实守信、廉洁自律、客观公正、坚持准则、提高技能、参与管理、强化服务

2.下列关于会计职业道德的表述，正确的是（　　）。

A.相对于会计法律制度而言，会计职业道德是对会计从业人员行为的最低限度的要求

B.会计职业道德对会计人员是非强制执行的，具有很强的自律性

C.会计职业道德具有强制性

D.会计职业道德在时间上和空间上对会计人员的影响没有会计法律制度广泛、持久

3.要求会计人员应具备"参与管理"的职业道德，简单地讲就是（　　），为管理者当参谋，为管理活动服务。

A.直接参加管理活动　　　　　　　　B.间接参加管理活动

C.经常直接参加管理活动　　　　　　D.偶尔间接参加管理活动

4."常在河边走，就是不湿鞋"这句话体现的会计职业道德是（　　）。

A.强化服务　　　　B.诚实守信　　　　C.参与管理　　　　D.廉洁自律

5."坚持好制度胜于做好事，制度大于天，人情薄如烟"，这句话体现的会计职业道德内容是（　　）。

A.参与管理　　　　B.提高技能　　　　C.坚持准则　　　　D.强化服务

6.会计人员在工作中"懒""惰""拖"的不良习惯和作风，是会计人员违背会计职业道德规范中（　　）的具体体现。

A.爱岗敬业　　　　B.诚实守信　　　　C.办事公道　　　　D.客观公正

7.下列各项中，不属于会计职业道德教育内容的是（　　）。

A.警示教育　　　　B.专业理论教育　　　C.观念教育　　　D.规范教育

8.下列各项中，不属于会计职业道德教育三个层次的是（　　）。

A.对潜在会计人员（会计专业学生）的教育

B.岗前教育

C.对下岗人员的教育

D.会计人员继续教育

9.（　　）对会计职业道德建设的组织和实施必须健全制度和机制，齐抓共管，保证会计职业道德建设的各项任务和要求落到实处。

A.各级财政部门　　　　　　　　B.会计职业团体

C.机关　　　　　　　　　　　　D.企业事业单位

10.下列单位或者部门中，可以对违反职业道德的会计人员进行处罚的有（　　）。

A.财政部门　　　　　　　　　　B.业务主管部门

C.行业自律组织　　　　　　　　D.所在单位

【项目评价】

本项目的学习效果评价体系由职业能力、通用能力和思政素养三部分构成，请根据学生对教学内容的掌握情况填写项目考核评价表（见表5-1）。

表5-1　　　　　　　　　　　　　　　　**项目考核评价表**

内　　容		评　　价		
学习目标		3	2	1
职业能力	熟悉会计职业道德规范的具体内容，能够准确把握每条规范的含义和基本要求，从而把理论的要求内化为自觉的行为，自发地提高会计人员道德修养水平			
	会运用善恶标准对自己和他人的会计职业行为进行道德评价，从而进一步规范会计人员的职业行为；充分认识会计职业道德建设的意义，做会计职业道德建设的促进者			
通用能力	组织能力			
	沟通能力			
	解决问题的能力			
	自我提高的能力			
思政素养	领悟"明大德、守公德、严私德"理念下会计从业人员守"德"重要性			
	树立主动将个人品德与岗位道德规范紧密结合的职业素养			
	涵养爱岗敬业、诚实守信、廉洁自律、客观公正、坚持准则、勤学苦练、奉献社会的会计从业人员职业道德			
综合评价				

等级说明：3——能高质、高效地完成此学习目标的全部内容，并能解决遇到的特殊问题；2——能高质、高效地完成此学习目标的全部内容；1——能圆满完成此学习目标的全部内容，无须任何帮助和指导。

评价说明：优秀——达到3级水平；良好——达到2级水平；合格——全部任务都达到1级水平；不合格——不能达到1级水平。

［1］赵若辰，殷丽媛．财经法规与会计职业道德［M］．上海：立信会计出版社，2023．

［2］王红云，赵永宁．财经法规与会计职业道德［M］．北京：中国人民大学出版社，2022．

［3］东奥会计在线．财经法规与会计职业道德［M］．北京：北京大学出版社，2016．